OPTIMUM

Collection dirigée par Fabien Fichaux

60 étapes pour réussir en anglais

2e édition

Michèle Winter
Agrégée de l'université
Diplômée de Sciences politiques
Professeur de chaire supérieure en classes préparatoires commerciales et scientifiques au lycée Kléber de Strasbourg
Maître de conférences à l'ENA

Fabien Fichaux
Docteur en anglais
Diplômé de Sciences Po Paris
Maître de conférences à Sciences Po Paris
Professeur en classes préparatoires

ellipses

ISBN 978-2-7298-5044-9

32, rue Bargue 75740 Paris cedex 15

www.editions-ellipses.fr

Avant-propos

Ce guide s'adresse à tous les candidats bacheliers qui préparent un concours : grandes écoles scientifiques et commerciales, ENS, écoles d'ingénieurs, écoles de commerce, écoles de l'Air, Sciences Po, concours d'entrée à l'ENA (voire même concours de classement...), écoles vétérinaires, concours administratifs : tout concours comportant une épreuve d'anglais Bac + 1 ou Bac + 2.

Il sera également très utile aux étudiants de LEA et aux élèves de Sciences Po ainsi qu'aux étudiants anglicistes préparant une licence.

Compte tenu du niveau très sélectif de certains concours, ce guide se propose de fournir à tout candidat sérieux et motivé le bagage nécessaire qui lui permettra de passer avec succès l'épreuve d'anglais.

C'est un outil pédagogique progressif et complet qui permettra aux candidats à la fois de mieux comprendre les textes journalistiques qui leur seront soumis et de s'exprimer de manière correcte et idiomatique sur tous les sujets généralement proposés aux concours.

Le Guide comporte 60 étapes étalées sur une durée de deux années : 34 pour la première année et 26 pour la deuxième année, ce qui correspond au nombre de semaines dont disposent les élèves pour chaque année scolaire. Il est évident que les candidats qui ne suivent pas une scolarité en classes préparatoires pourront organiser leur travail à leur convenance, en groupant deux ou plusieurs étapes sur une semaine, ou en sélectionnant certaines étapes en particulier, selon leurs lacunes ou leurs besoins, ou encore selon les directives de leur professeur.

La progression proposée commence — dans les dix premiers chapitres — par les apports les plus urgents, qui nous semblent indispensables pour constituer la base de l'édifice et pour permettre aux élèves de faire face aux premières difficultés :

- initiation à l'épreuve orale — pour donner quelques lignes directrices et de précieuses « béquilles » à l'élève, qui, dès son entrée en prépa, se voit confronté sans ménagement aux redoutables « colles » ;
- reprise des mots de liaison et des phrases complexes : ce qui permettra à l'élève de construire son discours de manière rationnelle et nuancée ;
- mise en garde contre les erreurs les plus fréquentes qu'il faudra bannir radicalement et au plus vite ;
- acquisition du vocabulaire de première nécessité.

La grammaire se présente sous forme de révisions systématiques portant sur tous les points de grammaire essentiels (et supposés acquis au lycée...). Sans cette consolidation grammaticale, il y a de grandes chances que le candidat aille à la catastrophe au moment des concours.

Le vocabulaire, qui représente l'essentiel du contenu de ce guide, a été choisi pour son côté fonctionnel et pratique : il s'agit du vocabulaire général de la presse et des médias, qui pourra être utilisé dans les contextes les plus variés — que ce soit dans les épreuves d'expression écrite ou de compréhension, dans les contractions croisées ou dans les traductions.

Ce vocabulaire est présenté dans des phrases de contexte se référant aux aspects et aux événements du monde actuel. L'accent a été mis avant tout sur l'acquisition d'un anglais idiomatique, grâce à l'apprentissage maîtrisé de collocations et d'expressions idiomatiques.

L'acquisition du vocabulaire se fera en 4 phases :

- de l'étape 1 à 10 : les « incontournables » ;
- de l'étape 11 à 35 : le vocabulaire de base.

À l'issue de la première année, l'élève maîtrisera donc un vocabulaire suffisant pour lui permettre, en deuxième année, de se mesurer plus aisément avec les sujets de concours.

- de l'étape 36 à 47 : le vocabulaire général : complément indispensable qui s'ajoutera en deuxième année aux acquis de base de première année ;
- de l'étape 48 à 60 : le vocabulaire spécifique couvrant les principaux thèmes de société qui sont proposés régulièrement aux concours.

Le guide comprend également l'étude des faux-amis, une liste des verbes à particules ainsi qu'un tour d'horizon des points de civilisation essentiels qu'un candidat est censé connaître aux concours.

Cette présentation progressive, construite en étapes bien définies, sera d'un précieux concours pour les professeurs qui veulent mener avec leurs élèves une préparation rationnelle sur deux ans — surtout lorsque cette tâche est confiée à deux professeurs successifs.

Il serait bien sûr souhaitable que ce travail fasse l'objet d'un suivi régulier de la part du professeur — qui pourra vérifier, par des tests de contrôle ponctuels, la bonne acquisition par les élèves des étapes successives.

Cette méthode de travail, revue et améliorée au fil des années, a fait incontestablement ses preuves : les élèves qui ont utilisé ce guide bien avant qu'il ne soit publié, l'ont baptisé « le guide du routard » : titre qui ne saurait être perçu que comme un compliment quant à son utilité et à son efficacité…

Cet ouvrage se veut évolutif. Que vous soyez enseignant ou étudiant, n'hésitez pas à faire part de vos remarques et suggestions sur fabienfichaux@yahoo.fr.

Table des matières

Première année : étapes 1 à 34 11

Deuxième année : étapes 35 à 60 211

Première année

étapes 1 à 34

Étape 1

Les mots dont vous aurez besoin au départ

Pour vous lancer dans la rédaction de votre premier essai — ou de votre première contraction de texte — ou encore pour vous exprimer à l'oral, il faudra savoir dès le début un certain nombre de mots absolument indispensables. Pour vous aider à les trouver, voici quelques possibilités de traduction que vous devrez vérifier dans les listes de vocabulaire en vous aidant de l'index, à la fin du livre.

➔ Verbes

accélérer : to speed up, to further, to boost

affronter, faire face : to cope with, to tackle

annuler : to cancel, to call off

atteindre : to reach, to amount to (*s'élever à…*)

améliorer : to improve, to better, to upgrade

appliquer, mettre en œuvre (une décision, une loi) : to implement, to enforce

augmenter : **transitif** : to increase, to step up, to raise. **Intransitif** : to increase, to rise, to go up, to grow, to be on the rise, to be on the increase

avancer : to go ahead

avoir le dessus sur : to overcome (*prendre le dessus*), to prevail on

commencer : to begin, to start, to get under way, to initiate

contrôler : to control, to monitor, to manage

diminuer : to decrease, to decline, to lessen, to shrink, to be on the wane

échouer : to fail, to break down

empêcher : to prevent, to hamper, to hinder

empiéter sur : to infringe on, to interfere with

encourager : to boost, to back up, to foster, to further

être en cause : to be at stake

être en plein essor : to thrive, to flourish

faire augmenter : to raise, to boost
faire diminuer : to curtail, to curb, to cut down, to lower, to reduce
impliquer : to involve, to imply
menacer : to threaten
monter en flèche : to soar, to pick up, to shoot up, to skyrocket
progresser, gagner du terrain : to make headway, to advance, to gain ground
protéger, gagner du terrain : to protect, to shield, to keep safe, to preserve, to safeguard
provoquer, donner lieu à : to cause, to bring about, to generate, to entail
provenir de : to be due to, to stem from, to be caused by, to be the result of, to be generated by
reculer : to lose ground, to step back
reprendre : to recover, to pick up
réussir : to succeed, to thrive, to do well
s'arrêter, finir : to stop, to finish, to come to a standstill, to come to an end
s'étendre : to spread, to propagate, to be rampant
se débarrasser de : to get rid of, to dump, to jettison
se développer : to develop, to expand, to extend
se plier à, se soumettre : to comply with, to abide by, to yield to
stagner, être au point mort : to be at a standstill
supprimer : to suppress, to eradicate, to stamp out
tomber en flèche : to fall, to dwindle, to plummet, to collapse, to nosedive

➔ Substantifs

une attitude : an attitude, a stance
un but : a target, a goal, an aim
un critère : a standard
un fossé : a gap (fig.)
une impasse : a deadlock, a stalemate
un manque, une pénurie : a shortage, a scarcity
un niveau : a level
un obstacle : an obstacle, a hurdle
une situation difficile : a predicament, a plight
une perspective : an outlook, a prospect
un point de vue : a standpoint, a viewpoint
un taux : a rate
un tournant, un événement marquant : a milestone, a landmark, a watershed

Préparation à l'épreuve orale

Remarque

L'épreuve orale de la plupart des concours consiste en un article de presse de langue anglaise, qu'il faut d'abord résumer, puis commenter. Cet article est soit donné à lire, soit à écouter, sous forme de cassette enregistrée par un lecteur anglophone. Mais dans les deux cas, la présentation est la même.

N.B. : Il va de soi que vous pourrez utiliser indifféremment à l'écrit et à l'oral les expressions figurant sous la rubrique « épreuve orale » et « mots de liaison ».

➔ Méthodologie : présentation de votre article

❶ Commencez par **une phrase d'introduction d'ordre général**, qui présente **la problématique d'ensemble** dans laquelle s'inscrit votre article.

➘ Expressions utiles pour formuler une introduction

at the turn of the 21st century/at the turn of the third millenium...

with the advent of globalisation.../with the advent of the net-economy...

with the growing gap between rich and poor countries...

with the tremendous progress of science/of information technology/of genetic engineering (*manipulations génétiques*), etc.

conventional wisdom has it that... : *on dit communément que...* street violence/GMOs/genetically modified organisms/juvenile delinquency/etc. **is/are/an issue/a matter/of common concern** : *est un problème qui inquiète tout le monde.*

Vous pouvez aussi commencer par évoquer **un événement de l'actualité récente** qui va dans le sens de la problématique soulevée par votre article.

Ex. : si vous avez un article sur la mondialisation, commencez par évoquer les événements de Porto Alegre ou de Davos, qui ont fait partie de l'actualité récente.

❷ **La deuxième phrase situera obligatoirement l'article** qui vous est soumis : **the article was published/released in...** (Ex. : Time Magazine) **last month**, OU la date exacte (si vous êtes sûrs de savoir dire correctement une date...). Vous pouvez dire un mot sur le journal ou le magazine en question (cf. plus loin : la Presse, dans « éléments de civilisation »).

Attention à l**a dénomination du genre de texte qui vous est soumis** :

Votre texte peut être :

a news report/a news article (*article de presse neutre et objectif*), written by **a reporter** or **a journalist** : general word for anybody who writes newspaper articles.

a coverage, a report : *un reportage*. **The coverage of an event** : *le compte-rendu d'un événement*

an editorial : *un éditorial* (written by **a columnist** (*un chroniqueur*), who expresses a personal opinion)

a columnist **analyses** and **comments <u>on</u> the news** (*les nouvelles*), **<u>on</u> a piece of news** or **<u>on</u> a news item** (*une nouvelle*).

❸ **Dans une troisième phrase**, vous annoncerez **le contenu essentiel** de l'article.

> Ex. : the article I have read (heard) deals with the pros and cons of the new economy.
>
> Ex. : the article can be summed up as a criticism of GM crops… N'oubliez pas, pour vous aider à saisir le contenu de l'article, d'étudier le titre et le sous-titre, qui sont souvent révélateurs.

Autres expressions utiles pour la présentation

the title of the article (*le titre*) ; **the subtitle** (*le sous-titre*)

a heading : *un titre*

a headline : *un grand titre*

this article has a challenging title : *un titre provocateur*

a pun : **a play on words** : *un jeu de mots* (on en trouve souvent dans les titres…)

the article deals with/focuses on : *parle de* (**N.B.** : Évitez de dire « speaks about » !)

a survey : *une étude*

the journalist's account : *le compte-rendu du journaliste*

the main/central theme (subject) of the article is… : *le thème principal…*

it all hinges on the question whether… : tout repose sur la question de savoir si…

the gist of the text : *l'essentiel, le point principal du texte*

Quelques conseils pour résumer l'article

→ Restez rigoureusement fidèles à ce que dit le texte, **sans jamais vous impliquer. Le résumé doit être neutre et objectif** : ne vous exprimez donc en aucun cas à la 1re personne du singulier.

→ Il faut **reformuler le texte et non le répéter** (il faut donc maîtriser parfaitement le vocabulaire de la reformulation, que vous apprendrez progressivement dans la rubrique « vocabulaire »).

→ Veillez à **l'articulation** de votre discours (apprenez et utilisez **les mots de liaison**).

→ Évitez de parler de l'auteur de l'article, tenez-vous en au **contenu.** Mais si vous devez parler du journaliste, ne dites pas « the author » (il s'agit rarement **d'auteurs**) ; dites : **the author of the article/ the journalist.**

→ Si vous voulez citer une phrase du texte : **as the journalist puts it : quote** « (phrase citée) » **unquote** : comme le dit le journaliste : je cite… fin de citation.

Erreurs à éviter

Remarque

Voici une liste des erreurs les plus récurrentes que l'on relève dans les copies et aux oraux des concours. Si vous arrivez à les éviter, vous aurez d'ores et déjà une avance sur vos concurrents. La plupart des erreurs proviennent d'une fâcheuse tendance des candidats à calquer leur expression sur le français. Je vous signale les erreurs les plus fréquentes, celles qui ont le don d'énerver particulièrement vos jurys. **La phrase juste est écrite en caractères gras : ne vous trompez pas !**

I <u>am</u> agree with… : **I agree with.**

I <u>am not</u> agree with… : **I do not agree with.**

<u>according to me</u>, the journalist is wrong : **in my opinion…**

N.B. : « According to » ne peut s'utiliser que pour citer l'opinion de quelqu'un d'autre.

Ex. : according to the polls/to the journalist… : à la 1re personne du singulier, cela dénoterait un manque de modestie inadmissible.

This article <u>speaks about…</u> : **the article is about…/deals with…/reports on…/ focuses on…**

This article is <u>an extract</u> from/is <u>an excerpt</u> from/… the Economist : this article **was published in/released in** the Economist/**is taken from**…

<u>At last</u>, I will say that… : **last, finally,** I will say that… (**N.B.** : at last! est une expression de soulagement : elle peut se traduire par : Ouf !)

<u>An economical</u> crisis, an economical problem, etc. : **an economic** crisis, issue, etc. (a 2 CV is an **economical** car)

<u>A concurrent, concurrence</u> : **a competitor, a competition**

<u>To take conscience of</u> : **to get aware of/to become aware of**

<u>Mondialisation</u> (barbarisme !) : **globalisation**

<u>Humans</u> : (*à éviter*) : **people. Human beings** : s'emploie par opposition à **animals**

<u>Humanity</u> : **mankind/human kind** (humanity *désigne en premier lieu les qualités humaines d'une personne*)

The <u>last</u> opinion polls (sondages) : **the latest** opinion polls (last *implique qu'il n'y en aura jamais plus d'autres*)

To <u>lose</u> time : **to waste** time : *perdre du temps*

A T.V. <u>emission</u> : **a T.V. programme** (am. **program**)

<u>Unuseful</u> (*barbarisme*) : **useless, pointless**

The medias <u>take a big role</u> in our <u>life</u> : **Media play a prominent part in our lives** (*attention GRAM. : si le sujet est pluriel, le complément est pluriel*)

Étape 2

Vocabulaire : quelques incontournables

to account for : *expliquer, justifier*

Ex. : family breakdown certainly accounts for the increase of juvenile delinquency : *l'éclatement de la famille explique sans aucun doute la montée de la délinquence juvénile.*

to be accountable for : *être responsable de*

Ex. : Pinochet has been declared accountable for all the outrage committed in Chile : *… responsable des atrocités commises au Chili.*

an account : *un compte-rendu*

accounts : *la comptabilité*/**an accountant** : *un comptable*

to take account of… : *tenir compte de…*/**to take into account** : *prendre en ligne de compte*

on no account : *en aucun cas, sous aucun prétexte*

on account of : *en raison de*

Ex. : Britain released Pinochet on account of his old age.

to acknowledge :

1. admettre

Ex. : he has acknowledged his error.

Ex. : he is an acknowledged art expert. *: reconnu*

2. reconnaître pour : his students acknowledge him as a genius. To acknowledge a child : *reconnaître un enfant*

to agree with… : *être d'accord*

He entirely agrees with me. **To agree <u>to</u> a proposal** : *accepter une proposition.*

Ex. : everyone agrees that we should give up this project.

as agreed… : *comme convenu…*

an agreement : *un accord.* A peace agreement : *un accord de paix*

to allow : *permettre*

to allow for : *tenir compte de…*

Ex. : the government will have to allow for an increasing life expectancy in setting up an efficient pension system.

an allowance : *une allocation, une indemnité.* **Family allowances** : *allocations familiales.* **Rent allowances** : *allocations logement*

Ex. : she gets an allowance from her separated husband : *pension alimentaire* (synonyme : **alimony**).

to alter : *modifier, changer.* He won't alter his attitude. His academic performances have altered for the better : *se sont améliorées* (antonyme : to alter for the worse)

to amount to : *se monter à, équivaloir à*

Ex. : the British attitude as regards agricultural policy amounts to an actual U-turn : ... *équivaut à une véritable volte-face.*

an amount + uncountable : *une quantité*

Ex. : a great amount of courage.

any amount of... :

Ex. : I've got any amount of time : *j'ai tout mon temps.*

Ex. : she's got any amount of friends : *elle a énormément d'amis.*

to appeal : *lancer un appel*

to appeal to :

1. faire appel à

Ex. : the G7 appealed to the western countries' generosity.

2. plaire

Ex. : this idea doesn't appeal to me : *cette idée ne me plaît pas*

an appeal :

1. un appel

Ex. : despite the numerous appeals for mercy, Carla Faye Tucker was executed : *malgré tous les appels à la clémence...*

2. un attrait

Ex. : the appeal of a trendy product : *l'attrait d'un produit à la mode.*

to apply for : *poser sa candidature*

Ex. : to apply for a job : *se présenter pour un emploi*

an applicant : *un candidat (à un poste)*

Ex. : the applicants do not meet our standards : *les candidats ne répondent pas à nos exigences*

an application : *une candidature*

Ex. : there were dozens of applications for only one job.

to appoint : *nommer*

Ex. : Gordon Brown was appointed Prime Minister after Tony Blair.

an appointment : *1. un rendez-vous. 2. une nomination*

Ex. : the Russian Prime Minister was dismissed only one month after his appointment : ... *a été destitué un mois seulement après sa nomination.*

to arise : *se produire, se poser*

Ex. : new difficulties have arisen.

Ex. : dramatic catastrophes are expected to arise if we fail to avoid global warming : *on s'attend à ce que de terribles catastrophes se produisent si nous ne réussissons pas à éviter le réchauffement planétaire.*

to arouse :

1. réveiller, éveiller

Ex. : to arouse somebody's anger/curiosity.

2. susciter

Ex. : the new start-ups are arousing public interest.

3. stimuler, pousser à agir

Ex. : the executives' decision to streamline the plant aroused the workers indignation.

to assess : évaluer

Ex. : the casualties of the bomb attack have not been assessed yet : le nombre de victimes de l'attentat à la bombe n'a pas encore été évalué.

to attend : *assister à*

Ex. : most western countries attended the Rio Conference.

to attend to a patient : *soigner un malade*

school attendance : *la fréquentation, l'assiduité*

there was **a large attendance** at the meeting : *une nombreuse assistance...*

to back : **to back up** : to support : *soutenir*

Ex. : for once, the unions backed the government in its action : *pour une fois, les syndicats ont soutenu le gouvernement dans son action.*

the backbone : *l'épine dorsale, l'essentiel* (fig.)

Ex. : French engineers now form the backbone of research in Silicon Valley.

Ex. : the economic backbone of the country.

to backfire : *avoir un effet inverse que prévu*

Ex. : his tactics could **backfire on** him and he could lose all his investments : *sa tactique pourrait se retourner contre lui...*

the background : *l'arrière-plan*

Ex. : we don't know what stands in the background of this petrol conglomerate's decision to bring humanitarian aid to some African countries.

the social background : *le milieu social*

the backlash (sing.) : *les répercussions (d'une crise, d'une guerre, d'un événement)*

Ex. : the backlash of the Chernobyl melt-down still wreaks havoc (*fait des ravages*) today.

a backlog : *un retard accumulé*

Ex. : the asylum seekers (*les demandeurs d'asile*) sometimes have to wait for several years because of the enormous backlog built up by the British authorities.

to put something on the backburner : *mettre quelque chose en veilleuse/en attente*

backward : *arriéré mental, en retard.* A home for backward children.

to ban : *interdire*

Ex. : it is high time landmines were banned all over the world : *il est grand temps que les mines anti-personnel soient interdites dans le monde entier.* (notez l'emploi obligatoire du prétérite modal après « it is high time »).

to bear : *porter, supporter*

Ex. : the Unions bear responsibility for this strike : *les syndicats portent la responsabilité de cette grève.*

to bear witness to : *témoigner de*

Ex. : this decision bears witness to a latent crisis.

to bear in mind : *tenir compte de, garder à l'esprit*

Ex. : we must bear in mind that Turkey is far from being a democratic country.

to bear out : *confirmer*

Ex. : the results bear out the fact that the situation is improving.

to blame somebody **for** : *accuser quelqu'un de...*

Ex. : lots of Russian officials are blamed for yielding to corruption : *beaucoup de responsables russes sont accusés de céder à la corruption.*

to blame something **on** someone/or/**to put (to lay) the blame** of something **on** someone (or something) : *rejeter la responsabilité sur, mettre sur le compte de...*

Ex. : the fall of the Dollar was blamed on the Asian crisis.

Ex. : some people lay the blame for unemployment on the presence of illegal immigrants : *certains mettent le chômage sur le compte de la présence d'immigrés clandestins.*

the body :

1. le corps

Ex. : he earns just enough **to keep body and soul together** : *il gagne juste assez pour subsister.* **A bodyguard**.

2. un grand nombre

Ex. : the great body of the readers : *la masse des lecteurs.*

Ex. : a large body of information : *une abondante documentation.*

a body of experts : *un comité d'experts*

taken in a body : *pris dans leur ensemble...*

to boost : *augmenter, donner un coup de pouce, encourager*

Ex. : the depreciation of the Euro has boosted our exports.

Préparation à l'épreuve orale

➔ Transition entre résumé et commentaire

now, I would like to make a personal point, if I may : *j'aurais une remarque à faire, si vous le permettez*

now, if I may express my own opinion, I would like to argue that...

as far as I am concerned, I have a feeling that... this article is very controversial...

my personal point of view on the topic is that...

for my part/as for me/, I think that the problem can be seen from another angle

my own opinion on this topic is that...

my commentary will be based on two points : *mon commentaire va reposer sur deux questions...*

I would like to dwell on a particular aspect of the article... *J'aimerais m'arrêter sur...*

for my part, I would like to raise another question : *j'aimerais soulever une autre question...*

➔ Si vous voulez prendre position par rapport au texte

I strongly disagree with this argument.

I am afraid I don't agree with the idea that : *je crains de ne pas être d'accord...*

I would like to raise an objection : *j'aimerais soulever une objection*

I have a few reservations about this article : *j'ai quelques réserves à faire sur cet article*

this argument may seem somewhat far-fetched : *un peu tiré par les cheveux...*

➔ Pour annoncer votre conclusion

Now, what conclusion can we draw from all that?

By way of conclusion (in conclusion), we can say that...

From all this follows that...

Finally/lastly/all in all/...

It all comes down to... : *tout cela revient à dire que...*

Remarque

Évitez d'utiliser l'expression trop rebattue : « to put it in a nutshell »/« in a nutshell ».

Erreurs à éviter

- A big problem/an important problem… : expression que l'on retrouve dans la plupart des introductions… : MIEUX : **a significant issue**

  N.B. : Évitez, dans la mesure du possible, d'utiliser à tour de bras le mot « problem ».

- **Mots pouvant remplacer « problem » : a concern/an issue/a snag/a difficulty :**

  a quandary/a predicament/a conundrum… : *un problème difficile*

  N.B. : Évitez l'expression « a burning issue » : trop galvaudée.

- **Adjectifs pouvant remplacer « big » :**

  vast, large, huge, prime, prominent, outstanding, extensive, remarkable, eminent, preeminent, pronounced, massive, substantial, paramount, prodigious… le choix est grand.

- **Adjectifs pouvant remplacer « important » :**

  N.B. : « Important » a un sens bien précis en anglais : il signifie « qui importe » : on ne peut donc pas l'employer pour remplacer « big ».

  significant, considerable, substantial : a significant step/a substantial increase/a considerable breakthrough

  prime : a prime example : *un example significatif* ; our prime concern : *notre préoccupation principale*

  major : a major decision, a major project

  primary : a primary question

  crucial : a crucial point

  far-reaching, widespread : far-reaching consequences, a widespread influence

  foremost : a foremost artist, a foremost businessman

  grave, serious : a serious drawback : *un sérieux désavantage*

  remarkable, eminent

  weighty : weighty responsibilities, a weighty decision : *de poids, lourd de conséquences*

  high-ranking, top, influential, prominent, leading : a top civil servant, a high-ranking official, a prominent head of state (*chef d'état*)

  huge, large : a large sum, huge investments

  tremendous : a tremendous power/influence

Étape 3

Vocabulaire : quelques incontournables

to break : *casser, briser*

to break the law : *enfreindre la loi*

to break a record : *battre un record*

to break new ground : *innover, faire œuvre de pionnier*

the situation **has reached breaking-point** : … *a atteint le point de rupture*

to break away from : *faire sécession, couper les ponts*

Ex. : Kosovo has tried hard to break away from Serbian authority.

a breakaway party : *un parti dissident, séparatiste*

to break down : *échouer, tomber en panne*

Ex. : the peace talks have broken down, once more : *les pourparlers de paix ont échoué, une fois de plus.*

a breakdown : *une panne (moteur, machine)*

a nervous breakdown : *une dépression nerveuse*

family breakdown : *l'éclatement de la famille*

to break into : *entrer par effraction*

to break into a market : *pénétrer un marché*

to break out : *éclater (pour une guerre ou un conflit)*

a break : *une pause, une rupture*

Ex. : a break with the past : *une rupture avec le passé.*

to take a break : *faire une pause, se changer les idées, prendre des vacances*

a breakthrough : *une percée, une découverte capitale*

Ex. : the contraceptive pill was one of the medical breakthroughs of the 20th century. Information technology (*l'informatique*) is **a major scientific breakthrough**.

a break-up : *une rupture*. The break-up of a political party : *la scission d'un parti politique*

a case :

1. un cas, une éventualité

Mots de liaison : **In such a case** : *en pareil cas.* **As the case may be** : *selon le cas.* **In any case** : *en tout cas.* **In the case in point** : *en l'occurrence*

a case in point : *un exemple frappant*

Ex. : the recent assassination in Corsica is a case in point.

2. un procès, une affaire. **To try a case** : *juger une affaire.*

to make a case for : *plaider en faveur de*

Ex. : the Greens have made a case for organic farming : *les verts ont plaidé pour l'agriculture biologique.*

3. une valise

a charge : *une inculpation.* **To be on a rape charge** : *être inculpé de viol*

the charges made against him by his secretary : *les accusations portées contre lui…*

to make a charge for : *facturer*

Ex. : the garage made no extra charge for checking my engine.

to be in charge of : *être responsable de…, diriger*

Ex. : he is in charge of the local branch.

to charge : *facturer, demander un prix*

Ex. : how much do you charge for the taxi ride? *combien demandez vous pour cette course en taxi ?*

to charge someone with… : *inculper quelqu'un de…*

Ex. : Carla Faye Tucker was charged with the murder of two people.

to check :

1. vérifier

Ex. : the culprit's statement will have to be checked by experts.

2. freiner, enrayer

Ex. : the Hague Conference aimed at checking gas emissions by developing countries : *la Conférence de la Haye a visé à enrayer les émissions de gaz des pays en voie de développement.*

Ex. : it is expected that sex education will help check the spread of Aids in Africa : *on s'attend à ce que l'éducation sexuelle aide à enrayer la progression du Sida en Afrique.*

to put a check on/to hold in check/to keep in check : *maîtriser, contenir*

Ex. : the government endeavours to put a check on urban violence : *Le gouvernement s'efforce de contenir la violence urbaine.*

to cast : *jeter.* **To cast anchor** : (sens propre et figuré) : *jeter l'ancre.*

to cast the blame on somebody : *rejeter la responsabilité sur…*

Ex. : the Russians cast the blame for the Kursk disaster on their president.

to cast a shadow on/over : *jeter une ombre sur* (fig.). **To cast one's eye on…** : *jeter un regard sur…* **To cast a critical eye on** : *jeter un regard critique sur…*

to be cast down : *être démoralisé*

to claim :

1. prétendre

Ex. : hunters claim that they are defenders of nature : *les chasseurs prétendent qu'ils sont des défenseurs de la nature.*

2. revendiquer

Ex. : a group of Islamists has claimed responsibility for the bomb attack.

to collapse : *s'effondrer*

Ex. : the Russian economy is on the brink of collapse : … *au bord de l'effondrement.*

a collapse : *une chute, un effondrement*

Ex. : the collapse of the ex-USSR.

to commit : *commettre*

Ex. : to commit a crime, to commit suicide

to be committed to + V-ing : *s'être engagé à, s'employer à*

Ex. : the government is committed to curbing the costs of our Health system.

Ex. : José Bové has committed himself to fighting globalisation.

a commitment : *un engagement*

Ex. : the Prime Minister has stressed his commitment to curbing illegal immigration.

Ex. : he is reluctant to get married because he fears any commitment.

to compel : *obliger*

Ex. : Saddam Hussein was compelled to let UNO experts visit Iraq's strategic locations.

Ex. : the Chinese army compelled the students to stop their demonstration.

to compel respect : *imposer le respect*

compelling : *incontestable, irréfutable*

Ex. : a compelling reason. A compelling film : *fascinant*

to comply with : to abide by : *respecter, se plier à*

Ex. : all countries in the world should comply with the Declaration of Human Rights.

Ex. : the factory was closed down for failing to comply with the safety rules.

compliance : *conformité*

Ex. : compliance with the law is expected of all citizens.

Mot de liaison : **in compliance with…** : *conformément à…*

to be compliant with : *être conforme à…*

a concern :

1. une affaire. It's none of his concern/business : *cela ne le regarde pas*

2. une entreprise. **A going concern** : *une entreprise qui marche*

3. une inquiétude. He was filled with concern about his wife's health.

a matter of great concern : *un sujet de grande inquiétude*

to consume : *consommer*

a consumer : *un consommateur.* **Consumer goods** : *biens de consommation*

consumerism : *le consumérisme/***consumer society** : *la société de consommation*

consumption : *la consommation*

to cope : *s'en sortir, se débrouiller*

Ex. : we'll have a lot of hard work before our competitive examinations, but we'll cope : *nous aurons beaucoup de travail avant nos concours, mais nous nous en sortirons.*

to cope with : *faire face à un problème, essayer de le résoudre*

Ex. : the government has to cope with a new wave of social unrest : *le gouvernement doit faire face à une nouvelle vague d'agitation sociale.*

a corporation : *une société (commerciale ou industrielle)*

corporate : … *des entreprises.* Corporate profits : *les bénéfices des entreprises*

Ex. : the demonstrators in Davos claimed they wanted to fight corporate greed : *la soif d'argent des entreprises*

a demand : faux-ami : *une exigence*

Ex. : the terrorists' demands are unacceptable.

supply and demand : *l'offre et la demande*

to deprive someone of… : *priver quelqu'un de… :*

Ex. : he was deprived of his civil rights. **Deprivation** : *pauvreté, misère*

to deserve : *mériter*

Ex. : the Prime Minister's policy clearly doesn't deserve such harsh criticism : *il est clair que la politique du Premier ministre ne mérite pas de critiques aussi sévères.*

Préparation à l'épreuve orale

➔ Mots et expressions utiles dans une épreuve orale

Rappel : sachez dire les dates !

Ex. : this article was published **on** October **the** second, **two thousand/ in** October 2008.
2009 : **two thousand and nine**. 1999 : **nineteen ninety-nine**

Substantifs

a conundrum : *un problème inextricable, un casse-tête*

a moot point : *un point discutable*

a warning : *une mise en garde*

a matter of prime importance : *un sujet d'importance capitale*

a matter of common concern : *un sujet qui inquiète tout le monde*

a fact of life : *une réalité qui est entrée dans les mœurs*

Ex. : nowadays, doping has seemingly become a fact of life for many athletes : *de nos jours le dopage semble être entré dans les mœurs…*

print journalism : *la presse écrite*

a chart : *un tableau, un graphique* (**N.B.** : N'oubliez jamais d'en parler, s'il en figure dans votre article !)

a rate : *un taux*

Ex. : the crime-rate, the death-rate (*taux de mortalité*), the birth-rate (*taux de natalité*)

a catchword/a catchphrase : *un slogan accrocheur*

an understatement : *une affirmation qui est en dessous de la vérité* (*une litote*) : Très fréquent en anglais !

a cliché, a stereotype : *un cliché*

to give an insight into… : *donner un aperçu de…*

Verbes utiles

to highlight/to spotlight : *mettre en lumière*

to focus on : *se concentrer sur*

to point out that… : *faire remarquer que*

to dwell on : *insister sur…*

to shed light on : *éclairer* (*un problème*)

to stress/underline/to emphasize/to lay emphasis on/to underscore : *souligner*

to suggest/to imply that : *impliquer*

to infer : *déduire*

Ex. : we can infer from this statement that…

Erreurs à éviter

- **Emplois incorrects de « make » calqués sur le français :**

  To make an analyse : **to analyse**. Substantif : **an analysis**/plur. : **analyses.**

  To make the contrary : **to do the opposite**

  To make sport : **to practice a sport**

  To make studies : **to study**

With the time : **over time, with time**

To renounce to : **to renounce/to give up**

To go in holidays : **to go on holiday**

The occidental/oriental/countries : **the western/the eastern countries**

To arrive to do something : **to manage to do, to succeed in V-ing**

It exists… : **there is, there are**

A concerning issue : **a worrying, alarming issue**

For to do something : **to do, in order to do something**

To give importance : **to stress, to emphasize**

To assist at : **to witness, to attend** (a lecture – a meeting) : *assister à…*

Problems as criminality, drugs, etc. : **problems like/such as criminality,** etc.

Unemployment touches many people : **unemployment affects a lot of people**

As a conclusion, I would say/**in conclusion, I would like to say…**

In the politic area : **in the political field**

The **f**rench foreign politic : **French foreign policy**. (Majuscule à TOUS les adjectifs de nationalité). Le mot « politic », n'existe pas dans ce sens.

A great political man : **a well-known politician, an influential policy-maker**

> N.B. : Attention à l'emploi de GREAT : a souvent le sens de SUPER en français. Donc par exemple : « it's a great town » : *c'est une ville formidable* (et non : grande). *C'est une grande ville* : it is a **large** town/a big city.

The important is to curb unemployment : **what's important is to…**

The actual crisis : **the present crisis, the current crisis** (actual=vrai)

I am interested in the actuality : **I am interested in current events**

Actually (pour dire « actuellement ») : **presently, currently**

An atomic experience : **an atomic experiment** (an experiment : *une expérience scientifique*/experience : *l'expérience, au sens général du terme* : Ex. : he is a man of experience.)

Étape 4

Vocabulaire : quelques incontournables

to deter from : *dissuader*

Ex. : these new measures will deter consumers from buying Diesel cars.

a deterrent : *un moyen de dissuasion*

to act as a deterrent : *exercer un effet de dissuasion*

Ex. : a nuclear deterrent : *force de dissuasion nucléaire.*

to disappoint : *décevoir*

Ex. : he was disappointed **at** not getting the expected answer.

Ex. : he was disappointed **by** their attitude.

Ex. : I am very disppointed **in** you.

disappointing : *décevant*

Ex. : the results of the poll were quite disappointing.

disappointingly : *de manière décevante*

Ex. : the figures were disappointingly low.

disappointment : *déception*

Ex. : to our great disappointment, he failed all his exams.

to dismiss : *licencier, renvoyer*

Ex. : thousands of workers were dismissed after their companies had decided to relocate (*se délocaliser*) in Third World countries.

to dismiss an idea : *rejeter une idée*

a dismissal : *un licenciement*

to disturb : *déranger*

disturbance : *des troubles, des incidents, des émeutes*

disturbing : *troublant, inquiétant*

Ex. : a disturbing revelation.

to downplay (to play down) : *minimiser*

Ex. : the press tries to downplay the backlash of the crisis : *la presse essaie de minimiser les répercussions de la crise.*

to drop : *laisser tomber*

Ex. : the government had to drop this scheme : it was too risky.

to drop out of school : *quitter l'école, laisser tomber ses études*

Ex. : many juvenile delinquents have dropped out of school before the age of 15.

a drop-out : *1. un jeune qui abandonne ses études. 2. un marginal, un laissé-pour-compte*

Ex. : there is an increasing number of drop-outs begging or busking (*faire la manche*) in the Paris metro.

to edge up : *augmenter progressivement*

to edge down : *diminuer progressivement*

Ex. : thanks to the new treatments, the number of Aids cases is now edging down in France.

to edge forward : *faire de légers progrès*

an edge : *un bord*

to have an edge on... : *avoir une légère supériorité sur...*

Ex. : in terms of costs, Japanese cars have a competitive edge on French cars.

edgy : *crispé, stressé, enervé*

Ex. : the minister gave an edgy answer to the journalist's awkward question.

to emerge... from : *apparaître, émerger, surgir*

Ex. : seemingly new difficulties have emerged in the peace talks between Israel and the Palestinians.

Ex. : it emerged that the witness had told a lie.

it emerges from this that... : *il en résulte que...*

the emergence of... : *la naissance, l'émergence*

Ex. : the past decade saw the emergence of the new economy.

emergent : *émergent*

Ex. : the emergent states of Africa.

the emergency : *l'urgence.* **In case of emergency** : *en cas de nécessité.* **To declare a state of emergency : ...** *un état d'urgence.* **An emergency exit** : *une sortie de secours*

an emergency landing : *un atterrissage forcé.* **The emergency service/ward** : *le service des urgences* (*hôpital*)

to encompass : *englober*

Ex. : this figure encompasses all the victims of the disaster, be they wounded or dead : *ce chiffre englobe toutes les vicimes du désastre, qu'elles soient blessées ou mortes.*

to endeavour : *s'efforcer*

Ex. : we really must endeavour to curb domestic waste.

to enforce the law : *faire appliquer la loi*

Ex. : the mayor will find it difficult to enforce the law on car-pollution.

to enforce on/upon : *imposer*

Ex. : the police are expected to enforce discipline on the hooligans.

the enforcement : *l'application*

Ex. : the police are responsible for the enforcement of the curfew : *l'application du couvre-feu.*

to entail : *entraîner, provoquer*

Ex. : this bankruptcy (*banqueroute*) will entail a lot of lay-offs (*licenciements*).

to eradicate : *éradiquer, supprimer*

Ex. : homelessness should be eradicated once and for all (*une fois pour toutes*).

the eradication : *l'éradication*

Ex. : the eradication of Aids depends on the progress of medical research.

an event : *un événement.* **Current events/current affairs** : *l'actualité*

Mots de liaison : **in the event of...** : *au cas où*

Ex. : in the event of his failing, he would drop out.

in any event : *dans tous les cas, quoi qu'il arrive*

Ex. : in any event, the bill will be passed.

eventful : *mouvementé*

to evict : *expulser*

Ex. : many homeless people have been evicted from their homes for not paying their rents (*loyer*).

to exceed : *dépasser*

Ex. : our exports have exceeded our imports.

exceedingly : *extrèmement*

excess : *un excès.* An excess of precautions. To drink to excess : *boire à l'excès*

to carry to excess : *pousser à l'excès*

to expect : *attendre, s'attendre à*

Ex. : honestly, nobody expected the French team to win the Cup.

Ex. : the results are better than expected.

Ex. : a handful of new member-states are expected to join the EU within the coming years.

an expectation : *une attente, une espérance.* **In expectation of** : *dans l'attente de, en prévision de*

Ex. : the inhabitants of the island stayed at home in expectation of the hurricane.

to live in expectation : *vivre dans l'expectative*

contrary to all expectations : *contrairement à toutes les attentes*

to come up to somebody's expectations : *répondre à l'attente de quelqu'un*

beyond expectations : *au-delà de toute attente*

an expectant mother : *une future mère*

life expectancy : *l'espérance de vie*

to extend :

1. agrandir. To extend a business, to extend one's powers

2. prolonger. To extend a time limit. To extend an invitation : *lancer.* The bank will extend you credit : *offrir*

3. s'étendre. Our holidays extend into September.

The regulations do not extend to foreigners : *s'appliquer*

the extent : *le degré, la mesure, l'ampleur, l'étendue*

Ex. : the full extent of the damage caused by the December 99 storm has not been assessed yet.

the extinction : *la disparition*

Ex. : more and more animal species are threatened with complete extinction; **the extinction of species.**

extinct

Ex. : if we go on killing whales, they will sooner or later become an extinct species : *si nous continuons de tuer le baleines, elles deviendront tôt ou tard une espèce disparue.*

Préparation de l'épreuve orale : verbes utiles (suite)

to reckon/deem/consider/suppose/believe : *estimer, penser, croire...*

to surmise/assume : *supposer.* (Tous ces verbes peuvent être utilisés plutôt que le verbe « **to think** », qui est plat)

to criticize : *critiquer* : or **castigate** or **chastise** : *fustiger*

to contend that : *prétendre que*

to endorse a common opinion : *adhérer à une opinion générale*

to emphasize/to lay emphasis on : *souligner*

to ignore, to disregard : *ne pas tenir compte*

to stick to the facts : *rester sur le terrain des faits*

to take something at face value : *prendre au pied de la lettre*

to speak for/to defend/to take a stand on behalf of.../to be committed to : *prendre le parti de...*

to make a plea for/to plead for/against : *plaider en faveur de.../contre...*

to make a compelling case for/against : *avancer des arguments irréfutables en faveur/contre*

to support a lost cause/an opinion : *défendre une cause perdue, une opinion...*

to level an accusation against : *porter une accusation contre...*

to be beside the point : *être à côté de la question*

to be to the point : *être pertinent*

Ex. : this remark is to the point.

to be taken for granted... : *être considéré comme acquis, comme allant de soi...*

to be in sharp contrast with...

to set up a connection between... : *établir un lien entre...*

to cite or **to quote/a case of/an example of...** : *citer un exemple*

to bring to the fore : *mettre en évidence*

to boil down to… : *se résumer à, se réduire à…*

Ex. : this article boils down to a list of the main drawbacks of G.M.O.s : *cet article se résume à une liste des principaux inconvénients des OGM.*

Erreurs à éviter

Active life : **working life. The working population/a working woman** : *la population active/une femme active*

The number of retired people is very important : **is very high, is considerable. (« Important » n'a pas de sens quantitatif en anglais**, cf. plus haut).

It's maybe the only solution : **it may be the only solution** (préférez toujours le modal à l'adverbe)

A lot of persons : **a lot of people (sing. : one person ; plur. : two people)**

To suffer from a crisis : **to undergo a crisis**

He has lived the 2nd World War (pour : il a vécu la guerre) : **he lived through the war**

The event arrived in France : **the event occurred/happened/took place in France**

To have chance : **to be lucky**

Exposition : **exhibition**

A critic (pour une critique) : **a criticism** : *une critique.* (a critic : *un critique*)

They are critic of the government : **they are critical of…**

An expensive price, a cheap cost : **a high price, a low cost**

To success (barbarisme) : **to succeed (success** est un substantif : *le succès*)

The level of life (pour le niveau de vie) : **the standard of living, living standards**

To product : **to produce. A product** : *un produit* (en général) ; an item, an article

Agricultural produce : *le produit agricole*

To sensibilize (barbarisme) : **to make aware**

To give as a pretext that… : **to allege that…**

To go into the streets (pour des manifestants) : **to take to the streets**

Nocive (barbarisme) : **noxious, harmful**

Étape 5

Vocabulaire : quelques incontournables

to face : *faire face à*

Ex. : the President will have to face the situation.

to face up to : *faire face à, affronter*

Ex. : our company will have to face up to fierce competitors.

Ex. : the government will have to face up to a tricky situation.

to be faced with : *être confronté à*

Ex. : companies all over the world were faced with the LOVE virus.

a face-off : *une confrontation*

to fail : *ne pas réussir, rater*

Ex. : so far, the police has failed to curb street violence in big cities : *jusqu'à présent, la police n'a pas réussi à réduire la violence urbaine.*

a failure : *un échec*

Ex. : lots of industrialists fear that the 35-hour week will prove a failure.

A heart failure : *un arrêt cardiaque*

to find : *trouver*

Ex. : to find work.

Ex. : he can't find the money to pay for his medicine.

to be found guilty : *être déclaré coupable*

to find out : *découvrir*

Ex. : the experts found out that there was a leak (*une fuite*) in the nuclear reactor.

the findings : *les conclusions* (*d'une étude, d'une enquête*)

Ex. : researchers have studied the problem, but, up to now, their findings have not been very convincing.

food : l*a nourriture.* **Food aid** : *l'aide alimentaire.* **The food chain** : *la chaine alimentaire*

food for thought : *matière à réflexion*

to feed : *nourrir.***To feed somebody information** : *fournir des informations à quelqu'un*

to feed data into a computer : *entrer des données dans un ordinateur*

to foster : *encourager, promouvoir*

Ex. : the economic upturn (*la reprise*) has been considerably fostered by our soaring exports.

free : *libre*. **Free trade** : *le libre-échange*. **Free-will** : *le libre-arbitre*

freedom : *la liberté*. Freedom of speech : *la liberté de parole*. Freedom of thought : *la liberté de pensée*. Freedom of conscience. Freedom of choice

to forecast/to foresee : *prévoir*

Ex. : scientists forecast a serious rise in world temperatures if CFCs are not curbed at once.

Ex. : the victory of the Republicans could not be foreseen.

a frame : *un cadre* (sens propre et figuré)

a framework : *un cadre, une structure*

Ex. : the research was conducted within a legal framework : *dans un cadre légal*.

Ex. : the experiment was carried out in the framework of medical research.

to fulfil :

1. réaliser

Ex. : he finally managed to fulfil his dream of climbing Mount Everest.

2. remplir

Ex. : the applicant did not fulfil our requirements : *le candidat ne répondait pas à nos exigences*.

Ex. : the conditions of the contract must be fulfilled.

a fulfilment : *un accomplissement, une réalisation*

Ex. : this new position was the fulfilment of his career.

to fund : *financer*

Ex. : this humanitarian aid was funded by the E.C.

N.B. : Ne pas confondre avec : **to found** : *fonder, créer*.

Ex. : this association was founded 20 years ago.

funds : *des crédits, des fonds*. **To raise funds** : *réunir des fonds*

to grant a subsidy/a scholarship : *accorder une subvention, une bourse d'études*

a grant :

1. une subvention

Ex. : the state should give grants to non-polluting industries.

2. (améric.) : *une bourse d'études*/(brit.) : a scholarship

a grip on... : *une prise sur*. **To have a good grip on a subject** : *maîtriser un sujet*

Ex. : fanaticism **retains a powerful grip** on this country : *le fanatisme garde une puissante influence...*

to come to grips with a problem : to tackle : *affronter un problème*

to lose one's grip : *lâcher prise, perdre le contrôle de la situation*

to fall into the grips of a sect : *tomber aux mains d'une secte*

the country is in the grip of a general strike : *… en proie à, paralysé par…*

the ground : *le sol*

to run a business into the ground : *mener une affaire à la ruine*

to cut the ground under somebody's feet : *couper l'herbe sous les pieds de quelqu'un*

on neutral ground : *en terrain neutre*

to gain ground/to lose ground : *gagner/perdre du terrain*

to clear the ground : *déblayer le terrain ; déguerpir*

to stand one's ground : *tenir bon*

Ex. : the strikers are adamantly standing their ground.

the grounds : plur. : *les raisons*

Ex. : the latest figures give us grounds for optimism.

Ex. : there are no grounds for panicking.

Ex. : on what grounds are they relocating in Scotland? : *pour quelles raisons vont-ils se délocaliser en Écosse ?*

the grounds for divorce/for dismissal : *les motifs de divorce/de licenciement*

a hazard : faux-ami : *un danger, un risque*

Ex. : there are many serious health hazards associated with smoking.

to hazard : to venture : *risquer*

Ex. : would you hazard an answer?

Ex. : he hazarded all his money in the New Economy.

hazardous : *dangereux*

a hand : *une main*

a hands-off policy : *une politique de non-intervention*

a first-hand piece of information : *de première main*/**a second-hand car** : *d'occasion*

to get out of hand : *échapper au contrôle, dégénérer*

Ex. : the demonstration got out of hand and lots of people were injured in the riots (*bagarres*).

to win hands down : *gagner haut-la-main*

a handful : *une poignée*

Ex. : a handful of dollars

a hand-out : *de l'aide*

Ex. : giving Third World people hand-outs won't solve the problems of famine.

to lead a hand-to-mouth existence : *vivre au jour-le-jour*

to hamper : to hinder : *entraver, géner*

Ex. : the W.T.O. talks in Seattle were seriously hampered by the demonstrators : *les pourparlers de l'OMC à Seattle ont été sérieusement entravés par les manifestants.*

to harm : to impair : *faire du tort, nuire*

Ex. : the recent rain has severely harmed the harvests.

to do somebody harm : *faire du mal à…*

Ex. : learning your irregular verbs won't do you any harm!

Ex. : the harm's done now! : *le mal est fait !*

Ex. : I see no harm in it : *je n'y vois aucun mal.*

out of harm's way : *hors de danger*

Ex. : put this vase out of harm's way : *mets ce vase en lieu sûr.*

harmful : *nocif*/**harmless** : *inoffensif*

a head : *une tête.* **A head of state** : *un chef d'état.* It costs £10 **per head.** To be **head over heels** in love : *éperdument* amoureux

the Head (pour : Headmaster) : *le proviseur.* **A headhunter** : *un chasseur de têtes*

a heading : *un titre*/**a headline** : *un gros titre*

Ex. : this crash made the headlines : *était à la Une…*

the headquarters : *le siège d'une société*

to keep one's head above water : *se maintenir à flot* (fig.)

headlong/headfirst : adv. : *tête baissée*

Ex. : they rushed headlong into marriage.

to head : to lead : *diriger, être à la tête de…*

Ex. : the sales director heads a team of 20 people.

to head for/towards… : *se diriger vers…*

Ex. : the Titanic was heading for America when she ran into an iceberg.

Ex. : you are heading straight for disaster : *tu vas droit au désastre.*

headway : *le progrès*/**to make headway**

Ex. : computing has made fabulous headway over the past few years : *l'informatique a fait des progrès fabuleux depuis quelques années.*

Autres verbes utiles à l'épreuve orale

to take a critical stand on : *avoir une approche critique*

to advocate a different approach : *défendre un autre point de vue*

to evade a question : *esquiver…*

to have an optimistic outlook on : *un point de vue…*

to hint at an issue : *faire allusion à*

to stand one's ground : *adopter une position ferme*

to take a firm stand for/against : *prendre fortement position pour/contre*

to give someone an insight into : *donner un aperçu/une idée de…*

to foresee : *prévoir*

to bear evidence that : *attester que…*

to bear in mind that : *garder à l'esprit*

to give evidence for/against : *témoigner en faveur/contre…*

to play down/to minimise : *minimiser l'importance de…*

to exaggerate, distort : *déformer*, **to play up, to maximise** : *exagérer*

to stick to the facts : *s'en tenir aux faits*

➔ Adjectifs utiles

a cogent/ a convincing argument : *un argument convaincant*

a compelling argument : *un argument incontestable*

ambiguous : *ambigu*

a (highly) **debatable, controversial, questionable, arguable** : *argument*

optimistic, pessimistic, confident (*confiant*)

ironic, humorous, sarcastic, witty (*plein d'esprit*)

serious, critical, derogatory (*péjoratif*), **laudatory** (*élogieux*)

a minute description : *une description détaillée*

the article is **biassed, one-sided, partial, prejudiced** : *partial, tendancieux*

unbiassed : *objectif*

the article is **partial to/towards/**immigrants : *a un parti pris en faveur des immigrés*

a blunt statement : *une affirmation brutale*

a sweeping statement : *une généralisation excessive*

a consistent argument : *logique, solide, rationnel/***inconsistent** : *incohérent*

Erreurs à éviter

Explication (barbarisme) : **explanation**

Consommation : **consumption**

A land (dans le sens géopolitique) : **a country**

A society (pour une société commerciale) : **a company, a firm** : faute fréquente

Habitants (barbarisme) : **inhabitants** To habit (barbarisme) : **to inhabit**

Hard to support : **hard to bear** (to support : faux-ami : *soutenir*)

To take more and more place : **to spread (out)** : *se propager*/**to play an increasing role** : *jouer un rôle croissant*/**to be on the increase** : *être en augmentation*/**to be widespread** : *être répandu*/**to be rampant/to run rampant** : *sévir*

To have difficulties to… : **to find it difficult to…/to have difficulty + V-ing**

The responsible : **the person to blame/the person in charge**

The all world : **the whole world**

To meet problems : **to be faced with problems**

To provoke a crisis : **to trigger off/to spark off/to bring about/to generate/ to induce...**

Scientifics : **scientists**

Industrials : **industrialists**

A T.V. <u>spectator</u> : **a TV viewer**

Fanatism : **fanaticism**

A society problem/**a social problem**

Sympathic (barbarisme) : **nice, likeable**. Attention ! **sympathetic** : *qui exprime de la compassion, de la sympathie*

A tentative : **an attempt**

Enough place/**enough room** : (a place : *un endroit*)

Étape 6

Vocabulaire : quelques incontournables

to hinder : to hamper : *gêner, entraver, faire obstacle.*

Ex. : no one will be able to hinder child labour in poor countries as long as the latter have not reached a decent standard of living.

Ex. : his handicap has definitely hindered his career.

Ex. : high interest rates hinder economic recovery : *les taux d'intérêt élevés font obstacle à la reprise économique.*

a hindrance : *an obstacle.* Synon : ⇒ a hurdle

a hurdle : *un obstacle*

Ex. : there are still many hurdles to be cleared before we can implement a common agricultural policy.

to implement : *appliquer, mettre en œuvre*

Ex. : the tax reform will be implemented as early as next month.

the implementation of a policy/a reform… : *la mise-en-œuvre, l'application*

Ex. : the implementation of Human Rights still remains a tricky issue (*un point délicat*).

to increase : *augmenter*

Ex. : the number of HIV-positive Africans is increasing dramatically.

an increase : *une augmentation*

Ex. : a further increase in street violence has been registered.

to be on the increase : to be on the rise : *être en augmentation*

to infringe : *empiéter sur*

Ex. : the British cabinet is accused of infringing the freedom of information.

to infringe on somebody's privacy : *porter atteinte à la vie privée de quelqu'un*

an infringement : *une violation (d'une loi/d'un règlement)*

an infringement of traffic laws : *une infraction au code de la route*

to indict : *inculper*

Ex. : he was indicted **for** embezzlement :… *détournement de fonds.*

an indictment : *une inculpation, une mise en accusation*

Ex. : this article is a severe indictment of genetically modified crops.

to induce : to bring about :

1. provoquer, aboutir à

Ex. : rises in labour costs inevitably induce lay-offs : les augmentations du coût du travail provoquent inévitablement des licenciements.

2. inciter

Ex. : the government is trying hard to induce young men to join the army.

an inducement : *une incitation, une motivation*

Ex. : the campaign was an inducement for people to buy mobile phones.

to involve : *impliquer, nécessiter*

Ex. : this new measure will involve massive investment.

to be involved in... : *être impliqué dans...*

Ex. : quite a few prominent French politicians are involved in murky (*louches*) affairs.

the involvement : *la participation*

Ex. : there is no denying that the Allies won the 2nd World War thanks to the American involvement

an issue : *un problème, une question.* **A tricky/thorny issue** : *une question épineuse*

a divisive issue : *une question qui sème la discorde.* **A burning issue** : *une question brûlante*

to be at issue : *être en cause*

Ex. : what is at issue is the credibility of Vladimir Putin.

an issue of common concern : euthanasia is an issue of common concern : ... *un problème qui touche tout le monde*

an item :

1. un article

Ex. : there are several items in this catalogue that are worth buying.

2. point, question

Ex. : the first item on the agenda : *le premier point à l'ordre du jour.* **A news item** : *une information, une nouvelle.*

keen : to be keen on +V-ing :

1. tenir à faire quelque chose

Ex. : he is keen on visiting every single museum.

2. être attiré par

Ex. : he is keen on jazz. A keen gardener : *un passionné de jardinage.* To await something **with keen anticipation** : *avec impatience.*

a keen sense of humour/a keen intelligence/interest : *vif, vive*

keen competition : *une concurrence acharnée*

a key : *une clé*

Ex. : hard work is the key to success (fig.)

a key plank : *un point central, un pilier*

Ex. : Jospin made unemployment the key plank of his election.

a keystone : *une clé de voûte*

a keyword : *un mot-clé*

Ex. : profit is the keyword of globalisation.

to lag behind : *être/rester/à la traîne*

Ex. : in terms of environmental protection, Russia is definitely lagging behind other European countries.

to lead : *mener, conduire.* **To lead the way** : *montrer le chemin* (fig.)

to lead to... : *mener à...*

Ex. : this leads to nothing : *cela ne mène à rien*

to take the lead : *prendre la tête*

Ex. : José Bové has taken the lead of the campaign against globalisation.

to follow somebody's lead : *suivre l'exemple de...*

to give the lead : *montrer l'exemple*/**to play the lead** : *jouer le rôle principal*

to get a lead on... : *avoir des informations sur...*

Ex. : thanks to some fingerprints, the police have managed to get a lead on the terrorist.

the leadership : le leadership

Ex. : American leadership in computer science is unquestionable.

land :

1. la terre

Ex. : vast tracts of land (*étendues*) were still inundated after the flood.

over land and sea : *par terre et par mer*

2. la campagne

Ex. : many people have left the land : *beaucoup de gens ont quitté la campagne.*

to land : *atterrir*

to be landed with something : *se retrouver avec quelque chose sur les bras*

Ex. : now, I've got landed with this boring job : ... *on m'a collé ce travail pénible sur le bras.*

to land a job/a prize/a contract : *décrocher...*

a landfill : *une décharge.* **A landfill site** : *un centre d'enfouissement des déchets*

a landowner : *un proprétaire terrien*

a landmark : *un point de repère, un tournant, un moment décisif*

Ex. : the fall of the Berlin Wall was a landmark in the history of Europe.

to be liable to (cf. grammaire : la modalité) : he is liable to accept : *il a de grandes chances d'accepter.*

he is liable to imprisonment : *il est passible de prison*

to be liable for tax : *être imposable*

he is not liable for military service : *il est exempté de...*

to be held liable for... : *être tenu responsable de...*

liability : *la responsabilité*

Ex. : the company has accepted full liability for the accident.

liabilities : *le passif d'une entreprise, les dettes*

a line : *une ligne, une file d'attente.* **To wait in line** (am.) : *faire la queue* = **to queue (up)** : (brit.)

to be on the line : *être en ligne* (*téléphone*)

to take a strong line on... : *se montrer ferme...*

Ex. : our government has taken a strong line on the imports of British beef.

the bottom line : *l'essentiel*

Ex. : the government's bottom line is to respect the peace agreements.

to fall into line : *se soumettre*

Ex. : after the Gulf War, Saddam Hussein had to fall into line and accept the conditions of the Americans.

to toe the line : *se mettre au pas*

Ex. : the act has been passed, so all Unions (*les syndicats*) will have to toe the line : la loi a été votée, donc tous les syndicats devront se mettre au pas.

Autres expressions utiles à l'oral

at will : *à volonté*

by mistake : *par erreur*

on average : *en moyenne*

on account of : *à cause de*

on no account : *sous aucun prétexte*

in the wake of... : *à la suite de...*

Ex. : there was a famine in the wake of the drought : *il y eut une famine à la suite de la sécheresse.*

from scratch : *à partir de zéro*

for argument's sake/for the sake of argument : *à titre d'exemple...*

in many respects/in every respect : *à tout point de vue...*

it is noticeable that : *il est à remarquer que...*

seen from that angle... : *vu sous cet angle...*

to set up/to establish a connection between... : *établir un lien entre...*

on closer consideration : *si l'on y regarde de plus près/à y regarder de plus près...*

it all depends on whether... : *toute la question est de savoir si...*

one should be aware of... : *être conscient de*/**one should take into account** : *prendre en considération.*

other considerations **come into play** : *entrent en jeu...*

it comes down to the same thing : *cela revient au même*

to be tantamount to... : *être synonyme de...*

Ex. : his attitude is tantamount to cynicism : *équivaut à...*

beyond the topical facts, we can notice that... : *au-delà des faits...*

to get to the heart of the matter : *entrer dans le vif du sujet/en venir au cœur du problème.*

to make it plain that... : *bien faire comprendre que...*

Erreurs à éviter

A world problem/**a global issue, a worlwide concern**

An international organism : **an international organisation**

An interesting work (un travail intéressant) : **an interesting piece of work**/an interesting **job** (**occupation** : situation).

The French money : the French **currency** (la devise et non l'argent)

How is the author of this article called? : **what** is the author of the article called?/ **what is the author's name?**

To offer a present : **to give a present/flowers** : (offer a le sens de « proposer »)

The English : lorsqu'il s'agit des habitants du Royaume-Uni : **the British, the British people, the Britons** (un peu plus familier), **the Brits** (familier, parfois ironique voire péjoratif). Cf. étape 52 : civilisation

The youngs : **the young, young people, youngsters** (désigne souvent les garçons), **the younger generation**. The youths : les jeunes.

Informations : **information** (uncountable)

➔ Confusions entre verbes

- **To rise/to raise** : To rise : *se lever, augmenter*/To raise : *soulever, faire augmenter*

- **To lie/to lay** : To lie : *être couché, se trouver*. To lay : *poser, pondre* (to lay an egg)

- **To say/to tell** : cf. Grammaire : étape 56

  On emploie SAY pour rapporter des propos.

  Ex. : to say goodbye

  Ex. : he said that he was tired.

  Si l'on veut mentionner la personne à qui le propos s'adresse, il faut ajouter **TO** : **to say something to someone**. He said to me : "I'm lost"

On emploie TELL lorsqu'on mentionne la personne à qui s 'adresse le message.

Ex. : to tell someone something/to tell something to someone : can you tell me the time? – he told me to go out – he told me his name – she told me that she was Russian.

- **To let/to leave** : to let : *permettre*

Ex. : my parents don't let me smoke in bed : *mes parents ne me laissent pas fumer au lit.*

To leave : *quitter, laisser derrière soi*

Ex. : he has left school.

Ex. : I have left my keys in the car.

- **To rob/to steal** : voler

You rob someone of something and **you steal something from someone**.

Ex. : my grandmother was robbed of her wallet/her wallet was stolen.

Ex. : he stole money from his company/The company was robbed of a considerble amount of money.

- Must/have to (pour exprimer une contrainte)

must est un modal : il implique donc une prise de position de l'énonciateur, une obligation qu'il s'impose.

Ex. : I must go to the toilets (*impossible de dire have to!*).

have to (have got to) est **l'énonciation objective** d'une obligation imposée de l'extérieur.

Ex. : I've got to be at the station at twelve : I mustn't miss that train.

Ex. : the French have to pay high income taxes.

Ex. : Muslim women have to wear veils.

Étape 7

Vocabulaire : quelques incontournables

loose : free : a loose animal : to let the dog loose : *lâcher son chien*

to be at a loose end : *ne pas savoir que faire*

to cut loose : *couper les amarres*

Ex. : he cut loose from his family.

a loose belt : *une ceinture desserrée*/**loose discipline** : *relâchée, peu stricte*

a loose translation/interpretation : *libre, approximative*

to lead a loose life : *mener une vie dissolue*

to lose : *perdre.* To lose a battle. To lose money. To be lost at sea : *être perdu en mer*

to lose interest in : *se désintéresser de*

a loss : *une perte*

Ex. : after the loss of his wife… : *après la perte de sa femme.*

to sell at a loss : *vendre à perte*/**job losses** : *des pertes d'emploi*

to be at a loss : *être perplexe*

Ex. : they were at a loss to say what had happened : *ils étaient incapables de dire ce qui était arrivé.*

to be at a loss for words : *ne pas trouver ses mots*

the mainstream : *Le courant de pensée dominant*

Ex. : in Texas you cannot go against the mainstream as far as capital punishment is concerned.

Ex. : mainstream America : *la majorité des Américains.*

to be in the mainstream of politics : *suivre la tendance politique générale*

to live outside the mainstream of society, to live on the margins of society : *vivre en marge de la société*

to maintain :

1. maintenir

Ex. : the Kafor finds it difficult to maintain peace in Kosovo.

2. soutenir (une opinion)

Ex. : although he is on death row, he maintains that he is innocent : *bien qu'il soit dans le couloir de la mort, il soutient qu'il est innocent.*

maintenance : *l'entretien*

Ex. : the maintenance of this state-of-the-art equipment is very delicate : *l'entretien de ces machines ultra-modernes est très délicat.*

to matter : *importer*

Ex. : what matters most, after all, is the survival of our planet.

a matter : *une question.* **It is a matter of time** : *c'est une question de temps*

it's no laughing matter : *ce n'est pas drôle.* **A matter of life and death** : *une question de vie ou de mort.*

to meet : *1. rencontrer. 2. être conforme à*

Ex. : to meet norms, to meet standards. To meet expectations : *répondre aux attentes.*

a meeting : *une réunion, une assemblée.* A political meeting. A business meeting

a mess : *un désordre, une pagaille.* **To be in a mess** : *être sens dessus dessous*

to get oneself in a mess : *se mettre dans de beaux draps*

to make a mess of one's life/career : *gâcher*

to mess about : *faire des bêtises*

to mess up a situation, a plan : *semer la pagaille, tout gâcher*

messy : *désordonné.* A messy business/relationship/love affair : *compliqué, embrouillé*

a milestone : *un tournant* (fig.), *un événement marquant*

Ex. : the first steps of man on the moon were a milestone in the history of mankind.

to mislead : *induire en erreur*

Ex. : figures concerning the so-called economic recovery are misleading : actually the situation is not all that good : *les chiffres de la soi-disante reprise économique sont trompeurs : en réalité la situation n'est pas aussi bonne que cela.*

misleading : *qui induit en erreur, déroutant*

Ex. : this report of the events is quite misleading.

a moot point : *un point discutable*

Ex. : political asylum remains a moot point in our western societies.

to move : *1. bouger, remuer. 2. déménager*

a move : *une mesure*

Ex. : the implementation of the 35-hour working week is generally considered **a clever move** : *une mesure positive.*

to be on the move : *être en mouvement, en marche*

Ex. : Europe is on the move : ... *est en marche.*

a need : *un besoin, une obligation*

Ex. : there is no need to worry!

to be badly in need of food : *avoir un besoin urgent de nourriture*

to supply somebody's needs : *subvenir aux besoins de quelqu'un*

to need : *avoir besoin de*

Ex. : your hair needs cutting!

the needy : *les indigents, les nécessiteux*

a notice : *une annonce.* **At a moment's notice** : *tout de suite, sans préavis.* **At short notice** : *peu de temps à l'avance.* **Until further notice** : *jusqu'à nouvel ordre.* **To be given one's notice** : *recevoir un préavis de licenciement.* **To give one's notice** : *donner sa démission*

noticeable : *perceptible, sensible*

Ex. : there has been a noticeable increase in sales.

to occur : *avoir lieu, se produire*

Ex. : the bomb attack occurred just before the peace-talks.

an occurrence : un événement. An everyday/a daily/occurrence : *un fait journalier*

Ex. : street violence has become a daily occurrence.

an outlook : *une perspective*

Ex. : for the time being, the economic outlook seems rather rosy.

to outnumber : *surpasser en nombre*

Ex. : in this particular sector, unqualified males are about to outnumber unqualified females

output : *la production*

to overtake : *dépasser*

Ex. : European car-manufacturers are about to overtake their Japanese competitors.

to overcome : *dépasser, venir à bout de*

Ex. : it is difficult for some people to overcome their prejudices (*préjugés*) against immigrants

overwhelming : *écrasant, renversant.* An overwhelming victory

to own : *1. posséder. 2. reconnaître*

Ex. : he owned that he had made a mistake.

to own oneself defeated : *s'avouer vaincu*

an owner : *propriétaire*/**ownership** : *la propriété.*

to perform : *exécuter, accomplir.* To perform one's duty. To perform an operation : *pratiquer...*

to perform a part/a piece of music : *interpréter un rôle/un morceau de musique*

a performance : *1. une interprétation. 2. une performance/une prestation*

a pitfall : *un piège*

Ex. : English pronunciation presents many pitfalls for foreign students.

to plague : *faire souffrir, harceler*

Ex. : street violence is plaguing the inhabitants of most suburbs. **To be plagued with** : *devoir supporter*

Ex. : lots of suburbs are plagued with street violence.

a plague : *un fléau*

Ex. : Aids remains mankind's most worrying plague.

plain :

1. quelconque, ordinaire

Ex. : she always wears plain clothes.

2. évident, simple

Ex. : it is quite plain now that the Russian government is unable to cope with the situation.

to prevail over... : *prévaloir, l'emporter sur*

Ex. : concerning the Algerian plight, common sense should prevail over pity.

to prevail on somebody to do something : *persuader quelqu'un de faire quelque chose*

prevalent : *dominant, répandu*

Ex. : earthquakes are prevalent in California.

Pour nuancer votre discours : les mots de liaison

Pour construire un discours percutant, il est **indispensable** de recourir à **des liens logiques variés et nuancés**, qui, non seulement donneront une véritable **structure** à votre pensée, mais qui, en plus, donneront du poids et de la force à votre argumentation.

Voici, un choix de mots de liaison, dans lequel vous pourrez puiser :

Pour introduire un argument

first, first of all, to begin with, in the first place, for a start : *en premier lieu*

first and foremost... : *d'abord et avant tout*

for one thing : *tout d'abord*

in the first instance : *en premier lieu*

at first glance, on the face of it...

arguably (en début de phrase) : *on peut avancer que...*

Ex. : arguably the single currency still raises quite a few questions in the European Union : *on peut dire que la monnaie unique...*

Pour introduire un argument similaire

second, in the second place, next...

for another thing (après **for one thing**) : *d'autre part*

similarly, in the same way : *de même...*

likewise : *de même*

as for, as regards : *quant à...*

Pour introduire un argument supplémentaire

besides/moreover/furthermore/in addition/what's more : *de plus…*

in other respects : *d'autre part…*

incidentally/by the way… : *incidemment*

not to mention : *sans parler de…*

Ex. : car fumes are dramatically noxious for children, not to mention people suffering from asthma : *les gaz d'échappement sont terriblement nocifs pour les enfants, sans parler des asthmatiques.*

let alone… dans un contexte négatif : *sans parler de…, encore moins…*

Ex. : he can't speak English, let alone write it : *il ne sait pas parler anglais, encore moins l'écrire.*

Ex. : the government has not convinced the environmentalists, let alone the communists… : *le gouvernement n'a pas convaincu les écologistes, sans parler des communistes.*

as a matter of fact : *en fait…*

in addition to… : *en plus de…*

Ex. : in addition to giving a general description of the situation, the article also expresses an original standpoint.

Pour introduire un argument contraire

conversely : *à l'inverse*, **however, nevertheless, and yet, still** : *cependant*

in return : *en revanche*

by contrast : *au contraire*

all the same : *quand même*

Ex. : she told him she was engaged, but he loved her all the same.

notwithstanding : *en dépit de.* Adverbe : *néanmoins*

though (placé après le verbe) : *cependant*

Ex. : we must consider though that this argument is debatable.

paradoxically, oddly enough, surprisingly enough : en début de phrase…

on the other hand (après : on the one hand)

on the contrary,

even if, even though,

whereas, while : *alors que*

Pour renforcer un argument

we know for a fact that… : *nous savons pertinemment que…*

indeed/actually/as a matter of fact : *en fait…*

there is no doubt that/it is clear that…

it is abundantly clear that : *il est évident que…*

it is a fact that…

there is no denying that… : *il est indéniable que…*

needless to say that…/it goes without saying that… : *il va sans dire que…*

Pour nuancer votre discours

at any rate, anyway, in any case : *de toute manière*

so to speak/so to say : *pour ainsi dire*

Ex. : this measure has been, so to speak (so to say), put on the backburner : *cette mesure a été, pour ainsi dire, mise en veilleuse.*

in a way : *d'une certaine manière*

it is scarcely surprising that… : *il n'est guère surprenant que…*

to a certain extent/to some extent : *dans une certaine mesure*

to a large extent : *dans une grande mesure*

up to a point : *jusqu'à un certain point*

Pour comparer

in comparison with, compared with,

unlike + nom : *contrairement à* :

Ex. : unlike the French, the English drink a lot of tea.

contrary to + nom :

Ex. : contrary to the Democrats, the Republicans are tough on immigration.

as, as much as, all the more… as : *d'autant plus que,* **all the less… as** : *d'autant moins que* :

Ex. : the new start-ups are all the more anxious to succeed as the competition is fierce : *les nouvelles start-up sont d'autant plus déterminées à réussir que la concurrence est féroce.*

Pour expliquer

in other words

namely/that is to say/that is : *c'est-à-dire*

in the case in point : *en l'occurence*

for example, for instance, in this regard (*à ce propos*)

À l'écrit : **i.e.** (id est) : *c'est-à-dire*/**e.g.** (exempli gratia) : *par exemple*

Pour exprimer une condition

provided that, providing that, so long as… : *pourvu que*

Ex. : you can easily emigrate to the US provided you are highly qualified.

depending on whether (or not) : *selon que… ou non*

for fear that + might/should : *de peur que*

Ex. : investors are reluctant (*hésitent à*) to buy new economy shares (*actions*) for fear that the start-ups might go bankrupt.

on account of : *à cause de…*

Étape 8

Vocabulaire : quelques incontournables

to proceed : *continuer*

Ex. : the meeting proceeded after the Greens had walked out.

the proceedings : *le déroulement d'une séance*

Ex. : the secretary recorded the proceedings : *a enregistré les débats.*

to take proceedings against someone : *engager des poursuites*

to qualify for :

1. remplir les conditions nécessaires pour…

Ex. : to qualify for a job : *avoir les compétences nécessaires pour un emploi*/**he qualified as an engineer** : *il a obtenu son diplôme d'ingénieur*

2. émettre des réserves. To qualify one's opinion : *nuancer son opinion*

to accept with qualifications : *accepter avec des réserves*

to raise : *augmenter, faire monter*

Ex. : the government has raised income tax again : *le gouvernement a encore augmenté les impôts sur le revenu.*

to raise money/to raise funds : *collecter des fonds*

rampant : (faux-ami) : *qui sévit de manière accrue*

Ex. : Aids is rampant in Africa : *le sida sévit en Afrique.*

to reckon : *estimer, penser ; considérer*

Ex. : the Greens reckon that regulations are not stringent enough in matters of waste dumping.

to reckon with : *compter avec*

Ex. : the management clearly didn't reckon with this strike.

to record : *enregistrer*

a record : *un disque, un record*

a criminal record : *un casier judiciaire*

on the record : *officiellement*/**off the record** : *officieusement, de manière inofficielle*

it is now on the record that : *c'est un fait établi que…*

to set the record straight : *mettre les choses au clair*

to recover :

1. reprendre, récupérer

Ex. : Greece has seemingly given up hope of ever recovering the Elgin Marbles (*les sculptures du Parthénon, râflées par Lord Elgin au XIXe siècle et exposées au British Museum*).

2. se remettre

Ex. : The former President looked quite ill but he seems to have perfectly recovered now.

a recovery : *une reprise*

Ex. : we have definitely achieved an economic recovery : *nous sommes incontestablement parvenus à la reprise économique.*

relevance : *la pertinence, l'utilité, le bien-fondé*

Ex. : we might question the relevance of such huge expenditure when there are so many other economic issues pending. (*en instance*)

Ex. : this book is of particular relevance for the students : ... *est particulièrement approprié pour les étudiants.*

relevant : *pertinent, appropié.* (irrelevant : *inapproprié*). An irrelevant answer

Ex. : he has found the relevant courses to get trained in computer science.

to be relevant to : *1. être en rapport avec. 2. pertinent :* a relevant answer. Antonyme : **irrelevant** : *non pertinent, sans rapport avec*

Ex. : this argument is completely irrelevant to the subject.

Ex. : this issue is irrelevant to the younger generations : *les jeunes ne se sentent pas concernés par ce problème.*

irrelevance :

Ex. : disarmament should be mandatory, given the irrelevance of nuclear weapons nowadays : *le désarmement devrait être obligatoire étant donné que les armes nucléaires n'ont plus de raison d'être aujourd'hui.*

to relieve : *soulager.* **To relieve the tension** : *diminuer la tension*

relief : *soulagement*

humanitarian relief : *des secours humanitaires.* **A relief operation** : *une opération de secours.* **relief agencies** : *des organisations humanitaires*

tax relief : *un allègement fiscal*

to require : *nécessiter.* The task requires a lot of stamina : *cette tâche nécessite beaucoup d'endurance*

a requirement : *une exigence, un besoin*

Ex. : this car does not correspond to our requirements.

the requirements of this deal : *les conditions préalables, les exigences de cette transaction.*

research (often uncountable) : *la recherche, des recherches*

to do research on/into.../to conduct research : *mener une recherche*

research and development : *recherche et développement*

a researcher/a research scientist : *un chercheur*

to rise : *augmenter*

Ex. : the price of petrol has risen enormously.

a rise : *une augmentation, une hausse, une poussée*

Ex. : there has been a substantial rise in wages : *une augmentation des salaires.*

to be on the rise : *être à la hausse, en progrès*

to give rise to : *engendrer, provoquer*

to rule : *diriger*

the ruling classes : *les classes dirigeantes*

to rule out : *exclure*

a rule : *une règle*

by rule of thumb : *à vue de nez*

a golden rule : *une règle d'or*

to play by the rules : *respecter les règles*

to bend the rules : *faire une entorse au règlement*

to run : *courir, se précipiter*

to run a company : *diriger une société*

to run out : to run short : time is running out : *le temps vient à manquer*

to run short of : *manquer de*

Ex. : we have run short of money : *nous manquons d'argent.*

runaway : *galopant*

Ex. : the runaway depreciation of the rouble.

a rundown : a reduction

Ex. : a rundown of staff : *une diminution de personnel*

to safeguard against : *protéger contre…*

a safeguard : *une garantie, une sauvegarde, un garde-fou*

Ex. : this law is a safeguard against imports of contaminated beef.

the scale : *l'ampleur, l'étendue*

Ex. : the scale of the disaster could not be assessed immediately.

The Richter scale.

scales : *une balance*

to tip the scales in favour of…/against… : *faire pencher la balance*

to scale up : *augmenter proportionnellement/***to scale down** : to reduce

Ex. : the company has begun to scale down its investments in Asia. To scale down production : *réduire la production.*

Mots de liaison

Pour avancer une preuve

this is evidenced/proved/supported by the fact that : *ceci est prouvé par le fait que…*

admittedly (en début de phrase) : *il faut reconnaître que…*

Pour exprimer une restriction ou un doute

it is doubtful that… :

Ex. : it is doubtful that the bosses will accept this new measure.

… to some extent, to a certain extent, somehow : *en quelque sorte…* :

Ex. : to some extent the bosses will be against this new measure.

Ex. : the bosses are somehow reluctant about the 35 hour working week.

presumably, supposedly : *vraisemblablement*

in a way : *d'une certaine manière*

somehow or other : *d'une manière ou d'une autre*

in the event of… : *au cas où*

Ex. : in the event of his winning the elections… : *au cas où il gagnerait les élections…*

in all likelihood : *selon toute vraisemblance*

Ex. : in all likelihood the growth of the world population is going to slow down.

Pour exprimer la cause ou l'effet

since : *puisque,* **given that** : *étant donné,* **thanks to** : *grâce à*

owing to, due to, on account of, because of : *à cause de*

consequently, as a result : *par conséquent*

in accordance with : *conformément à*

it follows from this that…, it is therefore hardly surprising that…

Pour exprimer le but

in order to, so as to : *afin de*

Ex. : during the eclipse you had to wear special glasses so as to protect your eyes.

so that, in order that : *afin que*

Pour exprimer une hypothèse

If+ prétérit modal, if+ should (*pour une hypothèse très peu probable*)

supposing that, assuming that, on condition that, so long as, provided that, in case that, whether… or

Ex. : if the bomb attacks should go on, the peace process would be in jeopardy.

Ex. : should the bomb attacks go on, the peace process would be in jeopardy.

On the premise that : *en partant du principe que…*

Ex. : French consumers are reluctant to buy British beef on the premise that mad cow disease has not yet been eradicated.

Assuming that : *en supposant que…*

Mots habituellement massacrés à l'oral

Les erreurs de prononciation les plus récurrentes dans les épreuves orales sont **les déplacements d'accent**. J'indique d'abord l'accentuation erronée, puis, à côté, la transcription phonétique de la prononciation exacte ou l'accentuation correcte du mot — avec la syllabe accentuée en caractères gras et soulignée).

➔ Lisez à haute voix l'accentuation correcte

the **be**ginning : the be'**gi**nning

an **e**vent : an e'**vent**

envi**ron**ment : en**vi**ronment [en'vairənmənt]

to com**men**t on : to **co**mment ['kɔmənt] a **'com**mentary

in**du**stry : **'in**dustry

10 **per**cent : 10 per'**cent**

inte**re**sting : **'in**teresting

ca**pi**talism : '**ca**pitalism

to **de**velop : to de'**ve**lop De même : de**ve**loped, de**ve**loping : **toujours accentuer la 2e syllabe**

go**ver**nment : '**go**vernment

mo**na**rchy : '**mo**narchy

ana**ly**sis, prononcé [ænə'laisis] : a'**nal**ysis : [ə'nælisis]. to ana**lyse** : '**a** nalyse ['ænəlaiz]

to ad**ver**tize : ['ædvətaiz]

adver**ti**sement : [əd'vɜ:tismənt] (améric.) : [ədvɜ'taismənt]

eco**no**my : e'**co**nomy : de même e**co**nomist

e**co**nomic : eco'**no**mic : de même eco**no**mical

policy : **po**licy

political : po'**li**tical/poli**ti**cian : [pəli'tiʃən]

ar**e**a : **ar**ea ['ærjə]

Great Brit**ain** : Great '**Brit**ain

Eu**ro**pean : [jurə'pi:ən]

to determine [ditə'main] : de'**ter**mine [di't3:min]

to exa**mine** [egze'main] : [e'gzæmin]

a crisis ['krizis] : ['kraisis]

go**ver**nment : ['gɔvənmənt]

senate [sə'neit] : ['senit]

a measure ['miʒə] : ['mæʒə]

great : prononcé [gri:t] : [greit]

huge : prononcé comme Starsky & **Hutch** : huge [hju:dʒ]

to suit (prononcé comme sweet) : [sju:t]

country [kauntri] : ['kʌntri]

current ['kju:rənt] : ['kʌrənt]

to argue : prononcé [a:g] : ['a:gju:]

Étape 9

Vocabulaire : les incontournables

scarce : *rare, peu abondant*

Ex. : water is getting scarce : *l'eau vient à manquer*

Ex. : cheap apartments are getting scarce in Paris.

scarcely : *à peine*

Ex. : I could scarcely believe my eyes : *je ne pouvais pas en croire mes yeux.*

it is scarcely surprising that… : *il n'est guère surprenant que…*

scarcity : *la rareté*

a scheme : *un plan, un projet*

Ex. : the government has presented a scheme for reducing working-time.

in the general scheme of things : *dans l'ordre des choses*

to screen : *dépister, examiner*

Ex. : all airway passengers must be screened before they board their aircraft.

a screen : *un écran*

screening : *le dépistage.* Ex. : **HIV screening**

a scrutiny : *un examen approfondi*

Ex. : Amnesty International guarantees permanent scrutiny of all Human Rights violations all over the World.

to seek : *chercher/chercher à…*

Ex. : the terrorists are clearly seeking to gain time.

to seek work : *chercher du travail*

to seek advice : *demander conseil*

to seek political asylum : *demander l'asile politique*

to be sought-after : *être très recherché*

Ex. : these vintage—cars are much sought-after : *ces voitures d'époque sont très recherchées.*

to serve : *servir*

Ex. : he has served the environmentalists' cause.

To serve two masters (fig.).

if my memory serves me right… : *si j'ai bonne mémoire…*

(it) serves you right! : *c'est bien fait pour toi !*

to serve one's time/to serve a prison sentence : *purger sa peine, purger une peine de prison*

to serve in the army

public services : *les services publics.* **The Service sector** : *le secteur tertiaire*

to share : *partager.* **To share out money** : to dish out money : *distribuer de l'argent*

a share : *une action* (*en bourse*)

a shareholder : *un actionnaire*

a share-out : *une distribution, un partage*

to shed blood : *verser du sang.* To shed tears : ... *des larmes*

to shed light on : *éclaircir une affaire*

Ex. : this testimony (*témoignage*) will shed a different light on the affair.

bloodshed : *un bain de sang, une effusion de sang*

to shed jobs : *supprimer des emplois*

to shift : *déplacer, changer de place*

Ex. : you should shift your car : it's blocking the traffic.

Ex. : in spite of international pressure, the Russian President has not shifted from his position.

Ex. : he has been shifted to another job.

a shift : *un changement*

Ex. : there has been a clear shift in the government's attitude. **Shift work** : *les trois fois huit heures.* **A shift** : *une équipe de travail.*

to be on shift work/to work in shifts : *travailler par équipes*

to work an eight-hour shift : *faire les trois fois huit heures*

to be on day/on night/shift : *travailler de jour/de nuit*

sight : *la vue*

to catch sight of... : *apercevoir.* **To lose sight of** : *perdre de vue* (fig.)

at the sight of... : *à la vue de...*

the end is **within sight** : *la fin est en vue.* We are within sight of a solution : *nous entrevoyons une solution*

at first sight : *à première vue...*

love at first sight : *le coup de foudre*

to have something/someone/in one's sights : *avoir quelque chose/quelqu'un dans le collimateur/avoir des vues sur...*

to stake : *miser, risquer*

Ex. : the minister is staking his reputation.

Ex. : I stake all my hopes on you.

to stake one's claim to... : *revendiquer son droit à...*

Ex. : the Kosovars are staking their claim to independence.

a stake : *un enjeu*

to be at stake : *être en jeu*

Ex. : with this bankruptcy, it is to be feared that hundreds of jobs are at stake.

Ex. : what is at stake is the future of our planet.

Ex. : there is a lot at stake : *il y a gros à perdre.*

the stakes are high : *l'enjeu est de taille*

to have a stake in... : *être concerné par*

Ex. : we all have a stake in the conservation of our environment.

a standard : *un critère*

the standard of living : *le niveau de vie*

educational standards : *le niveau scolaire*/**academic standards** : *le niveau universitaire*

safety standards : *des normes de sécurité*

Ex. : the Erika clearly did not meet the safety standards.

standards : *des exigences*

Ex. : the firm has very high standards : *cette société est très exigeante.*

the gold standard : *l'étalon-or*

a staple : *un produit de base, une matière première*

Ex. : bananas and sugar are the staples of Jamaica.

a staple commodity : *un élément de base/un article de première nécessité*

the staple diet of poor Chinese is rice : *la nourriture de base...*

straight : *droit.* On a straight course : *en ligne droite.* To be straight about something : *s'exprimer franchement.* To play a straight game : *être franc-jeu*

I will come straight to the point : *j'en viendrai droit au fait*

a straight-out refusal : *un refus catégorique*

straits : *une situation difficile*

to be in dire straits : *être dans une situation désastreuse* ; **to be in financial straits** : *avoir des problèmes d'argent*

a straitjacket : *une camisole* (aussi au sens figuré)

Ex. : many industry bosses deem that the 35-hour working week will be a straightjacket for their firms.

to streamline : *restructurer* (*une entreprise*), *rationaliser* (*un projet*)

Ex. : when production was streamlined, a great number of employees were dismissed.

a stride : *un grand pas, une enjambée*

to get into one's stride/to hit one's stride : *trouver son rythme*

to make great strides : *faire de grands progrès*

Ex. : in studying this book, we are making great strides in English.

to take something in one's stride : *accepter sans sourciller*

this put him off his stride : *cela l'a déboussolé*

to be caught off stride : to be caught unawares : *être pris au dépourvu*

a stance : *une attitude, une position*

Ex. : the Prime Minister must keep a firm stance on this subject.

a step : *un pas, une mesure*

Ex. : the next step of our programme will be achieved by the end of this year (fig.)

to follow in somebody's steps : *marcher sur les pas de…*

to fall into step : *se mettre au pas, se soumettre*

to step down : *se désister, se retirer*

Ex. : General De Gaulle decided to step down once he knew that the French no longer backed him.

stringent : *sévère, strict*

Ex. : a stringent regulation, a stringent policy.

Erreurs de grammaire à éviter

One of the most important event of this century : one of the most significant **events** of this century (one of… est suivi d'un **pluriel**) : *erreur très fréquente, qui énerve particulièrement vos jurys !*

Every newspapers : **Every newspaper** (every + sing.)

During (ou since) the last years : **over the past years, for the past few years**

He is in office since 3 years : **he has been in office** (en fonction) **for three years**

N.B. : Les fautes de **temps** ainsi que les fautes portant sur l'emploi de FOR – SINCE – AGO **sont très sévèrement sanctionnées.**

Less people : **fewer people** (people est un pluriel !)

USA want that this situation changes : **THE USA wants this situation to change**

- The USA est utilisé presque toujours comme un singulier.
- Ne jamais oublier l'article défini devant les noms de pays pluriels ou composés :

  Ex. : the Phillipines, the United Kingdom, the Ex-USSR
- « to want » se construit obligatoirement avec **une proposition infinitive**, c'est-à-dire **want + complément + infinitif complet.**

  Ex. : my mother wants me to tidy up (*ranger*) my room.

The same that, than : **the same as**

The both **(jamais THE devant BOTH)** : both students, both countries

There isn't a long time : **not long ago.** There are many years : **many years ago**

In two years : **in two years' time**

I am interesting in politics : I am interes**ted** in **politics** (confusion entre participe présent et passé)

Other**s** problems : **other problems** (l'adjectif est invariable !)

Two millions of persons : **two million people** (adj. numéral : invariable). N'oubliez pas : person : singulier : one person, two people, many people.

It is the first time I visit this museum : (pour : c'est la première fois que **je visite** ce musée) : it is the first time **I have visited** this museum : the first time se construit avec le **present perfect** ou le **past perfect,** alors qu'en français on emploie le présent ou l'imparfait.

> Ex. : it was **the first time he had kissed** a girl : *c'était la première fois qu'il embrassait une fille.*

I like too video-games : **I like video-games too (or : as well)** : place de l'adverbe.

Confusion entre **used to** (qui est uniquement utilisé au prétérite et qui exprime une action passée) et **to be used to + V-ing** qui exprime le fait d'être habitué à quelque chose, et qui s'emploie à tous les temps.

I am used to go to town by bus (erreur fréquente !) : **I am used to going to school by bus**

> **N.B. :** N'oubliez pas que les adjectifs de nationalité se terminant avec -AN se mettent au pluriel. Ex. : the Italians, the Russians, etc.

He is two times older than me : he is **twice as old as** me

My car is two times less expensive than yours : my car is **half as expensive as** yours

The day where he came… : the day **when** he came

To avoid to do something : to avoid **doing** something

Mots de liaison

➔ Pour exprimer le temps

so far, up to now up to now, hitherto : *jusqu'à présent*

all at once : suddenly

at present, at the present time, currently : *actuellement*

at the outset, at the beginning : *au début*

from the outset, from the beginning : *dès le début*

at long last : *enfin (pour quelque chose qui s'est fait attendre)*

from now on (+ futur), in future : *désormais/***from then on (+ passé)** : *dès lors*

sooner or later : *tôt ou tard.* **Fairly soon** : *d'ici peu de temps*

lately, recently : *récemment*

with time/in the course of time : *avec le temps…*

every once in a while/from time to time : *de temps à autre*

most of the time/more often than not : *la plupart du temps*

eventually (faux-ami) : *en fin de compte*

in the past : *dans le passé*/**formerly, previously** : *jadis*

retrospectively, looking back, with hindsight : *rétrospectivement*

overnight : *du jour au lendemain*

at once, straight away : *sur-le-champ*

in the short term, in the short run : *à courte échéance*

in the long term, in the long run : *à longue échéance*

in (the) future, in the near future, in the foreseeable future : *dans un avenir proche/prévisible*

meanwhile, in the meantime : *pendant ce temps, entre temps*

now and again, every now and then : *de temps en temps*

often : *souvent*

more often than not/all too often : *trop souvent*

every so often : *de temps à autre*

Étape 10

Vocabulaire : quelques incontournables (fin)

to subsidize : *subventionner.* **A subsidy** : *une subvention*

to support a cause, a candidate : *soutenir*

Ex. : she has three children to support : *elle doit subvenir aux besoins de 3 enfants.*

to support oneself : to earn one's living : *gagner sa vie*

to supply with : *fournir*

Ex. : Afghanistan is reported to supply Algerian terrorists with arms.

Ex. : the milkman supplies British families with milk every morning.

to teach on supply : *faire des remplacements*

supplies : *des provisions, du ravitaillement*

Ex. : supplies are running short : *le ravitaillement se fait rare.*

supply and demand : (rappel) *l'offre et la demande*

to survey : *passer en revue, inspecter.* **A survey** : *une étude*

a market survey : *une étude de marché*

a survey of public opinion : an opinion poll : *un sondage d'opinion*

to tackle : *s'attaquer à.*

Ex. : the government has to tackle the difficult task of streamlining healthcare.

a target : *un but, une cible, un objectif*

Ex. : Mr Bush's behaviour was the target of violent attack.

the targets for production : *les objectifs de production*

an easy target : *une cible facile.* « **Dead on target!** » : *en plein dans le mille !*

to meet one's target : *atteindre son objectif*

Ex. : the government met its target for reducing unempoyment. **A target group** : *un groupe cible*

a task : *une tâche*

Ex. : the President's main task will be to convince his opponents.

to task somebody's patience : *mettre à l'épreuve la patience de quelqu'un*

to take someone to task : *prendre à partie, réprimander*

Ex. : the boss has taken him to task **for** not doing his job properly.

a term : *un trimestre scolaire.* **Terms** : *conditions*

Ex. : he could not accept our terms.

a prison term : *une peine de prison*

in the long/short/medium term : *à long/court/moyen terme*

We must consider the problem **in terms of…** : *sous l'angle de*

to be **on equal terms** : *sur un pied d'égalité*

to be **on good/bad terms. To be on the best of terms.**

to come to terms with : *trouver un terrain d'entente, accepter une situation déplaisante*

Ex. : illegal immigrants find it difficult to come to terms with the government's proposal.

not on any terms : *à aucune condition*

what are your terms? : *quelles sont vos conditions ?*

to threaten : *menacer*

Ex. : another hurricane is threatening South America.

a threatened species : *une espèce menacée*

a threat : *une menace*

Ex. : all these workers are constantly under threat of dismissal/… under the threat of losing their jobs.

Ex. : CFCs are a serious threat to our planet.

a threshold : *un seuil.* **The threshold level** : *le niveau seuil* (fig.)

to be on the threshold of : on the brink of… : *au bord de, au seuil de…*

to cross the threshold : *franchir le seuil*

to top : to exceed : *dépasser*

Ex. : we have topped last year's sales figures.

to top it all : *pour couronner le tout…* **To top off** : *atteindre son niveau le plus élevé*

that tops the lot (fam.) : *c'est le bouquet*

top : *le meilleur.* He is one of our top football players. **A top priority** : *la priorité des priorités.* Top-level talks : *des négociations au sommet*

from top to bottom : *entièrement*

Ex. : the company needs streamlining from top to bottom.

on top of the world : extremely happy

Ex. : he has passed his exam : now he is on top of the world!

a topic : *un sujet, un thème*

Ex. : the topic of today's debate is our relations with Austria.

topical : *d'actualité*

Ex. : mad cow disease unfortunately remains a topical issue.

trouble to go to a great deal of trouble to… : *se donner beaucoup de mal pour…*

to get into trouble : *s'attirer des ennuis.* **To get out of trouble** : *se tirer d'affaire*

to take the trouble to... : *se donner la peine de...* **It isn't worth the trouble** : *le jeu n'en vaut pas la chandelle.* **He has trouble memorizing names** : *il a du mal à mémoriser les noms.*

to turn : *tourner.* **To turn the page** : (sens propre et figuré)

to turn down : *refuser*

Ex. : the Unions have turned down the government's offer.

to turn into : *transformer, se transformer, devenir*

Ex. : Mr Reagan was a film actor turned into a President of the United States.

to turn back : *rebrousser chemin*

to turn on/off the radio : *allumer/éteindre*

to turn out : *devenir*

Ex. : he turned out to be an excellent surgeon : *il se révéla être un excellent chirurgien.*

a turn : *un tour, un tournant, un virage*

Ex. : the Kursk affair took a tragic turn.

to do somebody a good/bad turn : *jouer un bon/un mauvais/tour à quelqu'un*

by turns : *à tour de rôle, tour à tour*

Ex. : the book is by turns moving, thrilling and amusing.

a turnabout : *une volte-face*

a U-turn : *un revirement complet*

turnover : *le chiffre d'affaires*

turnout : *la participation électorale*

to weigh : *peser.* To weigh one's words carefully. **To weigh the pros and the cons** : *peser le pour et le contre*

the weight : *le poids.* **A heavyweight** : *un poids-lourd* (sens propre et figuré)

to witness : *assister à, être le témoin de.* Thanks to television, the whole world could witness Diana's funeral

a witness : *un témoin*

the worth : *la valeur*

Ex. : a masterpiece of great worth : *un chef d'œuvre de grande valeur.*

I know his worth : *je sais ce qu'il vaut.* **He is worth millions** : *sa fortune s'élève à des millions*

it's worth the effort : *ça en vaut la peine*

this museum is worth a visit : *ce musée vaut la peine d'être vu*

to be worthy of : *être digne de*

a worthy cause : *une cause louable*

worthwhile : *qui en vaut la peine/***worthless** : *sans valeur*

to worsen : *empirer*

Ex. : Japan's economic plight seems to have worsened overnight.

to yield :

1. céder. The government is likely to yield to pressure and lower the price of diesel oil.

to yield to temptation : *céder à la tentation*

2. to produce : *rendre, produire.* This tree yields a lot of apples : *cet arbre donne beaucoup de pommes.* This farm business yields well : *est très rentable*

Mots de liaison

Pour généraliser

generally speaking, broadly speaking : *de manière générale*

by and large, globally, as a whole : *à globalement parler*

to a large extent : *dans une large mesure*

Pour résumer

all things considered : *tout compte fait*

on balance : *en fin de compte*

in a word, in short : *bref*

roughly speaking : *en gros, grosso modo*

to sum up : *en résumé*

to get down to the basics : *pour en venir à l'essentiel*

Pour conclure

ultimately, it can be argued that

in conclusion/by way of conclusion/we might say that

finally, lastly, all in all : *finalement*

from all this it follows that

Pour exprimer une comparaison

to be tantamount to :

Ex. : this situation is tantamount to an economic slump : *cette situation équivaut à*

to be reminiscent of : *rappeler*

Ex. : the present racist movements in Germany are reminiscent of what happened in the thirties.

Pour marquer la certitude

obviously, undoubtedly, evidently, clearly, definitely, notably, conspicuously

Pour renforcer un dernier argument

to make matters worse : *ce qui est pire*

to top it all : *pour comble*

Remarque

Évitez l'expression galvaudée : last but not least

Erreurs les plus fréquentes sur les prépositions

The government is considered as responsible : **... is considered responsible** (orthographe !)

Bill Gates is considered as the richest man in the world : **is considered the** richest man in the world

This article was published on October 2008 : **in** October 2008/**on** the 26th of October 2008

It depends of the attitude of the government : ... it depends **on** the...

The reasons of this crisis : the reasons **for** this crisis

In all the world : all over the world

Near from : **near** (Ex. : he lives near the station)

In the same time : **at** the same time

In, at, on an economic point of view : **from** an economic point of view

By this way : **in** this way

I congratulate you for your success : I congratulate you **on** your success

To go by foot : to go on foot (mieux : to walk)

Interested by : interested **in** politics

To ask at/to someone

Ex. : **I ask my teacher a question** or : I ask a question **of** my teacher.

To enter in

Ex. : he entered the room.

To obey to

Ex. : he obeys the manager's orders.

To resist to

Ex. : « **I can resist everything**, except temptation » (Oscar Wilde).

In front of this problem : **faced with** this problem

To change of jobs, of channels, of socks : to change jobs, to change channels, to change socks…

➔ Autres prépositions à retenir

I'll take you at your word : *je te prendrai au mot*

The solution to the problem

To declare war on Serbia

A change in attitudes

The need for change

A reason for doing something (une raison d'avoir fait quelquechose) : **lorsque c'est fait**

A reason to do something (une raison de faire quelque chose) : **lorsque c'est à faire**

An attempt at an agreement

A memory for names

To be accused of murder

To be charged with murder

To be indicted for murder

To be convicted of murder

To be sentenced for murder

Étape 11

Vocabulaire de base

Remarque

La liste des mots faisant partie du vocabulaire de base reprend à la lettre A et se poursuit par ordre alphabétique. Servez-vous de l'index pour retrouver les mots que vous recherchez.

to abide by : *s'en tenir à, respecter*

Ex. : lots of counties still do not abide by human rights : *beaucoup de pays ne respectent toujours pas les Droits de l'Homme.*

to abide by a promise : *respecter une promesse*

to abide by a treaty, by the law (*la loi*), by the rules (*le règlement*), by tradition…

to abide : (plus courant : **to bear**) : *supporter, tolérer*

Ex. : we can no longer abide witnessing such cruelty : *nous ne pouvons plus supporter d'être les témoins d'une telle cruauté.*

an ability : *une capacité, une aptitude.* **Abilities** : *compétences scolaires*

an abortion : *un avortement.* To have an abortion : *se faire avorter.* To abort. An aborted attempt/an aborted coup : *une tentative/un coup d'état avortés* (fig.)

abroad : *à l'étranger.* To go/to be abroad. News from abroad. (antonyme : news from home)

to abuse : *1. injurier. 2. maltraiter. 3. abuser*

Ex. : to abuse one's power.

abuse : indénombrable : *des injures.* **Child abuse** : *mauvais traitements exercés sur enfants*

an abused child *un enfant maltraité*

sexual abuse : *sévices sexuels*

to accede : to a request : *agréer, donner suite à une demande*

to accede to office : *entrer en fonction*

access : *l'accès*

Ex. : few American working-class youngsters gain access to higher education.

to give access to : *donner accès à…*

an access road : *une bretelle d'autoroute*

to accommodate someone : *recevoir, loger quelqu'un*

accommodation : *logement.* **To get food and accommodation** : *être nourri et logé*

accurate : *juste, exact*

Ex. : accurate figures : *des chiffres précis.* An accurate report : *un rapport juste.*

accurately : *exactement*

the accuracy : *l'exactitude*

to achieve : *réaliser, réussir*

Ex. : we have finally achieved our objective.

an achievement : *une réussite, un exploit*

Ex. : he has broken the world record : this is quite an achievement!

to be acquainted with a situation : *être au courant de…*

to make somebody's acquaintance : *faire la connaissance de quelqu'un*

acute :

1. grave : an acute problem. Acute pain : *une douleur vive.* To live in acute poverty

2. keen : *pénétrant, aigu :* an acute sense of observation, acute intelligence. Med. : acute appendicitis : *une appendicite aigüe*

an addict : *un fanatique, un mordu*

Ex. : a football addict, a computer addict, a television addict…

a drug addict : *un drogué*

an addiction to… : *une passion extrême, une dépendance (drogue)*

Ex. : this is a soft drug but it may still cause addiction.

to be/to become/addicted to… : *s'adonner à…*

Ex. : he is addicted to smoking : *c'est un fumeur invétéré.*

advance : *progrès.* Technological advance(s)

in advance of… : *en avance :* to be in advance of one's time : *en avance sur son époque.* He finished his test in advance of the others.

to advertise : *faire de la publicité*

an advertisement : an ad : *une publicité*

to affect :

1. avoir des conséquences sur, modifier

Ex. : the Lewinsky affair has certainly affected the attitude of the American voters.

2. concerner, affecter

Ex. : all our employees will be affected by the downsizing of the firm.

to afflict : *affecter, affliger*

Ex. : Aids is one of the main scourges that currently afflict Africa.

to be afflicted with : *être affligé de*

Ex. : he is afflicted with the most unbearable mother-in-law.

affluent : *riche, aisé.* **The affluent society** : *la société d'abondance*

affluence : (faux-ami) : *l'abondance, la richesse*

to afford :

1. avoir les moyens d'acheter, de s'offrir

Ex. : « everybody can afford a Ford » : slogan américain pendant l'âge d'or de Ford…

2. to provide : *fournir*

Ex. : this journey will afford me the opportunity to visit the States : … *me fournira l'occasion de…*

an aim : *un but.* To miss one's aim : *manquer sa cible* (fig.)

to aim at : *viser.* What are you aiming at? *qu'est-ce que tu cherches ?* The minister's remark was aimed at the opposition

aimless/aimlessly : *sans but*

Ex. : many youngsters lead aimless lives in the suburbs of big cities.

an alien : *un étranger*

alleged : *présumé* (*de l'ordre des bruits qui courent*)

Ex. : he is alleged to belong to the Mafia : *on prétend qu'il appartient à la Mafia/il appartiendrait, dit-on, à la Mafia.*

Ex. : Boris Yeltsin is alleged to have invested a lot of money abroad : … *il aurait placé de grosses sommes à l'étranger.*

all-out : *complet, général*

Ex. : there was an all-out strike : *une grève générale.* An all-out effort : *un effort maximum.* **All-out war** : *une guerre totale*

to annoy : *agacer.* I am very annoyed not to have landed that job : *je suis très ennuyé de ne pas avoir décroché ce travail.* How annoying! : *comme c'est ennuyeux !*

to be answerable for : to be responsible for, to be accountable for : *être responsable de*

to anticipate : to expect/to look forward to : *prévoir/se réjouir à l'avance*

Ex. : the results are far better than we had anticipated.

Ex. : he anticipates all her wishes : *il va au-devant de tous ses désirs.*

Ex. : I anticipate meeting you : I am looking forward to meeting you : *je me réjouis de vous rencontrer.*

anxious : faux-ami : *pressé de*

Ex. : the soldiers were anxious to return back home.

to apologize to somebody : *s'excuser*

an apology : *une excuse*

Ex. : A few years ago Bill Clinton had to make a public apology for his unworthy (*indigne*) behaviour.

Mots de liaison

Pour marquer votre avis

there is no denying that : *on ne peut nier que*

obviously, undoubtedly, evidently, clearly, definitely, notably, conspicuously

undeniably, unquestionably, undebatably : *sans aucun doute, sans conteste*

fortunately enough : *heureusement*

unfortunately : *malheureusement*

frankly, honestly : *à vrai dire*

Pour renforcer un verbe ou adjectif : pensez toujours aux adverbes !

particularly, fairly, tremendously, vastly, amazingly, incredibly, hugely, profusely, immensely, outstandingly, remarkably, strikingly, uncommonly, overwhelmingly

Autres expressions utiles

thanks to : *grâce à*

Ex. : we won the market thanks to our competitiveness.

at the expense of : *au détriment de*

not least : *en particulier*

Ex. : some European countries, not least Britain, refuse to join in the single currency.

no wonder they lost! *Ce n'est pas étonnant qu'ils aient perdu…*

by no means : *en aucun cas*

Ex. : by no means did he take drugs!

on behalf of : *au nom de*

Ex. : many crimes have been committed on behalf of God.

on the basis of : *sur la base de, à partir de*

at random : *au hasard*

Ex. : I'll quote an example at random : *je citerai un exemple au hasard.*

on average : *en moyenne*

bar/barring : **except** : *à l'exception de* : All European countries – bar Britain – have signed the convention

Ex. : barring an unexpected obstacle, we should get through in time. (*sauf imprévu*)

in some respects : *à certains égards*

with respect to : *en ce qui concerne*

Ex. : with respect to the latest events in Afghanistan, we can surmise that

on account of : *étant donné, compte tenu de, à cause de*

Ex. : the tennis match will be canceled on account of the rain.

on no account : *à aucun prix*

on second thoughts : *à la réflexion*

for want of : *par manque de*

Ex. : many unemployed people cannot find a job for want of proper training.

in the wake of/in the aftermath of : *à la suite de*

Ex. : many homeless people died in the wake of (in the aftermath of) last winter's cold wave.

it comes down to the same thing : *cela revient au même*

Fautes d'orthographe les plus courantes

Oubli de majuscules aux noms de jours, de mois et aux adjectifs de nationalité.

can not : **cannot** (en un mot)

an other : **another** (en un mot)

ultimatly : ultima**te**ly

immediatly : immedia**te**ly

gouvernment : **go**vernment

independance : indepen**den**ce

wich : **which**

to loose (*pour perdre*) : **to lose**

rythm : r**h**ythm

to recommand : to recomm**end**

ressources : re**s**ources

ennemy : e**n**emy

accross : **across**

tendancy : ten**den**cy

responsable : respon**si**ble

catastrophy : catastroph**e** (prononcé [kə'tæstrɔfi])

personnal : perso**n**al

exemple : ex**a**mple

medecine : me**di**cine

hollyday (confusion avec Johnny…) : ho**li**day

manking : mankin**d**

caracteristic : **ch**aracteristic

mecanical : me**ch**anical

… et pour finir, une jolie faute d'orthographe, qui vient des jeux vidéo : atmos<u>fear</u> : atmos**phere**

Étape 12

Vocabulaire de base

an appliance : a domestic appliance : *un appareil ménager.*

to approve/to approve of : *approuver…*

Ex. : European car-users clearly showed that they didn't approve of the sudden rise in the prices of petrol.

an area : *une zone, un domaine, une région.* An area manager : *un directeur régional*

to argue : *1.* to quarrel : *se disputer. 2. argumenter*

an argument : *1. une dispute. 2. un argument*

to assault : *agresser*

an assault : *une agression.* **Aggravated assault** : *coups et blessures*

Ex. : a lot of women are the victims of violent assault, not least in suburbs.

an asset : *un atout, un point fort*

Ex. : security and elegance are the two assets of French cars.

the assets of a firm : *l'actif.* **Assets and liabilities** : *l'actif et le passif*

to assume : *supposer.* **To assume a responsibility** : *assumer une responsabilité*

an assumption : *une supposition, une hypothèse*

Ex. : the American air raid on Khartoum was based on the assumption that the plant produced chemical weapons, which turned out to be a fatal mistake.

asylum : *un asile.* **Political asylum** : *l'asile politique.* **To claim asylum** : *demander l'asile politique.* **A lunatic asylum** : *un asile d'aliénés*

to attempt : *tenter, essayer.* **Attempted murder** : *tentative d'assassinat* **Attempted theft** : *tentative de vol.* **Attempted escape** : *tentative d'évasion*

an attempt : *une tentative*

Ex. : the American millionaire has made several unsuccessful attempts at sailing around the world in a balloon.

available : *disponible*

Ex. : the civilians fought with all available weapons.

the average : *la moyenne.* **On average** : *en moyenne.* **Above/below average** : *au-dessus/en dessous de la moyenne*

to avoid : *éviter*

Ex. : this crisis could hardly be avoided.

Ex. : athletes should avoid steroids at all costs.

Ex. : youngsters should avoid these sects like the plague (*fuir comme la peste*).

avoidable/unavoidable : adjectif

Ex. : the epidemic was avoidable if the necessary measures had been taken in time.

aware : conscious : *conscient*

Ex. : we must be aware of the dangers of GMOs.

the awareness : *la prise de conscience ; la sensibilisation*

Ex. : many American voters lack real political awareness.

to be awash with : to be flooded with : *être inondé de* (sens propre et figuré)

awkward : *maladroit, embarrassant*

Ex. : the attorney (*le procureur*) asked the President a few awkward questions about his private life (*vie privée*).

the balance : *l'équilibre*. The balance of powers : *le rapport de forces*. A balance-sheet : *un bilan* (comptable). The balance of payments : *la balance des paiements*

a bankruptcy : *une banqueroute*. **To go bankrupt** : *faire banqueroute*

Ex. : lots of start-ups are expected to go bankrupt within a few years.

to bargain : *négocier, marchander*

a bargain : *une affaire*

Ex. : this new Japanese car is quite a bargain : ... *une bonne affaire.*

to bar : *1. barrer, obstruer :* to bar somebody's way. *2. exclure*

Ex. : foreigners are barred from that job.

bar/barring : *à l'exception de*

Ex. : all the EU members, bar Austria, attended the meeting.

a barrier : *une barrière*. **A trade barrier** : *une barrière douanière*

basic : fundamental

Ex. : the basic question is whether...

to believe : *croire*

Ex. : we have every reason to believe that the hostage is still alive.

George Bush says he is **a believer in** capital punishment : *un partisan de...*

a belief : *une croyance*. He is worthy of belief : *il est digne de foi*

to betray : *trahir*

a betrayal : *une trahison*

to bet : *parier*. **A bet** : *un pari*

a bid : *une enchère, une offre*. **A takeover bid** : *une OPA*. The highest bidder : *le plus offrant*

a bill :

1. une facture, une note

Ex. : taxpayers had **to foot the bill** (*payer la note*) of the Credit Lyonnais scandal.

2. un projet de loi

Ex. : once a bill has been passed by both Houses of Parliament it becomes an Act of Parliament.

the black market : *le marché noir*

bleak : *sombre, morne.* **A bleak outlook** : *de sombres perspectives*

a blow : *un coup, un coup rude*

Ex. : the assassination of President Kennedy came as a blow to the whole world.

a blow-up : *une explosion*

to benefit from : *profiter de*

Ex. : the under-25s will mainly benefit from this measure.

a benefit : faux-ami ! : *un avantage.* (*un bénéfice* : a profit)

Ex. : this language course wasn't of much benefit to him : *ce cours de langue ne lui a pas apporté grand chose.*

unemployment benefit : *allocation-chômage*

sickness benefit : *prestations de l'assurance-maladie*

to give someone the benefit of the doubt : *le bénéfice du doute*

for the benefit of your health, you should give up smoking

to blackmail : *faire du chantage*

Ex. : the mafia blackmailed him **into** giving false evidence : *à force de chantage, la mafia l'obligea à faire un faux témoignage.*

blatant : *flagrant*

Ex. : This was a blatant blunder : *une gaffe flagrante.* A blatant misunderstanding : *un malentendu flagrant*

Reprise de quelques phrases complexes

Remarque

Les copies des candidats aux concours sont souvent très pauvres quant à la construction des phrases : beaucoup d'entre elles se limitent malheureusement au schéma : **Sujet + verbe + complément.** Essayez dès maintenent d'enrichir votre expression en ayant recours à des phrases complexes. Attention cependant à ne pas abuser de telle ou telle expression que vous aimez bien, en la répétant plusieurs fois dans le même essay, ou dans le même commentaire oral.

- **Not only... : toujours en début de phrase.** (*Non seulement... mais*). Se construit avec **la forme d'insistance** (emploi de DO/DOES/DID) et une **inversion** sujet-verbe.

Ex. : not only does this strike hit all commuters (*les banlieusards*) but it hampers industry as a whole.

Ex. : not only is the journalist biassed against immigrants, but he is dishonest.

Ex. : not only was the sky cloudy during the eclipse, but it was pouring with rain.

- **No matter... what/where/how/when/who/whether, etc.** : *peu importe ce que, où, comment, quand, etc.*

Ex. : no matter what region, women are most vulnerable to economic downturns. *Quelle que soit la région, les femmes sont très vulnérables aux difficultés économiques.*

Ex. : no matter whether the strikers are right or not, we must try to understand their motivations. *Peu importe si les grévistes ont raison ou non, il nous faut essayer de comprendre leurs motifs.*

- **Subordonnants en... ever : whatever, wherever, whoever, however...**

Ex. : **whateve**r the author of the article tries to prove, I disagree with him.

Quoi que ce soit que l'auteur essaie de prouver...

Ex. : **whatever** concessions the EU may propose, Britain will always remain the odd-man-out. *Quelles que soient les concessions proposées par l'Union Européenne, l'Angleterre fera toujours bande à part.*

Ex. : **whatever** long speeches he makes, he is hardly convincing. *Quelle que soit la longueur de ses discours...*

Ex. : **wherever** : wherever you go, you will find Mac Donald's restaurants.

Ex. : **whoever** is caught for a third offense will go to jail. *Qui que ce soit qui sera arrêté pour un troisième délit ira en prison.*

Ex. : **however** tempting the prospect of a single currency may be, some EU countries remain wary. *Aussi tentant que soit...*

- **Adjectif + as + sujet + may**

Ex. : paradoxical as it may seem... (ou tout autre adjectif) : *aussi paradoxal que cela paraisse...*

Ex. : improbable as they may seem, these figures are right.

- **Adjectif + though + sujet + verbe**

Ex. : slight though they may be, the signs of recovery are encouraging. *Aussi infimes qu'ils soient, les signes de reprise sont encourageants.*

- **Unless...**

Ex. : the farmers demonstrations will not stop unless they are granted subsidies : *... à moins que*

- **Provided...** : *à condition que, pourvu que*

Ex. : all applicants can be hired, provided they have the necessary qualifications. *Tous les postulants peuvent être engagés à condition qu'ils aient les qualifications nécessaires.*

- **For fear that... + might/should** : *de peur que*

Ex. : the government has launched a new campaign for fear that the number of teenage smokers might (should) further increase.

Ex. : the Prime Minister has yielded for fear that social unrest might (should) spread. *Le Premier Ministre a cédé de peur que le malaise social ne prenne plus d'ampleur.*

- **Once** : *une fois que...*

  Ex. : once Nato had admitted that some east European republics could join, there was no reason why others should not follow suit. *Une fois que l'Otan avait admis que certaines républiques de l'Est pouvaient y entrer, il n'y avait pas de raison que d'autres n'en fassent pas de même.*

- **No sooner... than** : *à peine... que*

  Ex. : no sooner had the press disclosed the nuclear test than Greenpeace protested. *La presse avait à peine révélé l'essai nucléaire lorsque Greenpeace a protesté.*

- **Hardly... when** : *à peine... que*

  Ex. : hardly had lorry drivers put an end to their strike when bus drivers started theirs. *À peine les camionneurs avaient-ils mis fin à leur grève que les conducteurs de bus commençèrent la leur.*

- **If... + should** (pour une hypothèse peu probable) : *au cas (peu probable où...)*

  Ex. : if the supply of hard drugs should be stamped out it would be replaced by the black market. *Si l'approvisionnement en drogues dures était supprimé, il serait remplacé par le marché noir.*

- **All the more + adjectif long + ... as** : *d'autant plus que*

  Ex. : the backlash was all the more dramatic as the catastrophe had hit large cities. *Les répercussions furent d'autant plus dramatiques que la catastrophe avait touché des grandes villes.*

- **All the + adjectif court + er... as**

  Ex. : the birth rate is all the higher as the country is economically destitute. *Le taux de natalité est d'autant plus élevé que la région est économiquement pauvre.*

- **Comparatif progressif : the more... the more (the less) + adjectif long ou adverbe**

  Ex. : the more they demand the less they will obtain.

  Ex. : the more we develop this sector, the higher our profits will be.

  N.B. : Souvent le verbe est occulté dans ce genre de construction.

  Ex. : the more qualified the applicant, the higher his salary.

  Ex. : the younger the population, the larger the families.

- **So/such... that**

  Ex. : the street riots were so violent that there were heavy casualties. *Les émeutes furent si violentes qu'il y eut beaucoup de victimes.*

  Ex. : the government has launched such an efficient campaign that the number of drug addicts has dwindled. *Le gouvernement a lancé une campagne si efficace que le nombre de drogués a baissé.*

Étape 13

Vocabulaire de base

blind : *aveugle*

to turn a blind eye to : *fermer les yeux sur quelque chose*

to have blind faith in… : *avoir une confiance aveugle dans…*

to lead up a blind alley : *conduire dans une impasse* (fig.)

to board : *embarquer.* To board a ship/a plane

a board : *1. une planche. 2. un comité, un conseil, un organisme officiel*

the board of directors : *le conseil d'administration*

a board of examiners : *un jury d'examen*

on board : *à bord*

Ex. : there were dozens of boat-people on board the craft : *à bord de l'embarcation*

a boarding school : *un internat.* **A boarder** : *un pensionnaire*

to go by the board : *tomber à l'eau, échouer.*

Ex. : unfortunately, all their plans have gone by the board, since he lost his job.

to boast about/of… : *se vanter*

Ex. : you can boast about passing such a selective competitive examination : *tu peux te vanter d'avoir réussi un concours aussi sélectif !*

to boast : transitif

Ex. : Paris boasts the most prestigious museums in the world : *Paris se glorifie de posséder les musées les plus prestigieux du monde.*

a bomb : *une bombe.* **A bomb attack** : *un attentat à la bombe.* **To plant a bomb** : *poser…*

a time-bomb : *une bombe à retardement* (sens propre et figuré)

to boom : *prospérer, être en plein essor*

Ex. : mobile phones are booming all over Europe.

Ex. : the Nasdaq is booming again : … *remonte en flèche*/**the baby-boom**.

a boom-bust economy : *une économie en dents de scie*

Ex. : the boom-bust pattern of the new economy : *l'évolution en dents de scie de la nouvelle économie.*

a border : *une frontière*

Ex. : to remain within the borders of legality : *rester dans les limites de la légalité.*

to border on : *avoisiner. être proche de, friser* (fig.)

Ex. : the status of women in Afghanistan borders on slavery : ... *est proche de l'esclavage.*

the bottom : *le fond, le bas*

Ex. : the name at the bottom of the list.

to go bottom up : to capsize : *se renverser*

to bottom out : *toucher son niveau le plus bas*

Ex. : the price of oil bottomed out at $12 a barrel and has now started to edge up again : *le prix du pétrole est descendu jusqu'à 12 dollars le baril et s'est remis à remonter légèrement.*

the bottom line : *l'essentiel*

Ex. : the bottom line of the government's policy is the curbing of unemployment.

from top to bottom : *de fond en comble*

Ex. : the police searched the house from top to bottom.

to knock the bottom out of an argument : *démolir un argument*

rock-bottom prices : *des prix « sacrifiés »*

to bracket with/to bracket together : *assimiler à..., mettre dans le même sac*

Ex. : genetic engineering (*les manipulations génétiques*) ought not to be bracketed with standard scientific experimentation. OR : Genetic engineering and scientific research as a whole should not be bracketed together.

a bracket :

1. une parenthèse. In brackets : *entre parenthèses*

2. une tranche. The upper-income bracket : *la tranche des gros revenus*

Ex. : the 50 to 70 age-bracket (*tranche d'âge*) proves to be very keen on travelling.

bounds : *des limites.* Within the bounds of probability

Their cruelty **knows no bounds** : *ne connaît pas de limites*

to be bound to... :

1. être tenu de...

Ex. : you are not bound to read this book.

2. être sûr de. This experiment is bound to succeed : *cette expérience va sûrement réussir* (cf. modaux)

boundless : *illimité, sans frontières*

boring : *ennuyeux*

to brace oneself for... : *se préparer pour une épreuve*

Ex. : the population is bracing itself for another earthquake.

to branch out : *étendre ses activités, se diversifier, aller vers de nouveaux débouchés*

Ex. : the advent of the Euro will enable our car industry to branch out.

a branch : *une succursale, une agence*

a brand : a trademark : *une marque* (pour des articles usuels : cigarettes, whisky, toothpaste...)

a brand image : *une image de marque*

branded goods : *des produits de marque*

to brand : *marquer le bétail. Cataloguer comme…* (fig.)

Ex. : some politicians are branded as crooks : *sont catalogués comme escrocs.*

a breadwinner : *un soutien de famille*

Ex. : in many American families it is the mothers who are the breadwinners.

a bribe : *un pot-de-vin.* **Bribery** : *corruption*

to bring up : *élever un enfant*

Ex. : lots of American children are brought up by single mothers.

the brink : *le bord*

Ex. : the Russian economy is on the brink of bankruptcy.

Ex. : he was on the brink of committing suicide.

the bulk : *le gros de, la majeure partie de…*

Ex. : according to the latest opinion-polls, the bulk of French voters is satisfied with the present policy.

Ex. : the bulk of the work is done : *le gros du travail est fait.*

a burden : *un poids, un fardeau*

Ex. : the huge number of unemployed people constitutes a heavy burden on tax-payers.

Grammaire : emploi de l'article « *the* »

Remarque

L'une des erreurs les plus fréquentes dans les copies de concours porte sur **l'emploi erroné de l'article**. Il nous semble donc essentiel de commencer par ce point de grammaire.

Règle :

Alors qu'en français on emploie systématiquement « le, la, les » devant tout nom commun, qu'il soit singulier, pluriel, abstrait ou concret, l'article THE — ou article défini — ne peut s'employer en anglais que devant un nom déterminé.

Un nom peut être déterminé de trois manières

1. par un complément de nom en « of »

Ex. : **the** inhabitants **of** this area.

2. par une proposition relative ou une expression complément

Ex. : **the** films **that** are shown on television – **the** girl in pink – **the** man in that car.

3. par un contexte précis

Ex. : pass me **the** mustard (il s'agit de la moutarde qui est sur la table). Comparez avec : the French are fond of mustard (en général).

THE s'emploie également **dans toute une série de cas bien précis que vous devez connaître**. En particulier, et **obligatoirement** devant :

- **un superlatif**

  Ex. : she is **the** best.

- **un nombre ordinal**

  Ex. : Elizabeth **the** second, April **the** first (attention, cela s'écrit Elizabeth II et April 1st.)

- **un adjectif substantivé** (qui a un sens collectif)

  Ex. : **the** blind, **the** unemployed : *les aveugles, les chômeurs*

  Ex. : **the** French, **the** Japanese (il faudra apprendre par la suite la liste des noms de pays et les adjectifs de nationalité qui figure dans l'étape 60).

- il est obligatoire avec l'expression : **most of...**

  Ex. : most of **the** students were foreigners.

- il s'emploie **devant les titres officiels utilisés seuls** : **the** Prime Minister, **the** President of the United States (à l'inverse, il est omis si les titres sont suivis d'un nom : President Obama, Queen Elizabeth, Pope John Paul II).

- **devant les noms géographiques comportant un pluriel** : **The** Netherlands, **the** United States, **the** Philippines...

- **devant les noms géographiques comportant un nom commun**

  Ex. : **the** Panama Canal, **the** Atlantic Ocean, **the** North Sea, mais aussi **les noms de mers, de fleuves et de rivières** :

  Ex. : **the** Thames (*la Tamise*), **the** Seine, **the** Rhine, **the** Channel, **the** Atlantic.

- **devant les noms de famille au pluriel** : **the** Kennedys

- **devant les sigles dont on prononce les lettres séparément**

  Ex. : **the** EEC, **the** FBI, **the** UN. À l'inverse, il n'y a pas d'article lorsque le sigle est prononcé par syllabes.

  Ex. : NATO, UNO, OPEC, GATT, etc.

- **devant les noms d'instrument de musique**

  Ex. : to play **the** guitar, to play **the** violin, **the** cello (*violoncelle*).

Omission de l'article « the »

L'article défini est omis dans les cas suivants :

- **devant tout nom abstrait**

  Ex. : our government is quite committed to the fight against **criminality**.

  Ex. : **drug-addiction** is one of the scourges of our society.

  Ex. : **globalisation** is the keyword (*le mot-clé*) of our economy. **Environmentalism** is a matter of common concern.

- **devant des noms indéterminés avec qualificatif ou précédés de MOST**

  Ex. : new technologies, future politicians, teenage mothers.

  Ex. : most students, most Americans, most newspapers.

  N.B. : **Pour traduire « la plupart »**, vous avez donc le **choix entre deux possibilités** :

  a. most students are granted scholarships : *la plupart des étudiants (en général) ont des bourses.*

  b. most of the students who study foreign languages must spend one year abroad. (il s'agit d'une catégorie bien définie).

  Donc : Impossible de dire : most of students : <u>faute fréquente</u>

- **devant un nom pluriel pris en général**

  Ex. : he doesn't like museums.

  Ex. : I love cats.

  De même tous les noms désignant des vices et vertus, des sciences, des maladies, des sports, des matières scolaires, des notions, des repas (we have breakfast in the kitchen), **des matériaux, des langues** (German is a difficult language), des **éléments naturels** (water, snow, etc.), **des couleurs** (I like red), **des saisons** (winter is my favourite season).

- **avec le cas possessif : pas d'article devant l'objet possédé**

  Ex. : my son's new girlfriend

  Ex. : have you seen Peter's old car?

  Ex. : what's the name of the fellow whose wife won the jackpot?

- **devant des noms de personne avec titre**

  Ex. : Pope John Paul II.

  Ex. : Queen Elizabeth II. Faites-vous la différence entre : Queen Elizabeth crossed the Atlantic et The Queen Elizabeth crossed the Atlantic? (dans le deuxième cas il s'agit du bateau !).

- **devant la plupart des noms propres géographiques**

  France, Italy, Mont Blanc, Ben Nevis…

- **devant la plupart des noms topographiques**

  Trafalgar Square, Madison Avenue, Greenwich village, Cape Cod, etc.

- **devant des noms de lieux familiers** (sens général)

  Ex. : he has left school, he must go to hospital, I'll stay in bed, etc.

- **devant des précisions de temps ou de quantité**

  Ex. : next week, last month, at week-ends, etc.

  Ex. : £1 a kilo, 3 francs a box, 50 pence a dozen, etc.

Quelques verbes à particules

Remarque

il est indispensable que vous sachiez le sens et l'usage des verbes à particules les plus courants, un des points d'achoppement classiques pour les (malheureux) candidats qui devront affronter des Q.C.M à l'écrit, mais aussi la preuve, pour votre jury, que, quelle que soit l'épreuve, vous connaissez et pratiquez un anglais idiomatique.

to back up (somebody) : *soutenir quelqu'un*

to bear out : *confirmer, corroborer*

to bear up : *ne pas se laisser décourager*. Bear up! : *courage !*

to bear upon : *porter sur, se rapporter à, avoir trait à*

to blow up : *1. exploser. 2. gonfler*

Ex. : to blow up a balloon.

to break away : *se détacher, se libérer*

Ex. : the extremist faction broke away from the main party.

to break down : *enfoncer* (a door)/*craquer nerveusement/déprimer*

tomber en panne (car, engine)/*se désagréger* (family)

to break in : *entrer par effraction* (a burglar)

to break off : *détacher* (a branch)/*rompre* (talks : *négociations*)

Étape 14

Vocabulaire de base

to call off : to cancel : *annuler*

Ex. : the conference was called off after the President's assassination.

to cancel : *annuler*

Ex. : all flights have been cancelled because of the hurricane.

capital punishment/the death penalty : *la peine capitale, la peine de mort*

cash (= notes and coins) : *de l'argent liquide*

a cashcard : *une carte bancaire*

a cash desk : *une caisse de grand magasin*

a cash point : *un distributeur automatique*

to cast : *jeter.* To cast anchor : (sens propre et figuré) : *jeter l'ancre*

to cast the blame on somebody : *rejeter la responsabilité sur…*

to cast doubt on

Ex. : the use of drugs cast doubt on all Olympic performances : *l'utilisation de drogues a jeté un doute sur toutes les performances olympiques.*

to cast a shadow on/over : *jeter une ombre sur* (fig.)

to cast one's eye on… : *jeter un regard sur…*

to cast a critical eye on… : *jeter un regard critique sur…*

to be cast down : *être démoralisé*

casual :

1. désinvolte. A casual remark, a casual attitude. **To be casual about something** : *prendre à la légère*

2. occasionnel. He is a casual drinker : *il se saoule occasionnellement.*

a casual encounter : *une rencontre fortuite.* Casual clothes : informal : *décontractés.* A casual worker/labourer : *un ouvrier temporaire/saisonnier*

casualties : *des victimes, blessés ou morts*

Ex. : the recent floods in China have caused heavy casualties.

to cater for… : *pourvoir à…* Parents must cater for their children's needs : *les parents doivent pourvoir aux besoins de leurs enfants.*

a caterer : *un traiteur.* **The catering trade** : *l'industrie de la restauration*

cattle : *le bétail*

caution : *la prudence.* **Cautious** : *prudent*

cheap :

1. economical, inexpensive : *bon marché*

2. common, worthless : *de mauvaise qualité*

to cheat : *tricher, escroquer*

to cheer : *acclamer, applaudir*

Ex. : the French soccer team was wildly cheered after their victory.

a citizen : *un citoyen.* **Citizenship** : *la citoyenneté*

a city : *une ville.* **City-dwellers** : *les citadins.* **The city hall** : *la mairie.* **City planning** : *l'urbanisme*

a civil servant : *un fonctionnaire.* **A top civil servant** : *un haut fontionnaire*

the civil service : *la fonction publique, l'administration*

a civilian : *un civil*

Ex. : the trouble with bomb attacks is that they kill more civilians than soldiers.

to clean : *nettoyer*

to make a clean breast of it : *dire ce qu'on a sur la conscience*

a cleaner : a charwoman : *une femme de ménage*

to cleanse : *nettoyer.* **Ethnic cleansing** : *le nettoyage ethnique*

to cling to : *s'accrocher, se cramponner à.*

Ex. : the minister of Education seems to cling to his reform in spite of the Unions' criticisms. **To cling to a belief**.

to close down : (a firm, a school…) : *fermer définitivement…*

Ex. : after the firm closed down, hundreds of workers were forced on the dole (*au chômage*).

a clue : *un indice*

Ex. : the investigation has found out a possible clue to the crash of the

Concorde. **I haven't a clue!** : *je n'en ai pas la moindre idée*

a college : faux-ami : *un établissement d'enseignement supérieur*

to compete with someone **for** something : *rivaliser*

Ex. : there are six firms competing for market share : *il y a six sociétés qui sont en compétition pour une part du marché.*

a competitor : *un concurrent*

competitive : *concurrentiel, compétitif*/**a competitive examination** : *un concours*

to complete : *compléter, achever.* To complete a task : *achever une tâche*

a completion : *un achèvement.* The completion of a contract : *l'exécution d'un contrat*

comprehensive : *général, d'ensemble*

Ex. : to have a comprehensive view of a problem

to conceal : *cacher, dissimuler*

Ex. : the U.N. security council suspects Iraq of concealing chemical weapons somewhere in the desert.

Ex. : Clinton long tried to conceal the truth about Miss Lewinsky.

to concede that... : *reconnaître, concéder que...*

to conduct : *mener*

Ex. : to conduct an enquiry, a survey, an operation...

to connect : to link : *lier, relier*

Ex. : these matters are not connected in the least : *ces affaires ne sont pas liées le moins du monde.* **A connecting flight** : *un vol de correspondance.*

conspicuous : *criant, qui saute aux yeux*

Ex. : the Press underlined the conspicuous absence of the Queen/ **conspicuously** : *ostensiblement*

a constituency : *une circonscription électorale*

contempt : scorn : *le mépris.* **Contemptuous** : *méprisant*

to contend with : *lutter contre, se disputer, combattre*

Ex. : we have many problems to contend with.

Ex. : they are contending for the championship.

to contend that : *prétendre que*

Ex. : the minister adamantly contended that he had never taken any bribe.

a contender : *un concurrent (sports).* **A presidential contender** : *un candidat à la présidence*

controversial : a controversial issue : *une matière à controverse*

convenient : *commode, pratique*

to convey :

1. transporter/transmettre

Ex. : he has conveyed all his property to his son.

2. exprimer, faire passer, communiquer

Ex. : the speaker managed to convey his emotion to the audience : *l'orateur a réussi à communiquer son émotion au public.*

a convict : *un prisonnier, un détenu*

to convict somebody : *déclarer coupable.* He was convicted of murder : *il a été déclaré coupable de meurtre.*

a cornerstone : *une pierre angulaire*

Ex. : employment is the cornerstone of Gordon Brown's social policy.

a counterpart : *un homologue*

Ex. : The French Prime Minister and his British counterpart seem to be on friendly terms.

a course : *un cours.* **A course of action** : *une ligne de conduite*

in the course of time : *au cours du temps.* **In due course** : *en temps utile.*

to let events run their course : *laisser les événements suivre leur cours*

a court : *un tribunal.* To take somebody to court : *intenter un procès.* **A court of justice** : *une cour de justice*

to cover up : (also : **to hush up**) : *étouffer une affaire*

Ex. : many Americans believe that the truth about Marilyn Monroe's death was carefully covered up/hushed up.

coverage : *un reportage.* **To give full coverage to an event** : *couvrir un événement*

Grammaire : l'article indéfini *a/an*

Attention aux différences avec le français !

Ex. : his father is **a** surgeon : son père est chirurgien.

Ex. : Obama is **a** Democrat : Obama est démocrate.

Emploi de a/an après les prépositions without, as

Ex. : you can't go out without **an** umbrella :… sans parapluie.

Ex. : he works as **a** mechanic : il travaille comme mécanicien.

Emploi spécifique après what/such/half

Ex. : what **a** wonderful sight!

Ex. : he is such **a** bore! *c'est un tel casse-pieds !*

Ex. : he has drunk half **a** bottle of gin.

Ex. : I would like half a dozen eggs.

Emploi de a/an devant une apposition

Ex. : he ran over a pedestrian, **an** accident that cost him his driving licence : *il a renversé un piéton, accident qui lui a coûté son permis.*

Ex. : he told his secretary she was pretty, **a** compliment that was interpreted as sexual harassment.

Autres constructions spécifiques : attention à la place de l'article !

Ex. : this is too difficult **a** task for me : *c'est une tâche trop dure pour moi.*

Ex. : this is as economical **a** car as yours.

Ex. : this is so difficult **a** translation that I need a dictionary.

Ex. : it is quite **an** interesting book

➘ Expressions idiomatiques qui exigent l'emploi de a/an

to be in **a** rage : *être en rage.*

to be in **a** sweat : *être en sueur.*

to have **a** temperature : *avoir de la température.*

to have **a** say in something : *avoir son mot à dire…*

to have **a** taste for : *avoir un penchant pour…*

to have **a** rest : *se reposer*

to have **a** try : *essayer*

to make **a** fuss : *faire des histoires*

to make **a** noise : *faire du bruit.*

Attention ! : a/an ne peut pas s'employer devant les singuliers indénombrables (*erreur fréquente !*)

➘ Mots qui ne peuvent pas être précédés de a/an

advice, news, goods, clothes, information, evidence, leisure, travel, progress, furniture, luggage, weather, traffic, luck, music, employment…

Ex. : he arrived late because of heavy traffic.

Ex. : the launching of Ariane was postponed because of rainy weather.

Ex. : she gave me bad advice.

Pour utiliser certains de ces mots au singulier, on ajoute : a piece of

Ex. : a piece of advice, a piece of news (a news item), a piece of information/of furniture

Pour les autres, il faut trouver un équivalent singulier

Ex. : **progress** : a breakthrough, an advance.

leisure : a hobby

work : a job, an occupation, a position

luck : a stroke of luck

music : a piece of music.

goods : an item

clothes : a garment

Verbes à particules

to break out : *se déclencher* (war)/*s'évader*

to break through: *faire une percée.* A breakthrough : *une découverte capitale, une percée scientifique*

to break up : *se désagréger* (family, marriage)/*se terminer* to bring about : *provoquer, causer* (a war, an accident)

to bring forward : *avancer, produire* (argument, evidence)

to bring out : *faire sortir, faire ressortir, mettre en évidence*

to bring up : *élever, éduquer*

to call for : *aller chercher* (the doctor)/*exiger, revendiquer* (strikers)

to call in/to call on someone : *venir faire une visite*

to call off : *annuler, abandonner* (investigation, research)

to call up : *appeler, faire l'appel* (candidates) ; *mobilise*r (soldiers) ; *téléphoner*

to care for : *aimer*

Ex. : he doesn't care for Indian food.

to carry on : *continuer*

to carry out : *mener à bien, exécuter* (plan, project)

to catch up with : *rattraper*

to close down : *fermer définitivement*

to come about : *arriver, avoir lieu*

to come across : *rencontrer par hasard*

to come along : *accompagner/survenir*

to come by : *se procurer* (a book, a record)

to come in/into : *entrer/hériter de* (to come into a fortune)

to come off : *avoir lieu, se produire, se dérouler ; se terminer, être retiré* (play, film)

to come out : *être révélé* (the truth)/*être publié* (book)/*disparaître* (dirt, stains)

to come to : *revenir à soi, reprendre conscience*

to come up : *monter, apparaître à la surface/s'approcher à la hauteur de quelqu'un*

to cut down : *réduire*

Étape 15

Vocabulaire de base

to crack down on… : *réprimer sévèrement*

Ex. : the government is determined to crack down on violent juveniles.

a crackdown : *une répression*

Ex. : the recent police crackdown on drug dealers proved to be quite efficient.

credit : *crédit.* **To give somebody credit** : *faire crédit à…* **To buy on credit** : *acheter à crédit*

to give credit to… : *ajouter foi à…, attribuer le mérite de quelque chose à quelqu'un*

Ex. : the Finance Minister must be given credit for the economic upturn : *le mérite de l'embellie économique revient au ministre des finances.*

Ex. : he is a credit to his family : *il fait honneur à sa famille.*

a cripple : *un infirme*

to cripple : *paralyser, bloquer* (fig.)

Ex. : the whole country was crippled by the lorry-drivers' strike. Some Third World countries are crippled by debts.

a crook : *un escroc* ; **crooked** : *malhonnête*

Ex. : the Watergate scandal was a rather crooked affair.

a crop : *un produit agricole, une culture*

Ex. : one of the basic crops of this country is wheat(*le blé*).

the crops : *la récolte*

to crop up : (for problems, difficulties, snags…) : *surgir, apparaître en grand nombre*

Ex. : every single day, new difficulties crop up in the peace talks between Israel and the Palestinians

a crowd : *une foule.* To follow the crowd (fig.)

to crowd : *se presser, se bousculer.* Pedestrians were crowding the streets. A house crowded with friends : *pleine d'amis.* The shops are crowded : *les magasins sont bondés.*

to crush : *écraser*

Ex. : the revolt was crushed at once by the army.

to cull : for whales (*baleines*), seals (*phoques*) : *abattre, massacrer*

Ex. : the annual culling of baby seals in Newfoundland (*Terre-Neuve*) triggers off worldwide protest.

cumbersome : *encombrant, gênant, embarrassant*

cunning : *astucieux, rusé*

Ex. : the fox is a cunning animal.

a cure : *un remède.* **To be past cure** : *être incurable*

a rest cure : *une sinécure*

Ex. : studying this book is no rest cure (is no pushover)

a currency : Fin. : *une monnaie, une devise*

to cushion : *amortir, atténuer* (a cushion : *un coussin*).

Ex. : the social effects of unempoyment are cushioned by higher unemployment benefits.

a custom : *une coutume*

a custom-made suit : *un costume sur mesure*

a customer : *un client*

the customs : *la douane*

to dash : *se précipiter*

Ex. : before Christmas, shoppers usually dash into stores for a buying spree (*une fièvre d'achats*).

to dash hopes/expectations : *anéantir*

Ex. : all hopes for a peace-agreement were dashed after the President's assassination.

data : *les données*

data-processing : *traitement des données informatiques*

a database : *une base de données*

a date :

1. une date. **To be up-to-date** : *être à la page/***to be out-of-date** *être dépassé, rétro.*

2. un rendez-vous

Ex. : he has a date with his new girlfriend.

Ex. : have you met Bill's new date? *connaissez-vous la nouvelle petite amie de Bill ?*

to daunt : *décourager*

dauntless : *intrépide, déterminé.* **Dauntlessly** : *sans se décourager*

dawn : *l'aurore*

at the dawn of the 3rd millenium : *à l'aube du 3e millénaire*

from dawn to dusk : *du matin au soir*

to dawn : *naître, se faire jour, venir à l'esprit* (fig.)

Ex. : it dawned on them that they had been bamboozled : *ils se sont rendus compte qu'ils s'étaient fait arnaquer.*

a deadline : *une date butoir, une date limite imposée*

a deadlock : *une impasse*

Ex. : the peace talks have reached (a)deadlock : *les pourparlers de paix sont dans l'impasse.*

deadly : lethal : *mortel.* The seven deadly sins. A deadly assault : *meurtier*

to be on deathrow : *dans le couloir de la mort.* (USA)

debatable : *discutable*

deep-rooted : *profondément enraciné*

Ex. : deep-rooted xenophobia

to deliver :

1.distribuer, remettre. To deliver a message to somebody. The milkman delivers milk every morning

2. émettre. To deliver an opinion : *énoncer une opinion*

3. prononcer. **To deliver a speech** : *prononcer un discours*

4. mettre au monde. **To deliver a baby** : *donner naissance*

a delivery : *un accouchement*

to demonstrate : *manifester.* Seattle was teeming with demonstrators : *grouillait de manifestants.* A demonstration : *une manifestation*

to deny : *nier, refuser*

Ex. : more and more illegal immigrants are denied official papers.

a denial : *un refus.* A denial of justice : *un déni de justice*

self-denial : abnégation

to depend on... : *dépendre de...*

Ex. : more and more homeless people now depend on public charity.

to despise : *mépriser*

Ex. : many Islamic fundamentalists despise the Western countries for their moral depravity (*dépravation*).

to be detrimental to : *être nuisible à*

Ex. : smoking is detrimental to your health.

to devastate : *dévaster/ravager*

to be devastated :

1. être dévasté

Ex. : rain forests are increasingly devastated by deforestation : les forêts tropicales sont de plus en plus ravagées par la déforestation.

2. être bouleversé

Ex. : all British people were devastated by Lady Diana's death.

a device : *un appareil.* An electric device : *un appareil electrique* (*ménager*). An explosive device : *un engin explosif*

Grammaire : les pronoms : erreurs les plus fréquentes

- **Méconnaissance du pronom it** (neutre) qui s'emploie pour les animaux et les noms indénombrables et abstraits

- **Méconnaissance de l'emploi idiomatique du pluriel**

  Ex. : **everybody** has brought **their** books.

  Ex. : **somebody** left **their** umbrella.

  Ex. : **every** citizen will express **their** opinion.

  Ex. : **nobody** wants to go, do **they?**

  Ex. : if **anyone** calls, tell **them** I'm out.

Note

Cet emploi du pluriel, étrange pour un français, permet d'éviter le double possessif masculin et féminin qui serait obligatoire, puisqu'on ne connaît pas le genre de l'antécédent. La grammaire aussi, est féministe ! Si l'on n'a pas recours au pronom pluriel indiqué ci-dessus, il faut donc dire : every citizen expressed **his (or her)** opinion ; sinon il ne s'agirait que de citoyens masculins !

- **Confusion entre réfléchis et réciproques** : « they looked **at each other** » est différent de « they looked **at themselves** ». Dans le 2e cas, ils se regardent chacun dans une glace.

- **Utilisation erronée du réfléchi (sur le modèle français)**

  Ex. : he is washing **himself**. Il faut dire : **he is washing**. L'anglais occulte très souvent le réfléchi, qui est implicite, là où le français l'utilise :

  Ex. : to shave, to get dressed.

- **Utilisation erronée de pronoms réciproques** : l'anglais se passe de pronom réciproque lorsque la réciprocité est impliquée dans le verbe

  Ex. : **fight, kiss, meet, shake hands.**

  Ex. : they were kissing in a dark corner.

- **Méconnaissance de la traduction de « dont »**

Note

dont ne se traduit pas de la même façon selon qu'il est complément du nom ou complément du verbe.

- **complément du nom**

  Ex. : *la fille dont le père est journaliste* : the girl **whose** father is a journalist.

- **complément du verbe**

  Ex. : *il y avait plein d'enfants, dont quatre étaient ses neveux* : there were plenty of children, **four of whom** were her nephews.

- **Confusion entre l'emploi de « who/which » et « that ».**

Note

Le choix entre les deux relatifs est facilité si vous considérez **la présence ou l'absence de virgule** en français. En effet, la proposition relative peut être :

- **déterminante**, c'est-à-dire qu'il n'y a pas de virgule

  Ex. : *les ouvriers non qualifiés qui sont au chômage sont très anxieux* : **the** unskilled workers **that** are on the dole are very concerned. Il ne s'agit pas de **tous** les ouvriers, mais d'un groupe donné, déterminé par le relatif ; notez aussi la **présence obligatoire de l'article défini**.

- **elle peut être appositive** : (elle joue le rôle d'une apposition) : dans ce cas, elle est obligatoirement incluse entre deux virgules

  Ex. : *les français, qui sont très inquiets de garder leur emploi, sont opposés aux fusions* : **the French, who** are very anxious to keep their jobs, are against mergers.

Il s'agit de TOUS les Français : ils sont définis par une relative en apposition.

En résumé

Dans le 1er cas (déterminante) vous avez le choix entre who/which et that, dans le 2e cas (appositive) uniquement who/which sont possibles.

N.B. : Faut-il vous rappeler que **WHO porte sur les personnes et WHICH sur les animaux et les choses** ?

N.B. : Faut-il vous rappeler aussi **l'orthographe** de **WHICH**, avec **2 « H »** ? (un candidat sur quatre ne sait pas écrire ce mot).

Verbes à particules (suite)

to do away with : *supprimer, abolir*

to do without : *se passer de*

to drop back : *rester à la traîne, se laisser devancer*

to drop in : *venir à l'improviste, débarquer chez quelqu'un*

to drop off : *s'endormir*

to drop out (of school) : *abandonner ses études*/to drop out of society : *se marginaliser*

to find out : *découvrir*

to fall apart : *se désagréger*

to get about : *circuler* (information, news)

to get away : *s'échapper*

to get away with : *s'en tirer*

to get back : *récupérer/retourner*

to get off : *se tirer d'affaire, s'en tirer/être quitte pour…*

to get on : *progresser*

to get on with somebody : *s'entendre avec quelqu'un*

to get over : *récupérer, se remettre/franchir* (a wall, an obstacle)

to get round someone : *enjôler, embobiner*

to get through : *se frayer un chemin, entrer en ligne avec quelqu'un* (télephone)

to get up : *se lever (du lit)*

to give away : *donner, céder/trahir quelqu'un*

to give in : *abandonner, céder, s'avouer vaincu*

to give out : *proclamer, annoncer publiquement/distribuer*

to give up : *abandonner* (studies)/to give oneself up : *se rendre* (police)

to go ahead : *continuer, avancer*

to go by : *passer* (time)/*juger d'après, se fonder sur*

Ex. : if I go by your looks, you have lost the game : *à en juger sur ta mine, tu as perdu ton match*

to go in for : *se mêler de* (politics)

to go into : *enquêter, faire des recherches*

Étape 16

Vocabulaire de base

to be devoid of… : *être dépourvu de*

Ex. : he is devoid of any common sense whatsoever : *il manque totalement de bon sens.*

to devolve :

1. incomber

Ex. : it devolves on the chief executive to sign the deal : *il incombe au directeur général de signer le marché.*

2. déléguer

Ex. : Corsicans expect the French government to devolve their power to the elected Corsican authorities.

devolution : *décentralisation, transfert de pouvoirs*

to devote : *consacrer*

Ex. : Mother Theresa devoted her whole life **to** help**ing** the poor.

to differ : *être différent*

Ex. : the policies of the two parties hardly differ on environmental matters.

to differentiate : *faire la différence*

Ex. : the French National Front doesn't differentiate between coloured people : they should all go back home, whatever their colour.

to dig : *creuser, fouiller.* To dig one's own grave : *creuser sa propre tombe* (fig.)

gold-diggers : *les chercheurs d'or*

dim : *faible.* A dim hope : *un faible espoir.* A dim memory : *un vague souvenir*

dire : adjectif : *extrême, désastreux, sinistre.* To live in dire poverty. **To be in dire need of** : *avoir terriblement besoin de…*

disarray : *désordre, chaos.* **To be in disarray** : *être en pleine confusion*

to fall into disarray : *tomber dans le chaos*

to discard : to get rid of : *se débarrasser* de. To discard a plan : *abandonner*

to disclose : to unveil : *dévoiler,divulguer, révéler*

Ex. : British tabloids are prone to disclose saucy information about the Royals' private lives : *la presse à sensation britannique a tendance à dévoiler des informations grivoises sur la vie privée de la famille royale.*

a disclosure : *une révélation*

Ex. : the disclosure of the Crédit Lyonnais's financial plight came as a bombshell : *a fait l'effet d'une bombe*

discontent : *mécontentement*

Ex. : there is growing discontent among Russian officers.

a discrepancy : *une différence, une divergence, un désaccord*

Ex. : there is still a significant discrepancy between the salaries of male and of female employees.

to distrust : to mistrust : *se méfier de*

to display : *afficher, montrer au grand jour, étaler*

Ex. : the newly-rich Moscovites are eager to display their furs, their jewels, their golden teeth and their posh cars : *les nouveux-riches de Moscou s'empressent d'étaler leurs fourrures, leurs bijoux, leurs dents en or et leurs voitures de luxe.*

to dispose of : *jeter, se débarrasser de…*

Ex. : some industries are still at a loss about how to dispose of their noxious waste : *certaines industries ne savent toujours pas comment se débarrasser de leurs déchets nuisibles.*

disposal : *l'enlèvement* : **waste disposal** : *l'enlèvement des ordures*

to be at somebody's disposal : *être à la disposition de…*

disposable : *jetable.* A disposable razor

disposables (bottles, containers…) : *bouteilles, emballages, etc. jetables.*

disquiet : *inquiétude*

Ex. : there is a great deal of disquiet about the threat of global warming.

disquieting : *inquiétant*

to be in disrepair : to be dilapidated : *être délabré.* To fall into disrepair : *tomber en ruines*

a disruption :*des perturbations, du désordre*

Ex. : the lorry-drivers' strike caused much disruption in road traffic.

Ex. : there were incredible disruptions caused by the "Love" computer virus.

distress : *la détresse, la douleur*

Ex. : it is unbearable to witness the distress of people who are compelled to leave their homes and families.

distressing : *angoissant*

Ex. : the latest news about Ulster is quite distressing.

to ditch : *abandonner, se débarrasser de…*

Ex. : The US President was forced to ditch his Healthcare reform.

Ex. : the Duma eventually managed to ditch Boris Yeltsin.

a ditch : *un fossé*

Ex. : people dig ditches to protect their houses from the fire.

a last-ditch attempt : *une ultime tentative*

to dither : to hesitate, to waver, to falter : *hésiter*

to dive : *plonger.* To take a dive

divisive : a divisive issue : *un point controversé*

the dole : *l'allocation de chômage.* **To be on the dole** : *être au chômage*

domestic : *1. domestique. 2. polit.* : intérieur : the domestic policy : *la politique intérieure.* GDP : gross domestic product : *produit intérieur brut*

to be doomed : *être condamné*

Ex. : our planet is doomed to global warming if we go on emitting greenhouse gases.

doomsday : *le jour du Jugement Dernier, la fin du monde*

Ex. : some African tribes will mistake an eclipse for doomsday.

the downfall : *la chute, la perte*

Ex. : the present crisis may end with the President's dawnfall.

to downsize a company : *restructurer, dégraisser.* Syn. : to streamline, to reengineer

a downturn : *une baisse, une récession*

Ex. : unskilled labour (*la main d'œuvre non spécialisée*) is most vulnerable to economic downturn.

drastic : *drastique, draconien*

Ex. : drastic steps must be taken to curb our Health expenditure.

to dread : *craindre, redouter*

Ex. : the Chinese are dreading new rainfalls which would worsen the present floods (*inondations*).

dreadful : horrible

a drought : *une sécheresse*

Ex. : in African countries famine is usually triggered off by droughts.

dull : *ennuyeux, monotone*

Grammaire : erreurs sur les pronoms (suite)

Place erronée du pronom relatif dans la phrase

L'anglais **place le pronom relatif immédiatement au début de la proposition relative**, même s'il est introduit par une préposition (celle-ci est rejetée en fin de phrase).

Ex. : the young man **who(m)** she lives **with**.

Ex. : the example **that** I am thinking **of**.

Ex. : the conclusion **that** he is driving **at**.

➧ Ignorance des emplois spécifiques de « what » et « which »

NOTE

« what » peut inclure son propre antécédent (ce que, ce qui) ; **il porte sur ce qui va suivre** :

Ex. : what I don't like is having to work late at night : *ce que je n'aime pas, c'est devoir travailler tard le soir.*

Ex. : **what** she doesn't understand is that she actually isn't fit for this job : *ce qu'elle ne comprend pas c'est qu'en réalité elle n'est pas faite pour ce travail.*

Which peut avoir pour antécédent toute une phrase, contrairement à what, **il porte sur ce qui précède**.

Ex. : he claimed he was a doctor, **which** was a lie : *il prétendait qu'il était médecin, ce qui était un mensonge.*

REMARQUE

Les candidats faibles devront établir, dans un premier temps, à l'aide de leur livre de grammaire, un tableau de TOUS les pronoms et les apprendre tout simplement par cœur. Mais il ne suffit pas de connaître les pronoms : il faut aussi savoir les utiliser. Il s'agira de mémoriser toutes les règles concernant l'emploi des pronoms :
Ex. : l'omission du pronom relatif, les **emplois spécifiques**
Ex. : **the only one <u>that</u>, the first <u>that</u>, the best <u>that</u>, everything <u>that</u>, something <u>that</u>**, etc. (impossible de dire « which »)

Verbes à particules

to go off : *exploser/quitter, partir en voyage*

to go on : *continuer*

to go out : *sortir, disparaître, s'éteindre*

to go over : *examiner, étudier*/to go over to : (enemy) *passer à l'ennemi.*

to go through : *examiner/endurer, souffrir*

to go up : *augmenter/exploser, s'embraser*

to go without : *se passer de*

to hand out : *distribuer*

to hang about : *traîner, ne rien faire*

to head for : *se diriger vers*

to hold on : (telephone) : *rester en ligne*

to hold out : *tenir le coup*

to keep away : *éloigner, tenir éloigné*

to keep back : *retenir, arrêter*

to keep down : *réprimer, contrôler*

to keep off : *tenir à l'écart/se tenir loin de*

to keep out : *empêcher d'entrer, rester dehors*

to keep up : *maintenir* (effort)

to keep up with : *avancer à la même allure, suivre le rythme*

to live on : *survivre/vivre de* (one's pension/hope)

to live it up : *mener la grande vie*

to lock up : *enfermer*

to look after : *s'occuper de, prendre soin*

to look ahead : *regarder devant soi*

to look back : *regarder en arrière, se retourner, se souvenir*

to look for : *chercher*

to look down on : *mépriser*

to look out : *faire attention*

to look forward to + V-ing : *se réjouir à l'avance*

Ex. : he is looking forward to visiting Rome.

to look into : *examiner*

Ex. : the police are looking into this new murder case.

to look over (to go over) : *réviser, relire*

to look up : *consulter* (dictionary)

Ex. : I must look up the word "abode" in the dictionary.

to look up to : *respecter, admirer*

to make for : *se diriger vers*

to make off : *se sauver* (thieves, burglars)

to make out : *comprendre*

Ex. : I can't make out his handwriting : he writes too badly/*rédiger un chèque*

to make up one's mind : *se décider à*

to make up : *se maquiller*, *inventer* (a story)

to make up for : *compenser* (losses)

to mix up : *confondre*

to pass away : *mourir*

to pass by : *passer, défiler*

to pass out : *s'évanouir, perdre connaissance*

Étape 17

Vocabulaire de base

a dump : *un tas, un amas d'ordures.* A rubbish-dump : *une décharge*

to dump rubbish : *déverser*

to dump goods : *écouler des marchandises à bas prix*

to dwell : *résider, demeurer*

city-dwellers : *les citadins ;* **country-dwellers** : *les habitants de la campagne ;* **cave-dwellers** : *les habitants des cavernes*

to dwell on... : *insister sur... s'étendre sur...*

Ex. : the journalist dwells too much on the social aspect of the issue.

Ex. : he dwelled on the fact that he had been expatriated.

a dwelling : terme administratif. : *une résidence, un logement*

to dwindle : *diminuer, décroître*

Ex. : birth-rates are dwindling in some European countries, not least in Eastern Germany.

eager : *empressé*

Ex. : the representatives are **eager to** sign the peace treaty.To be **eager for** change : *avoir soif de changement.*

to earn : *gagner* : (*de l'argent*)

Ex. : some plumbers (*plombiers*) earn far more than doctors.

to ease : *réduire, soulager*

Ex. : charities such as Oxfam ease the sufferings of the Third World poor.

Ex. : the US authorities have eased their embargo on French products.

the East : *l'Orient.* **The Middle-East** : *le Moyen-Orient.* **The Near-East** : *le Proche-Orient*

the Far-East : *l'Extrême-Orient.* **Eastern Europe** : *l'Europe de l'Est*

an earthquake : *un tremblement de terre*

the elderly : *les personnes du troisième âge*

to embody : *incarner*

Ex. : our constitution embodies the ideals of freedom and equality.

an embodiment : *une incarnation*

Ex. : for some Islamists, Salman Rushdie is the embodiment of Evil (*le mal*).

to emphasize : **to lay emphasis on** : *mettre l'accent sur*

Ex. : in his State of The Union Address, the American President laid emphasis on the extraordinary recovery of the US economy.

to endorse : *endosser :* to endorse a cheque. *Approuver, appuyer :* The CEO has endorsed the candidature of the Marketing Director for the position of Deputy CEO.

the endorsement : the approval : *l'approbation.* A letter of endorsement : *une lettre d'approbation*

to enhance : (for abstract words such as beauty, power, reputation...) : *accroître*

Ex. : the President's triumph was enhanced by the presence of eminent guests.

Ex. : his training in computer science will enhance his chances of getting the job.

to entertain : *distraire, amuser*

an entertainment : *une distraction*

Ex. : television has become, by far, the most popular form of entertainment all over the world. **The entertainment industry** : *l'industrie du spectacle.*

entertaining : *divertissant*

Ex. : this TV programme is not even entertaining : it will be a complete flop for sure.

to eradicate : *éradiquer, éliminer*

to escalate : *augmenter*

Ex. : prices tend to escalate before Xmas.

an escalation : *escalade, intensification.*

Ex. : the police is powerless in the face of the escalation of juvenile crime.

an estate : *une propriété.* **A housing estate** :

1. *un lotissement*

2. *un programme immobilier.* **A council estate** : *une cité HLM*

an estate agent : *un agent immobilier*

real estate : *l'immobilier*

to estimate : *estimer*

an estimate : *une estimation, un devis.* **At a rough estimate** : *grosso modo*

estimated : *estimé*

Ex. : an estimated 5 000 refugees have crossed the border : *approximativement 5 000 refugiés ont traversé la frontière.*

ethical : an ethical issue : *un problème d'éthique.* Ethics : *l'éthique*

eventual : faux-ami : *final*

Ex. : the sinking of the submarine eventually ended in the disappearance of the whole crew (*équipage*).

evidence : uncountable : *des preuves.* Sing. : a piece of evidence : *une preuve*

Ex. : many black Americans are condemned to death without any serious evidence.

an evil : *un fléau*

Ex. : child labour is one of the evils of the Third World.

the lesser of two evils : *le moindre mal*

Ex. : this is undebatably the lesser of the two evils.

an executive : *un cadre.* **A junior executive** : *un cadre moyen.* **A senior executive** : *un cadre supérieur.* **A chief executive officer** : *un directeur général*

to exhaust : *épuiser.* To exhaust somebody's patience

Ex. : all natural resources will soon be exhausted.

an exhaust pipe : *un pot d'échappement.* **Exhaust fumes** : *des gaz d'échappement*

exhausting : *fatigant, épuisant* : **an exhausting job** : *un travail épuisant*

an exhibition : *une exposition.* The World exhibition at Hannover

to expand : *développer, se développer*

Ex. : thanks to the Euro, exports are expected to expand on a large scale.

expenditure (uncountable) : *les dépenses.* Government expenditure : *les dépenses publiques*

expenses : *les frais*

Ex. : he gets all his expenses paid by his company.

facilities : faux-ami : *des équipements, des installations*

Ex. : this school has numerous facilities, including football grounds and a swimming-pool.

the faith : *la foi*

Ex. : unshakable faith in the goodness of human nature : *une foi inébranlable…*

faithful : *fidèle*

Ex. : a faithful account of the events : *un compte-rendu fidèle des événements.*

to fake :

1. faire semblant, simuler

Ex. : to fake illness/death.

2. truquer, falsifier : to forge : to fake a signature, to fake accounts : *falsifier les comptes*

a fake : *un faux*

Ex. : most paintings by Courbet are fakes.

fake : adj. : *faux, bidon*

Ex. : a fake Renoir – a fake passport

Ex. : in Chinatown you can buy fake Rolex watches by the hundred (*par centaines*).

to fall off : *diminuer, décroître*

Ex. : our exports to the US have considerably fallen off.

Grammaire : les adjectifs indéfinis

➔ Source de confusion : much ou many ?

Devant un nom au SINGULIER :	1. MUCH : *beaucoup*	2. LITTLE : *peu*
et devant un nom au PLURIEL :	1. MANY : *beaucoup*	2. FEW : *peu*

N.B. : Pour dire *un peu de...*, on ajoute l'article indéfini : **a** little : *un peu de* ou **a** few : *quelques*

Ex. : I have a few good friends, but few of them live in Paris : *j'ai quelques bons amis, mais peu d'entre eux vivent à Paris.*

➔ Autre source de confusion : some et any

- Dites-vous que l'emploi de **some** est toujours lié à la forme **affirmative**

  Ainsi, on l'emploie dans des phrases qui, même si leur structure est négative, ont tout-de-même un sens affirmatif.

  Ex. : l'expression d'une offre, d'une demande polie ou d'une suggestion. Ainsi, quand je propose à mon invité de prendre du pain, ma question : « voulez-vous du pain ? » équivaut à une offre : « prenez du pain ! »

  Je dirai donc en anglais : « do you want SOME bread? »

- À l'inverse **any** est lié à la forme **interrogative ou négative (ou à un doute)**. Ainsi, si je demande à mon invité : « Do you eat **any** bread? », il s'agit d'une simple **demande d'information** (très dissuasive quant à la réponse à donner !)

  Dans une phrase négative, **any,** ou ses composants, est **obligatoire**.

  Ainsi : I translated it without **any** dictionary (without : sens négatif)

  Ex. : he hardly eats **anything** : hardly : *à peine* : sens négatif.

- **Any, dans une phrase affirmative** prend le sens de **n'importe** qui, quel, où, quand...

  Ex. : my dog will eat anything : *mon chien mange n'importe quoi.*

- **<u>No et None of</u>** peuvent être suivis par un singulier ou par un pluriel : ils désignent une quantité nulle et sont toujours suivis d'un verbe à la forme affirmative.

  Ex. : none of my students was there.

- **None** employé seul est **pronom.**

  Ex. : "how many books did you buy?" "None".

- **<u>A lot of/lots of/plenty of</u>** s'emploient indifféremment avec un singulier ou un pluriel.
- **<u>Each</u>** correspond au français **chaque** : il s'emploie donc obligatoirement **avec un singulier dénombrable.** (erreur fréquente)

  Ex. : each of the Albanian immigrants dreams of going back to Albania one day.
- **<u>All</u>** (*tous, toutes*) s'emploie indifféremment avec un singulier ou un pluriel

  Ex. : all the children of the school, all Americans, all the whisky left, all the year round...
- Attention à la **<u>différence d'emploi entre all</u>** et **<u>the whole</u>** :

  Ex. : all the students had gone and the whole school was deserted.

> **all the** : porte sur **un ensemble d'éléments distincts** alors que **the whole** porte sur **une entité, un ensemble global,** donc obligatoirement un **singulier**.

- **<u>Most</u>** (*la plupart*) s'emploie avec **un singulier** ou **un pluriel** :

  Ex. : most students knowing their grammar, I don't see why I should explain this again.

  most of : lorsque le nom est déterminé : most of MY students...

Verbes à particules (suite)

to pass over : *omettre, négliger*
to play down/to downplay : *minimiser*
to pull apart : *démonter, mettre en pièces*
to pull away : *s'ébranler, démarrer* (vehicle)
to pull down : *baisser/démolir, abattre*
to pull in : *arriver* (train)
to pull off : *enlever*/to pull on : *mettre, enfiler* (gloves, boots)
to pull out : *s'ébranler démarrer/déboîter, sortir de la file* (car)/*arracher* (a tooth, hair, weeds : *mauvaises herbes*)
to pull over : *se ranger, se garer sur le côté*
to pull through : *s'en tirer, s'en sortir* (difficulties) : he has managed to pull through :*il a réussi à s'en tirer*
to pull oneself together : *se ressaisir, se reprendre*
to pull up : *s'arrêter* (vehicle, horse)
to pull up one's roots : *larguer ses amarres, se déraciner*
to put aside : *économiser*

to put away : *ranger/mettre de côté, économiser*

to put back : *remettre*

to put down : *reposer quelque chose à sa place/écraser une révolte/inscrire, noter*

to put forward : *avancer un argument*

to put in a claim : *faire une demande, une réclamation*

to put in for a job : *poser sa candidature*

to put off : *repousser, retarder/décourager*

to put on : *mettre un vêtement, affecter un air/allumer* (light)/(weight) : *prendre du poids*

to put out : *éteindre/*to be put out : *être dérangé*

to be put out by something : *se laisser démonter par…*

to put up someone : *héberger, loger quelqu'un*

to put up with something or someone : *supporter*

Étape 18

Vocabulaire de base

the fall-out : *les répercussions, les résultats*

Ex. : the fall-out of the storm was quite dreadful in the East of France.

radioactive fall-out : *les retombées radioactives*

Ex. : contrary to what the media had claimed, France was seriously contaminated by radioactive fall-out from Chernobyl.

to falter : to hesitate, to waver : *hésiter, chanceler, faiblir*

faltering steps : *des pas hésitants* (sens propre et figuré)

a faltering voice : *une voix tremblante*

farming : *l'agriculture.* **A farmer** : *un agriculteur.* **Farmland** : *les terres arables, cultivables*

a fashion :

1. une manière

Ex. : this works in a strange fashion : *cela marche d'une manière bizarre.*

Ex. : he manages the business **after a fashion** : … *tant bien que mal.*

2. une mode. To be in fashion : … *à la mode.* To be out of fashion : *démodé*

fashionable : *à la mode*

Ex. : French restaurants are quite fashionable in New-York.

fate : *le destin.*

a feature : *un trait caractéristique*

Ex. : one of the features of P.D. James's novels is that they are reminiscent of Britain (*ils rappellent l'Angleterre*).

to feature : *faire figurer, mettre en vedette*

Ex. : a film featuring Tom Cruise.

Ex. : the earthquake in El Salvador was featured on the front page of all newspapers.

to fight : *se battre, combattre*

Ex. : the G7 has decided to fight money laundering (le blanchiment d'argent) at all costs.

a fight : *une lutte*

fighting : *des combats*

Ex. : fighting had resumed once more in the Gaza Strip. (*la Bande de Gaza*).

a figure :

1. un chiffre

Ex. : the figures for lung cancer are increasingly alarming.

in round figures : *en chiffres ronds*

2. une silhouette

Ex. : she has a good figure : *elle est bien faite.*

to figure out : *arriver à comprendre*

Ex. : I just can't figure out how this programme works.

to fire : familier : *licencier, renvoyer*

Ex. : in the US you can be fired if you go on strike.

to fit : *équiper*

Ex. : all cars should be fitted with catalytic converters.

to fit in/into : *s'intégrer, s'insérer dans…*

Ex. : it is sometimes hard for immigrants to fit into our western society.

a fit : *une crise, un accès.* A fit of anger/laughter/epilepsy…

to be in fits : *se tordre de rire*

in fits and starts : *par à-coups*

a flaw : *un défaut, une imperfection*

Ex. : there always remain a few flaws in new car models.

flawless : *parfait, sans défaut*

Ex. : he speaks a flawless English.

to flee : *fuir*

Ex. : thousands of starving Sudanese have fled famine and slaughter.

a flight : *une fuite.* **To take to flight** : *prendre la fuite.* **A flight of capital abroad** : *une fuite de capitaux à l'étranger*

a flight : *un vol.* A firm **in the top flight** : *une entreprise prestigieuse*

a flight of stairs : *un escalier*

a flood : *une inondation, un déferlement*

to flood :

*1. inonder.***To flood the market** : *inonder le marché* (fig.)

2. envahir

Ex. : the crowd flooded into the streets.

Ex. : refugees are flooding across the Italian borders.

to flourish : to boom, to thrive : *être en plein essor*

Ex. : China represents a flourishing market for European industrialists.

to flout a rule : *passer outre, se moquer de, ne pas respecter* (*un règlement*)

to follow : *suivre.* To follow somebody's advice : *suivre les conseils de quelqu'un.*

to follow suit : *faire de même*

Ex. : if the EU member-countries agree upon this measure, Britan cannot but follow suit : … *l'Angleterre n'a d'autre choix que de suivre le mouvement.*

to fool : *duper*

Ex. : many gullible (*crédules*) buyers have been fooled by his fabulous promises.

a fool : an idiot : faux-ami : *un imbécile* (*pas un fou !*)

footing : *une position, une prise*

to be on an equal footing : *être sur un pied d'égalité*

to be on a friendly footing : *être en bons termes* (antonyme : on a war footing : *sur le pied de guerre*)

the fore : *l'avant.* **To come to the fore** : *se faire remarquer, se manifester*

the forefront : **to be at the forefront of** : to spearhead :*être à la pointe de…, à l'avant-garde de*

foregone : **it was a foregone conclusion** : *c'était à prévoir, c'était couru d'avance*

foremost : *éminent, de premier plan*

Ex. : a foremost scientist, a foremost artist.

a forename : *un prénom*. Également : **a first name** (*le mot* « Christian name » *n'est plus accepté : politiquement incorrect*)

foresight : *perspicacité, prévoyance*

Ex. : he had the foresight to invest his money carefully.

to forestall :

1. devancer : to forestall a competitor : *devancer un concurrent*

2. anticiper : to prevent by acting first

Ex. : we forestalled burglary by buying a watchdog : *nous avons prévenu tout risque de cambriolage en achetant un chien de garde.*

to forge : *contrefaire, faire un faux*

Ex. : the crook had forged his boss's signature.

a forger : *un faussaire*

forgery : *contrefaçon*. To be prosecuted for forgery : *être poursuivi pour faux et usage de faux*

forthcoming : Ex. : the forthcoming election : *les élections à venir.*

fortune : *fortune, chance.* **By good fortune/fortunately** : *par chance, heureusement*

fortunate : *chanceux*

friendly : *sympathique.* **User-friendly** *: facile d'emploi.* **Environment-friendly** *: non-polluant*

a fringe : *une marge, une périphérie*

Ex. : he lives on the fringe of society

a fringe group : *un groupe marginal*

fringe benefits : perks : *des avantages divers* (*non inclus dans le salaire…*)

to fuel : *attiser*

Ex. : the intervention of the police fuelled the crowd's anger.

to further : *faire avancer, favoriser*

Ex. : third world countries must further access to education.

Ex. : the sales of summer articles have been furthered by a long period of hot weather.

Grammaire : les indéfinis (suite)

- **Every** (de même que ses composés) **est toujours** suivi d'un **singulier** :

  Ex. : every street **was** packed with tourists.

  Ex. : everybody **was** in a hurry.

- **Both, either, neither** implique toujours **deux** éléments. Ils sont souvent suivis de « of them », « of us, of you… »

  Ex. : both my parents are teachers. Attention à l'ordre des mots !

  Ex. : I can't speak either Italian or Spanish.

- **Half** : s'emploie avec un singulier ou un pluriel :

  Ex. : he had emptied half the bottle/half the students were missing.

  N.B. : Attention à l'ordre des mots : half-an-hour, half a dozen, half a litre.

- **Enough** (*assez*). S'emploie avec un singulier ou un pluriel.

  Ex. : I haven't got enough money/I have invited enough people. Ordre des mots : ENOUGH peut se placer soit DEVANT soit DERRIÈRE le nom : on peut dire également : I haven't got money enough.

  Il s'emploie aussi comme adverbe :

  Ex. : he is rich enough.

  Dans ce cas il se place TOUJOURS DERRIÈRE l'adjectif.

  Ex. : I think this is difficult enough!

Much, many, little, few : peuvent se mettre au comparatif et au superlatif

Much, many : **MORE/THE MOST**

Little : **LESS/THE LEAST**

Few : **FEWER/THE FEWEST**

Ex. : those who spend the least have the fewest worries.

Ex. : I work more but I earn less.

Ex. : he has more money than me, but fewer friends.

Attention !

Les candidats confondent souvent : LESS (+ sing.) et FEWER (+ plur.). Certains Anglais ont tendance à mettre LESS partout, mais c'est incorrect.

Rappel : Après everybody, anybody, somebody, anyone, etc. on met un POSSESSIF PLURIEL

Ex. : everybody had brought their rackets.

Ex. : nobody had taken their raincoats.

- **Autres quantificateurs :**

- **Avec un singulier : a good deal of/a great deal of/a certain amount of/a small amount of/a large amount of**

- **Any amount of** : *énormément de* :

  Ex. : he eats any amount of vanilla ice cream : *il mange énormément de glace à la vanille.*

- **Avec un pluriel : a great many/a good many**

  Ex. : a great many people are disappointed by American foreign policy.

- **A number of/a large number of/a small number of/a certain number of :**

  Ex. : a large number of people have got mobile phones.

Verbes à particules (suite)

to ring up : *téléphoner*

to round up : (police) : *faire une rafle.* A round-up : *une rafle*

to rub out : *effacer* (*à l'aide d'une gomme*)

to rule out (a possibility) *: exclure*

to run after : *poursuivre*

to run down : *dire du mal, médire*/intr. *se décharger* (battery) *tomber en panne*

to be run down : *être épuisé* (after an illness)

to run into : *tamponner, heurter*/to run into (across) someone : *rencontrer par hasard*

to run out of : *être à court de* (food, supplies)

to run over : *renverser, écraser* (car)/*déborder* (milk)

to run up : *augmenter, accumuler, s'accumuler*/to run up debts : *s'endetter*

to run up against : *rencontrer* (difficulties)

to see someone in : *faire entrer quelqu'un*/to see someone off : *accompagner quelqu'un*

Ex. : *à la gare, à l'aéroport,* etc.

to see through someone : *ne pas se laisser duper par...*

to see to *: veiller à ce que*

Ex. : I'll see to it : *j'y veillerai*

to set about : *entreprendre, se mettre à*

to set aside : *mettre en réserve, mettre de côté*

to set back : *retarder*

to set down : *poser déposer/noter*

to set forth : *exposer, faire connaître* (idea)

to set in : *surgir, se déclarer* (difficulties, disease)

to set off/out : *se mettre en route*

to set off : *faire exploser* (bomb) *déclencher* (mechanism)

Étape 19

Vocabulaire de base

fuss : *agitation, bruit.* **To make a fuss** : *faire des histoires, faire tout un cinéma.*

to kick up a fuss : *protester, faire des histoires*

Ex. : local residents are kicking up a fuss about the new airport.

to gamble : *jouer.* To gamble in casinos

Ex. : to gamble on the Stock Exchange : *jouer à la Bourse*

to gamble with somebody's life

a gamble : *une entreprise risquée, un pari*

Ex. : the building of the Channel (*le Tunnel sous la Manche*) was first considered quite a gamble.

Ex. : this start-up is really taking a gamble since there are no investors at hand : *cette start-up prend un véritable risque puisqu'il n'y a pas d'investisseurs disponibles.*

a gap : *un fossé, un écart, un abîme*

Ex. : to bridge the gap between the rich and the poor : *combler le fossé entre les riches et les pauvres*

To narrow the gap : *réduire l'écart entre…* To widen the gap : *creuser l'écart*

garbage (US) : uncountable : *les ordures.* To dispose of garbage ; to dump garbage : *jeter les ordures*

a garbage can (US) : a dust bin (brit.) : *une poubelle*

to gather :

1. se rassembler

Ex. : the demonstrators gathered outside 10 Downing Street.

2. *réunir*

Ex. : the police couldn't gather enough evidence to trace the culprit.

3. comprendre

Ex. : I gather he has been dismissed : je crois comprendre qu'il a été renvoyé.

a gathering : *un rassemblement*

to gauge : *mesurer, jauger*

Ex. : the recent opinion polls are not an accurate gauge of popular opinion : *les sondages d'opinion récents ne reflètent pas une évaluation exacte de l'opinion publique.*

gender : *le sexe.* **A gender-bias** : *un parti pris sexiste*

a gender-balanced labour-market : *un marché du travail qui atteint un équilibre hommes-femmes. Gender discrimination*

to generate : to bring about : *susciter, générer*

genetic engineering/manipulations : *génie génétique, manipulations génétiques*

a gift : *un don, un cadeau/.* He has a gift for maths : *il est doué pour les maths.* A gifted child : *un enfant surdoué*

to get rid of : *se débarrasser*

Ex. : the Russians are at a loss as to how to get rid of their decommissioned nuclear arsenal (*les Russes ne savent pas comment se débarrasser de leur arsenal nucléaire hors service*)

good riddance! : *bon débarras !*

ghastly : *horrible, affreux*

Ex. : the climbers had ghastly weather conditions.

to give rise to : *engendrer, provoquer*

Ex. : the Royals' private lives give rise to a lot of gossip (*commérages*).

a glimmer : *une lueur*

Ex. : there remains **a glimmer of hope** to find the hostages alive : *il reste une lueur d'espoir de retrouver les otages vivants.*

a glimpse : *un aperçu.* **To catch a glimpse of...** : *entrevoir.* A glimpse into the future : *un aperçu de l'avenir*

globalisation : *mondialisation*

a goal : *un but, une finalité.* **To set a goal** : *fixer un but*

Ex. : he set himself the goal of winning the championship and did his best to achieve it.

goodwill : helpful attitude : *de la bonne volonté.* **A man of goodwill** : *un homme de bonne volonté.* **To show goodwill to/towards** : *faire preuve de bienveillance.* To do something with goodwill/in a spirit of goodwill : *de bon cœur*

golden : *doré.* cf. collocations idiomatiques, étape 23

goods : plur. : *marchandises, articles.* **Consumer goods** : *biens de consommation.* A goods train : *un train de marchandises*

to grab : *saisir*

Ex. : he grabbed my arm in terror.

Ex. : they are trying hard to grab a share of the market : *ils essaient à tout prix de prendre une part du marché.*

grade :

1. qualité

Ex. : high-grade steel : *acier de première qualité.*

2. échelon

Ex. : the lowest grade of skilled workers : *la catégorie la plus basse des ouvriers qualifiés.*

to make the grade : *se montrer à la hauteur, y arriver* scol. US : **to get good grades** : *avoir de bonnes notes* (brit. : marks). **To be in an upper grade** : *être dans une classe terminale.* (brit. : a form)

a graduate : *un diplômé de l'enseignement supérieur* (*licencié*)

to graduate : *obtenir un diplôme universitaire*

Ex. : he graduated **from** Oxford.

graduation day/graduation ceremony : *cérémonie de la remise des diplômes*

the greenhouse effect : *l'effet de serre.* **Greenhouse gases** : *les gaz à effet de serre (CFC)*

to greet : to welcome : *saluer, accueillir*

Ex. : the Pope was greeted by a crowd of enthusiastic pilgrims (*pélerins*).

Ex. : the tax-cut will be greeted with relief by all tax-payers *: la réduction d'impôts sera accueillie avec soulagement par tous les contribuables.*

gross : faux-ami : *énorme*

Ex. : this was a gross miscalculation : *une énorme erreur de calcul*

a guest : *un invité.* A guest of honour

a guestworker : *un travailleur immigré*

the guidelines : *les lignes directrices, les directives*

Ex. : the Secretary for Education has laid down guidelines for his coming reform.

guilty : *coupable.* To plead guilty : *plaider coupable*

a gutter : *un caniveau*

the gutter press *:* (très péjoratif) *: la presse à scandale, la presse à sensation*

guts : *tripes, intestins. courage* (fig.)

Ex. : no one had the guts to tell the boss he was wrong.

a habit : *une habitude.* To fall into the habit of... To do something **out of habit/ from habit** : *par habitude*

to hamstring : *paralyser, entraver*

Ex. : the minister's action was hamstrung by the Trade Union's industrial action

to handpick : *choisir avec soin, sélectionner, trier sur le volet*

Ex. : these extremely selective French "Grandes Écoles" are known to handpick their candidates.

Grammaire : les adjectifs qualificatifs

➔ Rappel : les adjectifs sont invariables en anglais !

Si certains adjectifs pourtant, semblent prendre la marque du pluriel, c'est qu'ils fonctionnent comme des **noms** :

Ex. : the under-fours : *les enfants en dessous de quatre ans*. On trouve également, dans cette catégorie : the greens, the newly-weds (*les jeunes mariés*), the over-sixties, perishables (*des denrées périssables*), the elders (*les aînés*), etc.

➔ Les adjectifs substantivés

Contrairement au français, vous ne pouvez pas utiliser un adjectif seul au singulier :

Ex. : *un aveugle, un handicapé, un blanc*. Il faut, en anglais, donner à l'adjectif ainsi employé le support d'un NOM ou d'un PRONOM : a blind man, (ou woman, ou child, etc.), a handicapped person, a white citizen, give me the cheaper one, etc.

Les adjectifs substantivés anglais ont toujours un sens PLURIEL. The rich : **les** riches, the French : **les** Français (au singulier, il faudra dire a Frenchman, a French woman, a French person).

The jobless : *les chômeurs*/the homeless : *les sans-abri*

The dead and the wounded : *les morts et les blessés*

➔ Fonction des adjectifs

- Certains adjectifs anglais **ne peuvent s'employer que comme ATTRIBUT** : Il faut les connaître :

  awake, alive, asleep, alone, ashamed, afraid, alike, cross (*fâché*), ill, glad, drunk. Donc : he is ill (impossible de dire an ill man).

- D'autres adjectifs **sont toujours ÉPITHÈTES** :

  Mere, utter

  Ex. : he is a mere criminal, he is an utter criminal : *c'est un vrai criminel.*

  De même : main, chief, sole (Ex. : she was his sole consolation) only, living…

➔ Les adjectifs sont souvent suivis d'une préposition

Il faudra apprendre par cœur la liste de ces adjectifs.

Ex. : good **at,** interested **in,** full **of**, keen **on**, engaged **in**, devoid **of**, responsible **for**…, etc.

➔ La formation des adjectifs

À revoir dans votre livre de grammaire. Voyez surtout les différents préfixes et suffixes : ils vous aideront à trouver certains adjectifs par vous-mêmes.

Reprenez également la question des adjectifs COMPOSÉS : elle est essentielle.

Revoyez la règle concernant **l'ordre des adjectifs** en cas d'adjectifs multiples

➔ Les participes sont souvent employés comme adjectifs

Il ne faut surtout pas confondre, dans ce cas, **participe présent et participe passé** : erreur très fréquente dans les copies.

Liste des principaux couples de participes qui donnent lieu à de malheureuses confusions :

amusing/amused
annoying/annoyed
boring/bored
shocking/shocked
disappointing/disappointed
exciting/excited
interesting/interested
moving/moved
surprising/surprised
tiring/tired, etc.

Verbes à particules (suite)

to set up : *s'établir/placer, installer/fonder* (school, institution)

to show through : *transparaître, se voir au travers*

to show off : *crâner, faire le malin, frimer*

to sit about (around) : *rester assis à ne rien faire*

to sit back : *se caler dans un fauteuil*

to sit up : *se redresser, s'assoir droit sur sa chaise*

to speak up : *parler haut*

to stand by : *se tenir prêt*

to stand for : *représenter* (a symbol)/to stand for (election) : *se présenter*

to stand up to : *résister*

to stand out : *ressortir, sauter aux yeux*

to be taken aback : *être décontenancé, déconcerté*

to take after : *ressembler à* (one's parents)

to take down : *prendre des notes*

to take for : *prendre pour, confondre*

to take in : *duper/comprendre, se rendre compte*

to take off : *enlever un vêtement/décoller* (plane)

to take on : *se charger de, entreprendre/assumer* (responsibilities)/*accepter un défi* (a challenge)

to take out : *enlever, extraire/sortir quelqu'un* (to a restaurant)

to take over : *prendre la suite, prendre le relai/prendre le pouvoir*

to take to : *s'adonner/éprouver de la sympathie pour*

to take up : *se mettre à, s'adonner à* (une activité)

to talk back : *répondre avec insolence*

to talk someone into V-ing : *amener quelqu'un à faire quelque chose à force de bonnes paroles*

to talk over : *discuter de, débattre* (a problem)

to tell off : *réprimander, gronder*

to throw away : *jeter, gaspiller*

Vocabulaire de base

a hardliner : *un extrémiste pur et dur*. Adject. : **a hardline attitude**

a harbour : *un port, un refuge, un hâvre*

to harbour : *héberger, garder*

Ex. : the IRA is accused of harbouring terrorists : *protéger, cacher.*

to harbour fear, hopes, suspicions : *entretenir, nourrir*

hardship (often uncountable) : *souffrances, épreuves*

Ex. : many students are undergoing severe financial hardship.

Hardships : *des privations.*

hardware : uncountable : *quincaillerie, matériel informatique, matériel militaire*

Ex. : the Russians are suspected of selling off their military hardware to the Middle East.

a harvest : *une moisson, une récolte* (sens propre et figuré)

Ex. : in the wake of a poor harvest the Sudanese population is starving once more.

Ex. : this scandal produced a rich harvest of press articles.

Ex. : the government is now reaping the harvest of its past mistakes (*récolter les fruits de…*). To harvest : *récolter*

a haven : *un refuge, un hâvre.* **A tax haven** : *un paradis fiscal*

N.B. : Ne pas confondre avec le mot heaven, voir ci-dessous.

the head : *la tête*

Ex. : astronomy goes completely over my head : *me dépasse complètement.*

from head to toe/from head to foot : *de la tête aux pieds*

Ex. : she is **head over heels** in love : *elle est éperduement amoureuse*

to be heading for : to move towards : *aller vers*

Ex. : you're heading for trouble : tu vas tout droit vers des ennuis.

Ex. : this firm is heading for disaster/for bankruptcy.

Ex. : he is heading for victory : il va tout droit vers la victoire.

health : *la santé*

To drink to someone's health

To be in good/poor health

healthy : *sain*. A healthy mind in a healthy body

Ex. : he leads a healthy business (fig.)

Ex. : a healthy economy.

heat : *la chaleur*

Ex. : in the heat of the argument : *dans le feu de la discussion* (fig.).

The issue was debated with some heat : *cette question a fait l'objet d'un débat animé.*

heaven : *le ciel, le paradis*

To be in seventh heaven

Ex. : to be with him (her...) is heaven on earth.

the heyday : the golden age : *l'âge d'or*

Ex. : the fifties were the heyday of American musicals : *les années cinquante furent l'âge d'or des comédies musicales américaines.*

to hike : *faire des randonnées.* **To hitch-hike** : *faire de l'auto-stop*

US : *augmenter.* **A hike** : *une augmentation*

Ex. : **tax-hikes** are understandably unpopular : *on comprend que les augmentations d'impôts soient impopulaires.* **a wage-hike, a salary-hike**.

a hint : *une allusion.* **To hint at** : *faire allusion à...*

to hire : *1. emprunter, louer. 2. embaucher*

Ex. : the company will hire another hundred workers.

to hire and fire : *système (américain) qui consiste à embaucher puis à licencier*

to hit : *frapper.* **To be hard-hit** : *être durement touché*

Ex. : the Stock Exchange has been hard-hit by the Asian crisis.

a hit-list : *une liste noire*

Ex. : the victim clearly was on IRA's hit-list.

HIV-positive : *séropositif.* (Human Immunodeficiency Virus)

a home : *un foyer.* **A home for the elderly,** an old people's home. A children's home

The Home Office (*au Royaume-Uni*) : *le ministère de l'Intérieur*

The Home Secretary : *le ministre de l'Intérieur britannique.* (US : the Secretary of the Interior)

the homeless : *les sans-abri.* **Homelessness** is one of the scourges of our society.

a hollow : *un creux*

Ex. : she holds him in the hollow of her hand : *elle le mène par le bout du nez. (mot à mot : elle le tient dans le creux de la main)*

hollow : *vide, creux.* **Hollow promises**. A hollow laugh : *un rire jaune*

to beat hollow : *battre à plates coutures*

a hostage : *un otage.* **To take/hold/someone hostage**

hot : *chaud.* This subject is **too hot to handle** : *épineux* (fig.). **To be in hot water** : *être dans le pétrin.* **A hot tip** : *un tuyau sûr.* **Hot air** : *du blablabla.* A hot potato : familier : *un sujet trop délicat à traiter*

a hotline : *un numéro vert. Le téléphone rouge* (*entre chefs d'état*)

a hotbed of social unrest : *un foyer d'agitation sociale*

to hover :

1. planer au-dessus de

Ex. : the eagle was hovering over its prey.

to be hovering between life and death : *être entre la vie et la mort.*

The exchange rate is hovering around 140 yen to the dollar : *le taux de change se situe aux alentours de…*

2. hésiter

Ex. : he is hovering between two jobs : *il hésite entre deux emplois.*

a hunter : *un chasseur.* A head hunter : *un chasseur de têtes.* A man hunt : *une chasse à l'homme.* He is hunting for a job : *il est à la recherche d'un travail.* She is **on the hunt for** a husband.

to hush : *faire taire.* **A hush** : a silence : a deadly hush : *un silence de mort*

hush-money : *le pot-de-vin que l'on donne pour acheter le silence de quelqu'un*

to hype up : *gonfler artificiellement, faire mousser*

Ex. : Diana's death was shockingly hyped up.

to ignore : faux-ami : *ne pas tenir compte de*

Ex. : we can't go on ignoring the sorry plight of the undocumented immigrants (*les sans-papiers*)

an imbalance : *un déséquilibre.* **A trade imbalance** : *un déséquilibre commercial*

to impair : *détériorer*

Ex. : the negociations were considerably impaired by street demonstrations : *les manifestations ont considérablement porté atteinte aux négociations.*

impaired health/eyesight : *une santé détériorée, une vue abîmée*

impending : *imminent*

Ex. : the impending election.

to imply : *impliquer*

Ex. : streamlining a firm necessarily implies shedding jobs (*des suppressions d'emploi*). **An implication** : *une insinuation ; une implication.*

to impoverish : *appauvrir.* **Impoverishment** : *appauvrissement*

an incentive : *un encouragement*

Ex. : the difficulty of the challenge is an incentive for us to work hard.

income (uncountable) : *des revenus.* **Income tax** : *impôt sur le revenu.* Income support : *le R.M.I.*

Low income families : *les familles à revenu modeste*

inconsistent : *incohérent.* **Inconsistency** : *l'incohérence*

Ex. : these two arguments are inconsistent : *sont contradictoires*

industrial action : *un mouvement revendicatif*

Ex. : the traffic was blocked because of industrial action by French lorry-drivers (*camionneurs*).

an industrialist : un industriel

Grammaire : les adjectifs (suite)

➔ Les adjectifs numéraux

Remarque

En général, les candidats ne savent pas dire un nombre sans hésiter ni bégayer. Ceci est important à l'oral, car beaucoup d'articles contiennent des nombres ou des dates qu'il faut citer. Il faut donc vous entraîner intensivement.

➔ Règles de base

- **Il n'y a pas d'« S » aux numéraux,** donc : **Three hundred** and twenty-four/four **million** people/two **thousand** refugees…

  Par contre, vous direz : « there were **thousands of** refugees » : ici thousand **a la fonction d'un nom** : *des centaines de…*

- N'oubliez pas de dire AND entre les centaines et les dizaines.

  Ex. : the year 2003 : two thousand **and** three.

- **Attention à l'ordre des mots** : **L'adjectif numéral est en seconde place** :

  Vous direz « the last three films » (comparez avec le français !), the next two weeks, etc.

- Retenez aussi **certaines expressions idiomatiques** :

  the last but one : *l'avant dernier*/**the second last/the third last**

  I have told you **umpteen times** : *x fois*

  For the umpteenth time : *pour la énième fois*

➔ Le comparatif et le superlatif : rappel

La formation du comparatif et du superlatif varie selon la longueur de l'adjectif ou de l'adverbe. Il faut toujours vous rappeler la **distinction entre ADJECTIF COURT ET ADJECTIF LONG**. On considère comme courts les adjectifs d'une seule syllabe ou de deux syllabes terminés par -y.

Tous les autres adjectifs sont considérés comme longs.

Le comparatif de supériorité

Adj. court : adj.+ ER... THAN

Adj. long : MORE + Adj. + THAN

Le comparatif d'égalité et d'infériorité

Ne fait pas la différence entre long et court. Il se construit sur un schéma unique :

As + Adj. + As

À la forme négative, le comparatif d'égalité peut servir de comparatif d'infériorité : NOT AS + adj + AS.

On peut aussi avoir recours au comparatif de supériorité de l'adjectif contraire :

Ex. : not as old as = younger than.

Le superlatif : (N.B. : N'oubliez jamais l'article THE, dans tous les cas)

Adj. court : THE + adj + EST.

Adj. long : THE MOST + adj/adverbe

Revoyez les comparatifs et superlatifs IRRÉGULIERS

good/well : better – the best

bad/ill/badly : worse – the worst

far : further ou farther

Ex. : ask me, if you want any further details.

Ex. : the Isle of Man is much farther than the Isle of Wight.

old : older ou elder (lorsqu'il s'agit des membres d'une même fratrie)

Ex. : my elder brother

Ex. : the eldest of the three children. **N.B.** : elder ne peut pas être construit avec « than ».

Attention aux adjectifs composés avec well – good – et ill :
well-known/better known/the best known
well-dressed/better dressed/the best dressed
well-kept/better kept/the best kept
good-looking/better looking/the best looking
ill-timed (*inopportun*)/worse timed/the worst timed, etc.

Verbes à particules (fin)

to throw down a challenge : *jeter un défi*
to throw off : *se libérer de, enlever*
to throw out : *jeter, mettre au rebut, expulser*
to throw up : *lancer en l'air/vomir*
to turn down : *décliner une offre/refuser un candidat*
to turn into : *convertir, transformer, se transformer en…*
to turn on/off : *allumer, éteindre une lumière*
to turn up/down : *augmenter, baisser le volume/*to turn up : *arriver à l'improviste*
to turn out : *vider, évincer/tourner, prendre tournure/s'avérer*
to wait for somebody/something : *attendre*
to wait on somebody : *servir quelqu'un*
to wash up : *faire la vaisselle*
to wear away : *disparaître graduellement*
to wear out : *user, s'user*
to work out a problem : *résoudre un problème*
to be worn out : *être épuisé* (person)

Étape 21

Vocabulaire de base

to inflict : *infliger*

Ex. : the storm inflicted a lot of damage all across the country : *la tempête a causé beaucoup de dégâts.* The flood inflicted heavy casualties : *a causé de lourdes pertes humaines*

the influential : *les puissants*

an influx : an inflow : *un afflux*

Ex. : there is a great influx/inflow of tourists in summer.

to inquire : *se renseigner, s'informer*

an inquiry : *une demande de renseignements, une enquête.* To hold/to conduct/ an inquiry

an inroad : *une incursion.* **To make inroads into** someone's rights : *empiéter sur…*

Ex. : they have made significant inroads into the market : *ils ont fait une percée significative sur le marché.*

an instance : *un exemple.* **In the present instance** : *en l'occurrence*

a serious instance of sleaze : *un cas sérieux de corruption*

an insurance : *une assurance.* Life-insurance : *une assurance-vie*

to intend : *avoir l'intention.* This measure intends to help the young unemployed : *est destinée à…*

he intended no harm : *il l'a fait sans mauvaise intention*

the intended victim of the bomb attack : *la victime visée par l'attentat*

an intent : *une intention*

Ex. : it was not the minister's intent to be unfair to farmers : *ce n'était pas dans l'intention du ministre d'être injuste envers les agriculteurs.*

with good intent : *dans une bonne intention*

to be intent on : *être absorbé par…/être décidé à.*

Ex. : the junior executive was intent on his work : *le jeune cadre était absorbé par son travail*

Ex. : he was intent on landing the job : *il était déterminé à obtenir ce travail.*

to interfere : *s'ingérer, se mêler de…*

Ex. : African states are reluctant to see the UNO interfere in their domestic policies.

interference : *ingérence*

Ex. : if we meddle with Algerian affairs, we are automatically accused of interference.

intricacy : *la complexité*

Ex. : it is quite difficult to understand the intricacy of our tax laws.

intricate : *compliqué*

Ex. : to most Europeans, the Euro still appears to be an intricrate concept.

a jail : *une prison*

Ex. : he got a three-year jail sentence/a lifelong jail sentence.

to jail somebody for… : *mettre en prison*

Ex. : he was jailed for murder.

to jeopardize : *mettre en danger, menacer*

Ex. : the ozone layer is severely jeopardized by CFCs.

to be in jeopardy : *être en danger*

Ex. : the survival of the whole species is in jeopardy.

the jobless : *les chômeurs.* **Joblessness** : *le chômage*

a joke : *une blague, une plaisanterie.* **To joke** : *plaisanter, blaguer*

a jump : *un bond.* A jump in profits, sales, prices

to jump : *bondir.* **To jump at an offer** : *sauter sur une offre*

to jump to conclusions : *tirer des conclusions hâtives.* Cf. expressions idiomatiques, étape 36

junk : *de la camelote, des objets sans valeur, du kitsch.* **A junk heap/a junk yard** : *une décharge.* **Junk food** : *de la nourriture de mauvaise qualité*

Ex. : many Americans are obese because they feed on junk food. **A junkie** : un drogué.

a knock-on effect : *une répercussion immédiate*

Ex. : economic recovery will have a knock-on effect on sales.

the know-how : *le savoir-faire*

Ex. : after all these years in the job he has acquired a lot of know-how.

Ex. : you do need a modicum of know-how to operate a computer : *il faut un minimum de savoir-faire pour se servir d'un ordinateur.*

to lack : *manquer de…*

Ex. : all school-leavers want to go to University while we actually lack skilled craftsmen (*artisans qualifiés*).

a lapse : *une défaillance.* **A lapse of memory** : *un trou de mémoire*

lapses of judgement : *des erreurs de jugement*

a lapse of time : *un laps de temps.* After a lapse of two weeks : *après un intervalle de 2 semaines*

large-scale : *de grande ampleur*

Ex. : a large-scale phenomenon

to last : *durer*

Ex. : the crisis can't last forever.

to launch : *lancer*

Ex. : the firm has launched an advertising campaign in favour of the product.

Ex. : the launching of Ariane has been an all-out success.

to launder (money) : *blanchir de l'argent*. **Money laundering** : *le blanchiment d'argent*

a lawyer : *un avocat*

a layman : *un profane, un débutant, un non-initié*

Ex. : in terms of computer science, he is still a layman.

a lay-off : *un licenciement*. **To lay off** : *licencier/mettre au chômage technique*

to leak : *1. fuir (tuyau, toit)* ; *2.* to leak information : *divulguer*

a leak : *une fuite*. A radioactive leak

to leap : *faire un bond*

Ex. : the price of petrol has lept over the past year.

leave : *un congé*. **Sick leave, a maternity leave**. **To take French leave** : *filer à l'anglaise*

to lend : *prêter*. **A loan** : *un prêt*. A student loan : *un prêt étudiant*

to lessen : *diminuer*. The political tension is lessening

lethal : *mortel*

Ex. : drugs can be lethal in the long run (*à la longue*)

leeway : *liberté d'action*

Ex. : we want more leeway to make decisions. **To lack leeway** : *manquer de marge de manœuvre*

a level : *un niveau*

Ex. : the level of unemployment is alarming.

to level off/out : *se stabiliser*

Ex. : the figures of unemployment are levelling off.

Grammaire : les adjectifs qualificatifs (suite)

➔ Comparatif progressif

adj +ER and adj + ER

ou : More and more + adj.

Ex. : he is getting fatter and fatter (*de plus en plus gros*).

Ex. : these lessons are getting more and more complicated.

De même avec **less** and **less**.

➔ Variation parallèle

The adj + ER... The adj + ER.

THE MORE + adj... The MORE + adj.

(ou THE LESS... THE LESS)

Ex. : the younger they are, the prettier. (on peut occulter le verbe).

Ex. : "the more I see you, the more I need you..." (cf. Elvis Presley!)

Ex. : the fewer accidents there are, the better : *moins il y a d'accidents, mieux ça vaut.*

➔ Variation consécutive : D'autant plus... que/d'autant moins... que

ALL THE adj + ER... AS/ALL THE MORE adj... AS

Attention ! Ne confondez pas avec un comparatif de supériorité : le deuxième terme n'est donc pas THAN !

Ex. : he was all the more excited **as** he had not expected her.

Ex. : new cars are all the cheaper **as** you get a subsidy from the government.

➔ Cas spécifiques

➘ Traduction de : « deux fois plus », « deux fois moins »

Attention ! Souvent les candidats se trompent.

Deux fois plus : **twice as... as**

Ex. : it took me twice **as** long **as** I had expected.

Ex. : this summer it has rained twice as much as usual.

Deux fois moins : **half as... as**

Ex. : he sleeps half as much as I do.

N.B. : À partir de trois fois, on utilise le comparatif

Ex. : he is three times taller than her.

Ex. : It is ten times easier.

➘ Traduction de quatre, cinq, dix, cent fois, etc.

To grow **fourfold, fivefold, sixfold, tenfold, a hundredfold**, etc.

Comparaison entre deux seuls éléments

L'anglais **utilise le comparatif**, comme le latin ou l'allemand (Ex. : validior manuum : *la plus forte des deux mains*/die schönere der zwei Schwestern : *la plus jolie des deux sœurs…*), alors que le français utilise le superlatif :

Ex. : c'est la plus jolie des deux sœurs : she is **the prettier** of the two sisters.

Ex. : I'll take the less expensive of the two books.

Complément du superlatif

Là aussi, ne vous référez pas au français

Ex. : she is the prettiest girl **in** the village (et pas « of ») : *c'est la plus jolie fille du village*

Ex. : the Twin Towers are the highest skyscrapers **in** New-York.

Emplois idiomatiques du comparatif

Dans certaines expressions idiomatiques les adjectifs sont au comparatif alors qu'ils ne le sont pas en français. Exemples :

La jeune génération : **the younger generation**

L'ancienne génération : **the older generation**

La bourgeoisie : **the upper class** (the lower class)

Le sexe fort (faible). The **stronger sex**, **the weaker sex**

Un moindre mal : **the lesser evil**

La Chambre haute/basse : **the Upper House/the Lower House**

Autre emploi : the former… the latter

(Le premier… le dernier). Erreur fréquente !

Ex. : I have read books by Patricia Highsmith and by P.D.James : I prefer the former : they are more exciting than the latter.

Superlatif absolu avec « Most »

Le superlatif absolu se forme en faisant précéder l'adjectif de certains adverbes intensifs comme extremely, very, ever so, most…

Ex. : the situation is most embarrassing : *… des plus embarrassantes…*

Ex. : she is a most brilliant student :*extrêmement brillante.*

N.B. : **L'ordre des compléments dans une phrase**. Si vous avez à placer plusieurs compléments dans une phrase, rappelez-vous que l'ordre de préséance n'est pas le même qu'en français. Retenez le mot : **SWOMPT : subject – verb – object – manner – place – time**.

Ex. : he picked up the gun most carefully in the dustbin after a few seconds of hesitation.

Acquisition d'un anglais idiomatique : les collocations

Remarque

On appelle collocations des mots que l'on retrouve fréquemment associés dans la langue courante. Le fait de connaître et d'utiliser ces associations de mots vous fera non seulement gagner du temps, mais vous permettra de vous exprimer de façon élégante et idiomatique. Nous allons étudier dans les étapes suivantes plusieurs types de collocations, qui, bien sûr, reprennent le vocabulaire de base étudié par ailleurs.

Adjectif + nom/adverbe + adjectif

it is abundantly clear that : *il est tout à fait clair que…*

to beat hollow : *battre à plates coutures*

a bold decision : *… courageuse*

a blatant violation, a blatant lie, a blatant injustice : *criant, criante*

once in a blue moon : *tous les trente six du mois*

to feel blue : *avoir le cafard*

out of the blue

Ex. : the announcement came out of the blue : *de manière inattendue*

blue chips : (Stock Exchange) : *des placements sûrs ; des placements de père de famille*

a blue joke : *une blague salée*

a blueprint : *un avant-projet*

brand new : *flambant neuf*

a burning issue : *un sujet brûlant*

… of cardinal significance : *de portée capitale.* An event of cardinal significance

Étape 22

Vocabulaire de base

a lid : *un couvercle.* **To take the lid off something** : *révéler* (fig.)

Ex. : this article takes the lid off a new affair of sleaze and bribery; **to keep the lid on a scandal/to cover up/to hush up** : *étouffer*

this puts the lid on it! : *c'est le comble !*

life : *la vie.* **Life expectancy** : *l'espérance de vie.* **Life imprisonment** : *à perpétuité*

to lift : *1. soulever. 2. supprimer*

Ex. : to lift sanctions : *lever les sanctions*

shoplifting : *vol à l'étalage*

light : *la lumière*

Ex. : the incident revealed him in a new light (fig.). **To shed new light on** a subject

to come to light : *être dévoilé.* **In the light of what you say…** : *à la lumière de…*

one can see the light at the end of the tunnel… (fig.)

can you give me a light? *avez-vous du feu ?*

the likelihood : *la probabilité*

there is little likelihood that he will come : *il y a peu de chances…*

it will rain in all likelihood : *il est fort probable qu'il pleuve*

to liken to : *comparer à*

Ex. : the situation can be likened to a time bomb (*bombe à retardement*).

likeness : *la ressemblance*

Ex. : the twins can't be told from each other because of their startling likeness. **To bear a likeness to something/someone** : *ressembler à.*

a link : *un maillon, un lien.* There must be a link between these two events. To break off diplomatic links.

the two companies are tightly linked : *étroitement liées.* He is alleged to be linked to/with the murder of this Corsican nationalist : *on dit qu'il est lié au meurtre de ce nationaliste corse.*

litter : (uncountable) *détritus, ordures*

Ex. : the sight of all that litter along the streets is quite depressing.

to litter : *joncher*

Ex. : the street was littered with broken bottles : *des tessons de bouteilles jonchaient la rue.*

Ex. : the letter was littered with mistakes : *la lettre était truffée de fautes.*

Ex. : the fields are littered with anti-personnel mines : *les champs sont truffés de mines anti-personnel.*

livelihood : to earn one's livelihood : *gagner sa vie*

Ex. : the livelihood of small farmers is at stake : *le gagne-pain des petits agriculteurs est mis en cause.*

lively : *vivant, énergique*

a load : *un chargement*

Ex. : the lorry-drivers dumped their loads of apples on the road.

to lobby : *faire pression pour...*

Ex. : the democrats are lobbying for a reduction in defence expenditure : *les démocrates font pression pour que l'on réduise les dépenses militaires.*

to long for : *se languir de, avoir fortement envie de...*

Ex. : lots of undocumented immigrants (*sans papiers*) are longing for the state to give them a legal status.

to look down upon (on) : *mépriser.* **To look up to...** : *respecter*

Ex. : the Russians have no credible leader to look up to.

to look forward to + V-ing : *se réjouir pour, espérer vivement*

Ex. : all students are looking forward to becoming economically independent (self-supporting).

to loom (on/over) : *être menaçant, surgir à l'horizon (de manière menaçante)*

Ex. : a dramatic crisis is looming over Russia. **To loom large** : Another earthquake is looming large : *est dangereusement menaçant*

looming : *menaçant*

a lorry (brit.) : US : a truck : *un camion*

to lower : *baisser*

Ex. : the government has promised to lower income tax.

luck : good fortune : *la chance.* Good luck! : *bonne chance !*

the lucky winner : *l'heureux gagnant.* **A lucky strike** : *un coup de chance*

luggage uncountable. : *les bagages*

to make do with... : *se contenter de*

Ex. : lots of part-time workers have to make do with modest wages.

to make it : *réussir*

Ex. : we've made it!

to make the most of... : *tirer le meilleur parti de*

Ex. : our finance Minister seems to be determined to make the most of economic recovery. Cf. collocations idiomatiques, étape 29.

to manage : *réussir à*

Ex. : after 10 days the team managed to rescue a victim that was still buried in the rubble (*les décombres*).

the management : *la direction, la gestion.* **The managing director** : *le directeur général.* (the chief executive). **The managerial ranks**

mandatory : compulsory : *obligatoire*

Ex. : mandatory/compulsory school attendance : *la fréquentation obligatoire de l'école. Mandatory sanctions : des sanctions automatiques*

manslaughter : *homicide involontaire*

to manufacture : *fabriquer.* Manufactured goods : *des produits manufacturés*

manufacturing industry : *l'industrie de transformation*

to mar : *gâcher*

Ex. : the football game was marred by the rowdy behaviour of hooligans : *le match a été gâché par le comportement bagarreur de hooligans.*

a margin : *une marge.* **A safety margin** : *une marge de sécurité.* **A profit margin** : *marge bénéficiaire.* **A margin of error** : *une marge d'erreur*

market : *un marché.* **The market place** : *le marché*

Ex. : the market place has been somewhat affected by the Russian crisis. A market economy. **The job market** : *le marché du travail.*

to match : *égaler*

Ex. : living conditions in Eastern Europe do not match our living conditions in the West.

to maximize : *porter au maximum*

Ex. : we must maximize our chances of success.

a mayor : *un maire*

a means : *un moyen.* **By all means** : *par tous les moyens*

membership : *adhésion.* His membership of the Royal Academy gave him a lot of kudos. (prestige)

mere : sheer : *simple*… This is a mere question of time (a sheer question of time).

Grammaire : les noms

➔ Dénombrables et indénombrables

Il faut savoir que la distinction entre ces deux catégories de noms est fondamentale en anglais.

Sont dénombrables, (countable) les noms que l'on peut compter, qui peuvent donc se mettre au pluriel et prendre l'article indéfini A/AN. Les seconds (uncountable) ne peuvent pas se compter, donc ne pas se mettre au pluriel et ne peuvent prendre l'article A, AN.

➔ Sont dénombrables

La plupart des noms concrets : person, house, garden…

➔ Sont indénombrables

- La plupart des **noms abstraits** : laziness, happiness, health, violence…
- Les **noms de substances** : iron, water, air, paper, carbon monoxyde…
- **Certains noms concrets** (dénombrables en français !) :

  luggage, furniture, property, garbage, waste, litter, trash, damage, advice, news, information, evidence, leisure, work, luck, crockery, cutlery, jewellery, butter, toast, bread…

  N.B. : Si l'on veut mettre certains de ces noms au singulier, il faut dire :
  a piece of luggage : *un bagage*/a piece of furniture : *un meuble*
  a piece of news : *une nouvelle*/a piece of advice : *un conseil*
  a piece of information : *une information*/a piece of evidence : *un témoignage*

- **Les noms terminés en -ICS**, désignant des sciences, sont suivis d'un singulier lorsqu'ils désignent la science elle-même et d'un pluriel s'il désignent une application pratique de cette science.

  Ex. : mathematics **is** an abstract science/my mathematics **are** hopeless.

  Ex. : economics **is** one of the social sciences/the socialist economics **have** proved to be a failure.

- Autres noms terminés par un -S

  Des noms de jeux : billiards, darts (*fléchettes*)

  Des noms de maladies : measles (*rougeole*), mumps (*oreillons*)

  Des noms de bâtiments : a barracks (faux ami) *: caserne,* a works : *une usine*

  Des noms de lieux : a crossroads (*carrefour*), a gallows (*un gibet : il en existe encore en Angleterre !*)

  Le mot NEWS est toujours au **singulier**

  Ex. : the news is at eight. Pour dire UNE nouvelle, il faudra dire : a news item/a piece of news.

  Autres noms singuliers en -s : a shambles, a series, a means.

Remarque

Les noms de pays au pluriel prennent un verbe au singulier.

Ex. : Wales is a rainy country.

Ex. : the United States **has** become the world's policeman.

Ex. : the United States has started an economic recovery.

Ex. : the Netherlands applies a very lax anti-drugs policy.

Ex. : the Phillipines has a high level of prostitution.

- Noms pluriels qui n'ont pas de singulier

- Les objets formés de deux parties symétriques : **des vêtements**

  Ex. : trousers, pyjamas, trunks, shorts, pants, overalls

  Des outils : scissors, scales, clippers, nut-crackers, compasses

  Pour mettre ces noms au singulier il faut avoir recours au terme « a pair of » :

  Ex. : a pair of scissors was hidden under the pillow.

- Les mots : clothes, goods, savings, riches, contents, morals

- **Le mot people** est un pluriel qui n'a pas de singulier.

  (tout comme en français il n'y a pas de singulier pour *gens*)

  Ex. : there were four people sitting in the waiting room. Pour le singulier, on dira : a person

  N.B. : Lorsque people est dénombrable, il désigne un peuple :

  Ex. : the peoples of Africa.

Collocations idiomatiques : adjectif + nom/adverbe + adjectif

careful consideration : *une mûre réflexion.* After careful consideration… : *après mûre réflexion…*

a contentious issue : *une question litigieuse, controversée*

conventional wisdom : *une idée reçue*

Ex. : conventional wisdom has it that… : *on dit communément que…*

crippling taxes : *des impôts écrasants*

current events : *l'actualité*

to be dead broke : *être fauché comme les blés* (familier)

to be dead certain about something : *être absolument certain*

to be dead drunk : *être ivre mort*

to be dead easy : *être facile comme bonjour* (familier)

to be dead tired : *être éreinté* (familier)

to arrive dead on time : *être pile à l'heure*

a decisive blow : *un coup décisif*

a deeply ingrained/deeply entrenched/habit/belief/hatred : *... profondément enraciné*

deep-rooted : idem

to be deeply resistant to : *résister fortement à...*

deeply affected, deeply concerned : *profondément affecté*

in dire straits : *dans une situation désespérée* (*financièrement*)

dire poverty : *pauvreté extrême*

a dire need/a dire necessity : *un besoin urgent*

a dramatic drop : *un effondrement spectaculaire*

a dramatic change : *un changement spectaculaire*

a drastic measure : *une mesure draconienne*

a drastic remedy : *un remède radical*

drastically different : *radicalement différent*

dripping wet : *ruisselant*

an egregious error : *énorme*

an egregious blunder : *une gaffe monumentale*

fair : **to give somebody a fair deal** : *traiter quelqu'un équitablement*

by fair means or foul : *par tous les moyens*

to go at a fair pace : *aller bon train*

he stands a fair chance of success : *il a de bonnes chances de réussir*

the car ran fair and square into a tree : *de plein fouet...*

he is fair and square : *il est honnête*

fair weather : *du beau temps.* **It's set fair** : *le temps est au beau fixe*

fair-weather friends : *les amis des beaux jours*

fair-haired : *blond, blonde*

Étape 23

Vocabulaire de base

to merge : *fusionner*

Ex. : Aerospatiale and Matra have merged a couple of years ago.

a merger between two firms : *une fusion*

to mete out justice, to mete out punishment : *rendre la justice, infliger une punition*

to mince words : *mâcher ses mots.* He didn't mince his words : *il n'y est pas allé par quatre chemins.*

mindful : *soucieux de.* All politicians have to be mindful of their electorate.

mindless : *idiot, stupide.* The hooligans indulged in mindless violence : *les hooligans se sont laissés aller à la violence gratuite.*

minute : *minuscule.* A minute detail. Seen from the earth, that planet is but a minute spot.

a miscarriage : *une fausse couche.* **A miscarriage of justice** : *une erreur judiciaire*

misgivings (plur.) : *des inquiétudes, des doutes*

Ex. : many people have misgivings about imports of transgenic crops.

a misdemeanour : *un acte délictueux, un écart de conduite*

the mob : *la foule, le peuple* (péjoratif). **A mobster** : *un truand, un gangster*

mock : *simulé, feint.* The youngsters mimed a mock execution. A mock exam : *un examen blanc*

momentum : *élan, du punch*

Ex. : Mr. Brown's cabinet lacked momentum on European affairs.

Ex. : the women's movement **is gaining momentum** in Iran/**to gather momentum** : *gagner du terrain.* **Momentous** : *capital*

Ex. : the Americans made a momentous decision in bombing this strategic site.

to monitor : *surveiller, contrôler*

Ex. : the Algerian authorities clearly find it difficult to monitor their extremist groups.

Ex. : it is high time the UNO security forces monitored what is going on in some Islamic countries.

mood : *humeur, ambiance*

Ex. : the government had misjudged the public mood.

Ex. : I am in no mood to argue : *je ne suis pas d'humeur à discuter.*

a motorway : *une autoroute* (brit.). A highway : (US)

to muddle through : *se débrouiller tant bien que mal.* In these hard times, lots of unemployed people do odd jobs to muddle through : ... *font des petits travaux pour s'en sortir.*

a muddle : *une pagaille, une confusion*

Ex. : there was a dreadful muddle over passports in Athens airport.

muddled : *confus.* This is a muddled report on a confused subject.

a mugging : *agression.* **A mugger** : *un agresseur*

to mushroom : *pousser comme un champignon*

Ex. : new start-ups are mushrooming in Paris.

a mushroom-town : *une ville-champignon*

narrow : *étroit.* In the narrow sense of the word : *au sens étroit du mot*

to have a narrow escape : *l'échapper belle*

a national : *un ressortissant*

Ex. : British nationals are requested to show their passports.

native : a native English speaker : *un anglophone.*

the natives : *les indigènes,les autochtones*

neighbourhood : *le voisinnage, le quartier*

Ex. : people are more interested in what is going on in their neighbourhoods than in the rest of the world.

a network : *un réseau*

a nightmare : *un cauchemar*

nonsense : (uncountable) : *des bêtises, des âneries. des absurdités*

Ex. : to claim that alcohol is good for your health is mere nonsense.

to nosedive : to plunge, to plummet : *plonger, s'effondrer, descendre en flêche*

a nuke : *une arme nucléaire*

an oath : *un serment.* The President has to swear an oath of loyalty to his country

to declare something on oath/under oath : *sous serment*

oblivion : *l'oubli*

Ex. : the atrocities of WW II should never **fall into oblivion**.

obsolete : *obsolète*

the odds : *les chances* **The odds are against him** : *il est peu probable qu'il réussisse.* **The odds of his winning the election** are slim : *il n'a que de minces chances de gagner...*

the odds-on favourite : *le grand favori des parieurs.* **To be at odds** : *être en conflit*

odd : *bizarre.* He sometimes says odd things. An odd number : *un nombre impair* (an even number : *pair*)

to be the odd man out : *faire bande à part*

Ex. : in matters of European policy, Britain will always remain the odd man out.

odd jobs : *des petits boulots*

forty-odd : *quarante et quelque*

Ex. : she must be fifty-odd years old : *elle doit avoir la cinquantaine*

an offence : *un délit.* **An offender** : *un délinquant, un contrevenant*

an office : *1. un bureau. 2. une fonction.* **To be in office/to hold office** : *être en fonction : être au gouvernement.* **To take office** : *prendre ses fonctions.*

Ex. : Gordon Brown took office as Prime Minister after Tony Blair. **To go out of office** : *quitter ses fonctions*

an official : *un responsable.* **A high-ranking official** : *un responsable de haut rang*

to offset : *compenser*

Ex. : the drop in the yen has been offset by the stability of the dollar : *la chute du yen a été compensée par la stabilité du dollar.*

oil : *le pétrole.* An oil well : *un puits de pétrole.* **An oil slick** : *une nappe de pétrole (sur la mer).* An **oil spill** : *une marée noire*

one-sided : *partial, partisan*

Ex. : British views on Europe are clearly one-sided.

ongoing : *qui dure, qui persiste.*

Ex. : people are fed up with the ongoing unrest in Ulster.

Grammaire : les pluriels irréguliers

➔ Variantes orthographiques au pluriel

- **Noms en -IS** : **plur.** : **-ES** :prononcé [i:z]

  a crisis/crises – a thesis/theses – an analysis/analyses

- **Noms en -O** : **plur.** : **-OES**

  a potato/potatoes – a cargo/cargoes – a volcano/volcanoes – a tomato/tomatoes

  Exception : pianos, photos, memos, kilos, eskimos, ghettos, radios

- **Noms en -F ou -FE** : **plur. -VES**

  a loaf/loaves – a thief/thieves – a housewife/housewives – a shelf/shelves…

  Exception : roofs, chiefs, beliefs, proofs, reefs (récifs)

- **Noms en -Y : plur. -IES**

  a story/stories – a lady/ladies – a fly/flies…

  N.B. : Pour les **diphtongues** le **Y** reste : boys, toys, keys, donkeys, etc.

- **Noms d'origine latine**

  medium/media – criterion/criteria – phenomenon/phenomena – datum/data – an erratum/errata

➔ Pluriels irréguliers

woman/women
foot/feet
child/children
tooth/teeth
mouse/mice
penny/pence
man/men (plus tous les noms composés avec -man)
die/dice (*les dés*), etc.

Remarque

Attention au genre des noms ! la grande majorité des noms sont du **neutre** : ne pensez pas en français ! Il est très rare, en anglais, que des mots neutres soient personnifiés : Exception : les noms de bateaux. Ex. : the Titanic was on **her** maiden voyage across the Atlantic (maiden voyage : *traversée inaugurale*).

N.B. : L'Angleterre est souvent personnifiée au féminin : England and **her** traditions.

Attention ! Certains noms ont un sens différent au singulier et au pluriel

people : *des gens*/peoples : *des peuples*
cloth : *étoffe*, a cloth : *un chiffon*/clothes : *des vêtements*
glass : *du verre*/glasses : *des lunettes*
business : *les affaires*/businesses : *des entreprises*
care : *le soin*/cares : *des soucis*
pain : *la douleur*/pains : *des efforts*
spirit : *l'esprit*, a spirit : *un esprit*/spirits : *de l'alcool, des esprits*
a compass : *une boussole*/compasses : *un compas*
a hair : *un poil*/hairs : *des poils*/hair : *des cheveux*

a custom : une coutume/customs : *la douane* (*aussi : des coutumes*)

a work : *une œuvre*/works : *une usine* :

Ex. : a gas works

N.B. : Il faudra impérativement revoir la règle concernant **les noms composés**, leur formation, leur pluriel.

Beaucoup de candidats se trompent sur la place du nom principal, c'est-à-dire. **le déterminé**, qui est **TOUJOURS en deuxième place** :

Ex. : a horse-RACE : une course de chevaux/a race-HORSE : un cheval de course. Remarquez, que comme pour le cas possessif, l'ordre des mots est à l'inverse du français : Comparez : a boys'-school *et* a schoolboy/sugar-cane *et* cane-sugar.

Collocations idiomatiques : adjectif + nom/adverbe + adjectif

far-reaching consequences : *des conséquences d'une grande portée*

it's a far cry from : *c'est loin de…*

Ex. : reality is a far cry from theory

the far-right/the far left : *l'extrême droite/gauche*

far-fetched : *tiré par les cheveux*

Ex. : this is a somewhat far-fetched argument.

a far-seeing person : *clairvoyant, prévoyant*

far-sighted : *1. hypermétrope, presbyte. 2. clairvoyant*

fast asleep : *profondément endormi*

to stand fast : *tenir bon*

the fast lane of the motorway : *la voie de gauche* (*ou de droite au Royaume-Uni…*)

a fatal mistake

a fatal blow : *un coup fatal*

a foregone conclusion : *une issue prévisible*

a going concern : *une affaire florissante*

a golden handshake : *une prime de départ*/**a golden hello** : *une prime d'embauche*

the golden age : *l'âge d'or*

the golden mean/the happy medium : *le juste milieu*

a golden boy : *un jeune loup de Wall Street*

to kill the golden goose : … *la poule aux œufs d'or*

a grave decision

a growing decline :*une baisse croissante/***growing discontent** : *un mécontentement croissant*

a hackneyed subject : *rebattu*

a hackneyed expression : *un cliché*

the happy few : *les rares privilégiés*

the happy medium : the golden mean : *le juste milieu*

a heavy blow : *un coup dur*

heavy casualties : *de nombreuses victimes*

to be a heavy drinker/smoker

to have a heavy heart : *avoir le cœur gros*

heavy traffic : *un trafic dense*

high on the agenda : *une priorité à l'ordre du jour*

highly respected

highly competitive

a hot spot : *un point chaud*

a hot war : *une guerre ouverte*

a hot favourite : *un grand favori* : **the odds-on favourite** : *le grand favori*

hot news : *des nouvelles de dernière heure*

hot air : *du blablabla*

a hot potato : *un sujet brûlant* (familier)

in hot pursuit : *à ses talons*

Ex. : he ran past us with a policeman in hot pursuit : *il nous a dépassés avec un gendarme à ses trousses.*

an increasing rise : *une augmentation croissante*

Étape 24

Vocabulaire de base

an onslaught : *un assaut, une attaque violente*

Ex. : the Croatian soldiers could not resist the Serbs' onslaught.

Ex. : the MP made a severe onslaught on the Conservatives.

to opt out : *choisir de quitter*. Ex. : in 1966 France opted out of NATO

an opponent : *un adversaire* (antonyme : a proponent)

an ordeal : *une épreuve*

Ex. : it is a terrible ordeal for boat-people to sail to the US coasts.

an order : *un ordre, une commande.* **The order book** : *le carnet de commandes*

to oust : *évincer, vider*

Ex. : after it was proved that he had taken bribes, the President was ousted (*a été contraint de démissionner*).

an outbreak : *une éruption, une explosion, un déclenchement* : an outbreak of violence, of anger… The outbreak of the Great War

an outcast : *un exclu, un paria*

an outcome : *une issue, un résultat*

Ex. : no one knows what the outcome of this crisis will be.

Ex. : the outcome of the reform should be greater equality

outdated : *périmé*

to outdo : *surpasser, faire mieux que…*

Ex. : as for the medical treatment of AIDS, the American team of researchers finally managed to outdo the French.

an outfit : *un équipement*

Ex. : a skiing outfit

outgoing :

1. sortant

Ex. : the outgoing prime minister.

2. Sociable

Ex. : The Chancellor of the Exchequer seems to be a rather outgoing person.

an outlet : *un débouché*

Ex. : China represents a fabulous economic outlet.

to outweigh : *l'emporter sur, dépasser*

Ex. : disadvantages unfortunately outweighed advantages.

an outrage : *une atrocité ;* **an outrage against humanity** : *un crime contre l'humanité*

outrageous : *scandaleux*

Ex. : all these affairs about corrupt politicians are utterly outrageous.

outstanding : *hors pair, exceptionnel*

Ex. : we were flabbergasted by the outstanding performance of the French football team.

to outstrip : *dépasser*

Ex. : our expenses regularly outstrip our profits.

overboard : adverbe : *par-dessus bord.* **To throw overboard** : to jettison : fig : *ne faire aucun cas de/se débarrasser de.../***to go overboard** : *aller trop loin/se laisser emporter*

to overdo : to exaggerate : *exagérer*

Ex. : don't overdo your accent!

Ex. : the journalist overdoes the importance of the event.

to overdraw a bank account : *mettre son compte à découvert.* My bank account is overdrawn : *je suis dans le rouge*

to overhaul : *remanier, réorganiser*

Ex. : our whole Health System badly needs to be overhauled.

an overhaul : *révision, refonte, remaniement, réparation*

overheads : *les frais généraux*

to overlap : *se chevaucher*

Ex. : economics and politics are best studied together as both subjects overlap : *il vaut mieux étudier l'économie et les sciences politiques ensemble puisque les deux matières se chevauchent.*

to overlook: *oublier, négliger*

Ex. : we must not overlook the costs of this operation.

to overshadow : *éclipser, assombrir*

by some oversight : *par mégarde*

overpriced : *trop cher*

to overthrow : *renverser*

Ex. : the revolutionaries finally managed to overthrow the dictator.

the pace : *le rythme, la vitesse*

Ex. : the pace of change is tremendous in some Asian towns.

package : a package of measures : *un train de mesures.* **A package tour** : *un voyage organisé*

pain : *douleur, souffrance.* **To go to great pains** : *se donner beaucoup de peine.* **He's a pain in the neck** : *il est casse-pieds !*

paramount : *capital.*

Ex. : the peace agreement in Ulster is of paramount importance.

a parcel : *un colis, un paquet.* **To be part and parcel of…** : *faire partie intégrante de* (fig.)

a parcel bomb : *un colis piégé*

partial to : **to be partial to** : *avoir un faible pour*

Ex. : he is partial to cream cakes.

a path : *un chemin*

Ex. : we are on the path to victory. To destroy everything in one's path.

a pattern : *un schéma, un modèle.* Behaviour patterns : *des types de comportement*

the payroll : *l'ensemble des employés d'une société.* **To be on the payroll** : *faire partie du personnel*

peace : *la paix.* **To be at peace** : *être en paix*/**a peace conference/a peace treaty**

to peak : *atteindre un niveau maximum*

Ex. : ozone levels tend to peak in summer.

pension : *une pension.* **An old-age pensioner** : *un retraité*

to perceive : *percevoir, ressentir.*

Ex. : this was perceived as a threat : *c'était perçu comme une menace*

Ex. : they perceive themselves as rebels : *ils se considèrent comme des rebelles.*

a percentage : *un pourcentage*

to pervade : *envahir*

Ex. : Extreme-right ideologies are pervading most European countries, not least France and Germany.

pervasive : *qui se propage*

Ex. : the pervasive influence of American culture.

to pick up : *se redresser*

Ex. : our sales are picking up. Our birth-rate is picking up slightly (is edging up).

Grammaire : le cas possessif

Beaucoup d'erreurs proviennent du fait que les candidats se réfèrent au français, où l'objet possédé vient en premier lieu et le possesseur vient en deuxième lieu :

Ex. : la voiture de mon père.

En anglais, le schéma de la forme possessive est à l'inverse : l'objet possédé vient après le possesseur : my father's car (et non pas « my car's father » !). Donc :

possesseur + 's + objet possédé (sans article)

Le cas possessif sert non seulement à exprimer la possession, mais aussi des liens de distance, de durée, la date ou le coût.

Ex. : a three miles' walk, a few days' rest, last Monday's events.

➔ Orthographe

N.B. : On trouve de plus en plus souvent, même chez les anglophones, des confusions entre le S du pluriel et le 'S du cas possessif.

1. Au singulier : on ajoute **S** dans tous les cas, même si le nom se termine par un S.

Ex. : the princess's car, Dickens's house.

2. Au pluriel : on ajoute simplement une ' derrière le S du pluriel.

Ex. : the boys' room, the teachers' timetables.

Lorsque le pluriel est irrégulier, on ajoute 'S.

Ex. : the children's room, the women's favourite.

➔ Emploi

Le cas possessif **ne peut pas s'employer dans certains cas** et sera remplacé par la tournure avec « OF » :

- Si le possesseur est une chose : the roof of the school, the price of the milk, the pollution of the rivers : **N.B.** : dans ce cas **on préferera des mots composés** : the school-roof, river-pollution, etc.
- Si le possesseur est un adjectif substantivé : the plight of the homeless, the worries of the poor.
- Si le possesseur est suivi d'un complément : the dog of the lady who lives upstairs.

Dans tous les autres cas, **il faudra préférer le cas possessif, beaucoup plus idiomatique, à la tournure avec « OF »** :

- Si le nom du possesseur est composé de plusieurs mots, c'est le dernier mot qui prend le 'S.

  Ex. : the present Queen of England's fortune. Our next-door neighbour's garden.

- Lorsqu'il y a plusieurs possesseurs, c'est le dernier cité qui prend la marque du possessif.

  Ex. : Peter, John and Mary's parents.

➔ Emplois spécifiques

- **Le « double génitif »**.

  Ex. : **a friend of my father's** : *un ami de mon père*

  Comparez avec : my father's friend (*l'ami de mon père*)

  De même : a cousin of mine (pronom possessif) ; a relative of Anthony's ; a film of Spielberg's.

- **Effacement du nom principal** lorsqu'il est présent dans le contexte immédiat ou lorsqu'il s'agit d'un nom de lieu, de commerce, d'église, etc.

  Ex. : I was invited at John Smith's last Monday (on sous-entend « house »)

  Ex. : I must go to the dentist's (on sous-entend « surgery »)

  Ex. : I buy all my underwear at Marks and Spencer's (store).

  Ex. : they got married at St Patrick's (church).

Collocations idiomatiques : adjectif + nom/adverbe + adjectif

irretrievable damage : *irréparable*
an irretrievable loss : *une perte irréparable, irrémédiable*
a keen anticipation : *une vive impatience*
a keen sense of humour : *un vif sens de l'humour*
keenly awaited : *attendu avec impatience*
keenly contested (a race) : *une course vivement contestée*
a lame duck : *un canard boiteux*
a lame excuse, argument : *... piètre, faible*
a landslide victory : *une victoire fracassante, un raz-de-marée*
a leading figure : *un personnage important*
the leading part : *le rôle vedette*
a leading article : *un éditorial*
to be at the leading edge of technology : *être à la pointe de la technologie*
a looming danger : *un danger menaçant*
to loom large : *être dangereusement menaçant*
a low blow : *un coup bas*
a low-level discussion : *à bas niveau*
a low-paid job : *mal payé*
the low season : *la morte saison*
low quality goods : *des marchandises de mauvaise qualité*

to keep a low profile : *adopter un profil bas*
a major part/for the major part : *en grande partie*
a major success/a major event
a marked jump : *un bond considérable*
a marked change : *un changement sensible*
a marked contrast : *un contraste frappant*
a massive majority : *écrasante*
on a massive scale : *à très grande échelle*
a mock examination : *un examen blanc*
a momentous decision : *une décision capitale*
a narrow escape : **to have a narrow escape** : *l'échapper belle*
narrow-minded : *à l'esprit étroit*
a nasty trick *: un sale tour*
a nasty mess : *une sacrée pagaille*
a nasty temper : *un sale caractère*
in the nick of time : *juste à temps, à la dernière seconde…*

Étape 25

Vocabulaire de base

a pioneer : *un pionnier*

Ex. : he was one of the pioneers in this field of research : *un précurseur.*

to pioneer – to spearhead : *être à l'avant-garde de.*

a pit : *une mine.* He works in the pits : *il est mineur.* To go down the pit : *descendre dans la mine*

a pitfall : *une trappe, un piège*

a plague : a scourge : *un fléau*

to be plagued by : *être tourmenté par…*

a plan : *un projet*. Planning : *planification*. Family planning : *le contrôle des naissances, le planning familial.* **Town planning** : *l'urbanisme*. A town planner : *un urbaniste*

a plant : *une usine.* A nuclear plant : *une centrale nucléaire*

to plead for/against : *plaider pour/contre…*

to plead for mercy : *implorer la clémence*

to plead guilty/not guilty : *plaider coupable/non coupable*

to pledge : *s'engager solennellement*

Ex. : The Chancellor of the Exchequer has pledged to curb taxes.

a pledge : *une promesse solennelle*

a plight : *une situation critique*

Ex. : the Russian nuclear arsenal is **in a serious plight** : *dans un état critique.*

Ex. : the plight of the Kurdish asylum seekers. (*la situation dramatique*).

to plummet : *descendre en flèche*

Ex. : in the wake of the Asian financial crisis, the Stock Exchange plummeted.

to plunder : to loot : *piller*

to point out : *faire ressortir, souligner*

Ex. : our industrialists keep pointing out the drawbacks of the 35-hour working week.

a point : A point of no return

Ex. : **what's the point of protesting?** *pourquoi protester ?*

An argument **to the point** : *pertinent.* **Beside the point** : *à côté de la plaque*

pointless : *inutile.* It is pointless to panic about the fall of the Nasdaq.

point-blank : a point-blank refusal : *catégorique.* A point-blank question : *à brûle pourpoint*

poise : balance. To recover one's poise : *retrouver son sang-froid.* To lack poise : *manquer d'assurance*

to poise : *tenir en équilibre, l'équilibre*

to be poised for : *être prêt à…*

Ex. : NATO forces are poised for intervention : *les forces de l'Otan sont prêtes à intervenir.*

Ex. : the country is poised between peace and war : *oscille entre…*

policy : *une politique.* Foreign policy : *politique étrangère.* Domestic policy : *politique intérieure.* To carry out a policy : *mener une politique.*

politics : *la politique (en général), la science politique.* What are his politics? *quelles sont ses opinions politiques ?* A politician. *un politicien.* A policy-maker : *un décideur politique*

a poll : *un sondage.* An opinion poll. A polling station : *un bureau de vote*

to ponder on/over… : to consider : *méditer, réfléchir*

Ex. : the company is pondering relocation in Scotland : *envisage de…*

to postpone : to delay *: remettre à plus tard, reporter*

power : *le pouvoir.* **To come to power. To take power**

a power game : *une lutte pour le pouvoir*

a power station : *une centale électrique.* A power failure : *une panne de courant*

powerful : *puissant*

prejudice : faux-ami : *un préjugé.* **Racial prejudice**

pressure : *la pression*

to pressurize somebody, to put pressure on… : *faire pression sur…*

to pretend (faux-ami) : *faire semblant*

Ex. : he pretends to be sick in order to get sick-leave (*congé de maladie*).

pride : *la fierté, l'orgueil.* **To take pride <u>in</u>…** *être fier de*

prime : *primordial*

Ex. : a prime factor of success : *un facteur fondamental…*

prime time : *les heures de grande écoute*

to be in the prime of life/to be in one's prime : *être à la fleur de l'âge*

privacy : *la vie privée, l'intimité*

Ex. : the tabloids are often accused of invasion of the Royals' privacy : *… de mettre leur nez dans la vie privée de la famille royale.*

proud : *fier, orgueilleux*

profit : *des bénéfices.* **Windfall profits** : *des bénéfices inattendus*

to profiteer : péjoratif : *faire des bénéfices illicites*

to prompt : *inciter, pousser quelqu'un*

Ex. : the strike prompted employers to an immediate payrise : *la grève a poussé les employeurs à accorder une augmentation de salaire immédiate.*

prone to : to be prone to… : *être enclin à*

Ex. : young delinquents are prone to use drugs.

to propagate : *propager*

property : *l'immobilier, les biens immobiliers.*

a property developer : *un promoteur*

a proponent (antonyme : an opponent) : *un défenseur, un partisan de…*

to prosecute : *poursuivre en justice*

Ex. : Bernard Tapie was prosecuted for fraud and tax evasion.

prosecution : *une action en justice*

a prospect : *une perspective*

protest : A protest movement. A protest march : *une manifestation.* A protester : *un manifestant*

to provide : *fournir.* The school provides board and lodging for the students : *l'école loge et nourrit les étudiants.* **To provide for** : *subvenir aux besoins de…* : Lots of parents still have to provide for adult children

a punishment : *une peine, une sanction.* **Capital punishment** : *la peine capitale*

to purchase : *acheter*

a purchase : *un achat.* **Purchasing power** : *le pouvoir d'achat*

purpose : *le but.* **To do something on purpose** : *exprès*

to pursue : *poursuivre.* To pursue a career : *poursuivre une carrière*

a pursuit : *1. recherche. 2. poursuite*

Ex. : the pursuit of happiness : *la recherche du bonheur.*

to put up with : *supporter, tolérer*

Ex. : the demonstrators claim that they will no longer put up with such low wages.

Grammaire : le présent

➔ Distinction entre le présent simple et le présent continu

Alors qu'en français, le présent n'a qu'une seule forme (ex. : ils jouent), en anglais il y a une **opposition fondamentale entre deux formes de présent : le présent simple et le présent continu** (aussi appelé « progressif »).

Ex. : **they play tennis/they are playing tennis.**

La différenciation quant à l'emploi de l'une ou de l'autre forme se fait à l'aide de **deux critères** : celui du temps et celui de la modalité.

➘ Le critère du temps

Dans le premier exemple cité, **they play tennis**, l'action n'est pas située dans le temps, c'est un présent **a-temporel**. Il s'agit de l'énonciation d'un fait objectif, permanent, qui dépasse le cadre du présent à proprement parler, c'est-à-dire. le moment présent où la phrase est énoncée.

Seul le deuxième exemple, **they are playing tennis**, constitue la véritable expression du présent. Par conséquent, c'est le présent continu seul, qui est vraiment le temps du présent, dans la mesure où **il désigne une action en cours au moment de l'énonciation de la phrase**. Il s'agit de l'expression d'un **processus,** c'est-à-dire d'une action en progrès, donc inachevée, en d'autres termes **d'une action commencée mais qui n'est pas encore terminée**. They are playing tennis veut dire, qu'au moment où la phrase est énoncée, l'action est en train de se dérouler.

Comparez les deux formes du présent dans la phrase suivante :

They play tennis but they are not playing now.

➘ Le critère de la modalité : qu'appelle-t-on modalité ?

Une phrase est toujours, nécessairement énoncée par quelqu'un : c'est **l'énonciateur,** ou encore **le locuteur** (lorsque la phrase est dite).

Ainsi : **this man is an Englishman** : il ne faut pas confondre le sujet de la phrase, **this man,** et l'énonciateur, qui est à l'origine de cette phrase.

Le rapport entre **le sujet** (this man) et **le prédicat** (is an Englishman) peut être marqué ou non par l'intervention de l'énonciateur.

Par exemple, si l'énonciateur a un doute sur la nationalité du monsieur, il dira **this man may be an Englishman**.

Si le doute est encore plus fort, il dira : **this man might be an Englishman**.Si l'énonciateur est sûr de l'exactitude de son jugement, c'est-à-dire du rapport sujet-prédicat, il dira : **this man is an Englishman** ou encore : **this man is bound to be an Englishman**.

Toutes les nuances sont possibles : c'est cela, la modalité.

Or, l'emploi des deux formes du présent anglais peut être déterminé par l'intervention de l'énonciateur, en d'autres mots, **par le degré d'objectivité ou de subjectivité de la phrase énoncée**.

Ainsi : **it rains a lot in Wales** est une énonciation **objective**, c'est un constat permanent, qui ne dépend aucunement de l'opinion de l'énonciateur, dont le point de vue est neutre.

À l'inverse, dans la phrase **It's always raining here**!, il y a une forte présence de l'énonciateur, qui commente, avec une nuance d'agacement, le temps pourri du pays de Galles. C'est une énonciation totalement **subjective**.

Collocations idiomatiques : adjectif + nom/adverbe + adjectif

odd jobs : *des petits boulots*
an odd-jobber : *un homme à tout faire*
at odd times : *de temps à autre*
an oddball : *un excentrique*
an overwhelming majority : *une majorité écrasante*
a pat answer : ... *du tac au tac.* A pat explanation/remark : *toute prête, toute faite*
plain talk, plain language, plain words : *propos sans équivoque*
a plain answer : *une réponse claire*
the plain truth : *la vérité vraie*
a prevailing concern : *un souci constant*
a prime example : *un exemple type*
a prime concern : *un problème primordial*/**a matter of prime importance**
of prime quality : *de première qualité*
to be in prime condition : *en excellente condition*
the Prime Minister
print journalism : *la presse écrite*
a red herring : *un mauvais prétexte (pour faire diversion)*
a rule of thumb : *une règle générale.* **By rule of thumb** : *à vue de nez*
a safe haven : *un refuge*
a safe bet : *un bon choix.* It's a safe bet that he'll win : *il gagnera à coup sûr*
a safe area *: une zone de sécurité*
a seasoned politician : *un politicien chevronné*
a senior executive : *un cadre supérieur.* **A senior official** : *haut responsable*
seriously injured : *gravement blessé* (slightly injured : *légèrement blessé*)
a severe winter : *un hiver rude* (a mild winter : *un hiver doux*)
a sharp rise/a sharp fall : *une forte augmentation/chute*
to be in short supply : *être rare...*

Ex. : water was in short supply after the earthquake.

a side effect : *un effet secondaire*

a significant change/a significant step... : *un changement, un pas important*

a slender income : *un revenu modeste*

slender means : *de maigres ressources*

a slight variation : *une variation faible*

a slim victory/a slim chance, hope, excuse : *... mince*

slim evidence : *preuves insuffisantes*

Étape 26

Vocabulaire de base

to queue (up) (US : **to stand in line**) : *faire la queue*

to quote : *citer.* Stock Exchange : a quoted company : *une société cotée en Bourse*

a quotation : *une citation.* **Quotation marks** : *des guillemets*

rampage : **to go (to be) on the rampage** : *se déchaîner*

Ex. : the group of skinheads suddenly went on the rampage.

random : *aléatoire, au hasard* : A random sample of people, a random choice.

to answer at random : *au hasard*

to range from… to… : *aller de… à…*

Ex. : the Russian nuclear arsenal ranges from nuclear warheads (*ogives nucléaires*) to nuclear submarines.

a range : *une gamme, un éventail.* This plant makes a wide range of cars.

a rank : *un rang, un classement*

the rank and file : *la base.*

Ex. : the candidate must convince his party's rank and file : *Les électeurs de base de son parti.*

to rank : *se classer*

Ex. : this country ranks among the poorest in the world : *ce pays compte parmi les plus pauvres du monde.*

Ex. : he ranks among my friends : *il compte parmi mes amis.*

to rape : *violer.* **A rapist** : *un violeur*

rape : *le colza*

to rate : to assess : *évaluer*

Ex. : I rate him amongst my best students : *je le considère comme un de mes meilleurs étudiants.*/**A rate** : *un taux.* **The birth-rate** : *le taux de natalité.* **Popularity rate**

to reap : *récolter*

The government expects to reap the benefits of its austerity policy (fig.)

you reap what you have sown : *vous récoltez ce que vous avez semé*

to recede : *s'éloigner, s'évanouir*

Ex. : the risk of a civil war had fortunately receded.

recession : *recul, régression, récession*

a recipe : *une recette* (sens propre et figuré)

a recipient : *le bénéficiaire, le destinataire*

Ex. : the Nobel Prize recipients. The recipient of a donated organ : *le receveur.*

redundancy : *licenciement, suppression d'emplois*

Ex. : there will be further massive redundancies in the car industry.

to refrain from : *s'abstenir de, se retenir de…*

Ex. : passengers are required to refrain from smoking.

to refund : *rembourser*

Ex. : the Swiss banks, at long last, have decided to refund the sums once deposited by Holocaust victims.

a refund : *un remboursement*

to refurbish : *remettre à neuf, retaper*

Ex. : the London docks have been refurbished in order to build posh housing developments (*des ensembles immobiliers haut de gamme*).

a relationship : *une relation*

Ex. : Britain and the USA have always maintained a special relationship (*des liens privilégiés*).

to release :

1. publier, faire sortir

Ex. : this article/this film/this book… was released last week.

2. libérer

Ex. : the hostages released by the terrorists were all in good health.

a release : *une libération, une sortie*

Ex. : the release of the film took place during the Cannes Festival.

to relent : *se laisser fléchir*

relentless : *impitoyable*

Ex. : the Serbian soldiers were relentless even with women and babies.

to relinquish : to waive, to give up : *abandonner, renoncer à*

Ex. : Israel is still reluctant to relinquish all the territories occupied in 1967.

to relocate : (*se*) *réimplanter,* (*se*) *délocaliser*

Ex. : lots of French companies had rather relocate (*préféreraient se délocaliser*) in Britain in order to avoid heavy taxation.

reluctance : *réticence*

reluctant : *peu disposé à, peu enclin à*

to rely on : *compter sur*

reliable : *fiable, digne de confiance.*

Ex. : German cars are known to be reliable.

to remain : *rester*

Ex. : that remains to be seen… : *cela reste à prouver.*

remote : *éloigné, isolé. Aussi : petit, vague* : there is a remote chance that scientists may one day clone a human being.

a remote control : *une télécommande*

to rent : *louer*

Ex. : you'd better rent a car than go by train. **Rent** : *le loyer.*

a representative : *un représentant*

Ex. : the representatives of Greenpeace left the room. The House of Representatives (US) : *la chambre des députés.*

to rescue : *sauver*

Ex. : the climber couldn't be rescued given the bad weather conditions.

a rescue : *un sauvetage.* To come to the rescue...

Ex. : the IMF (International Monetary Fund) will have to come to the rescue of the Russian economy.

to resent something : *être contrarié par/protester contre...*

Ex. : he bitterly resents having to get his parents' permission for eveything he does.

resentment (uncountable) : *ressentiment, rancune.*

resentful : *plein de rancœur*

a reservation : *une réserve.* **An Indian reservation**

to have reservations : *avoir des réserves, des doutes*

Ex. : Europe has great reservations about Russia/**to accept with/without reservations** (cf. with qualifications) : *accepter avec/sans réserves*

to resign : *démissionner*

Ex. : the Prime Minister finally resigned in the wake of the arms scandal.

a resignation : *une démission*

to resolve to... : *se décider à...*

Ex. : Bill Clinton resolved to tell the truth to the Grand Jury.

to resort to... : *avoir recours à...*

Ex. : the Americans are intent on (*résolus à*) resorting to force in order to fight terrorism.

resort : **a holiday resort** : *un lieu de villégiature.* A seaside resort : *une station balnéaire.* A skiing resort

as a last resort : *en dernier ressort*

respect : **in every respect** : *de tous les points de vue.* **In certain respects** : *à certains égards.* **With respect to** the present crisis : *en ce qui concerne la crise actuelle*

Grammaire : le présent simple

Il se construit avec la base verbale, **sans oublier le « S » à la troisième personne du singulier** : *faute très fréquente.*

Emploi : il exprime :

- **une vérité objective et permanente**

  Ex. : the sun rises in the east. He works a lot. The early bird catches the worm : *proverbe équivalent à : le monde appartient à ceux qui se lèvent tôt.*

  N.B. : La plupart des proverbes sont nécessairement au présent simple.

- **une action fréquente ou habituelle**

  Ex. : I go to the cinema twice a week. He often smokes a cigar after dinner. What do you do on Sundays?

- **une série d'actions rapides** : écoutez les commentaires d'un match de football : « Owen keeps the ball, races along towards the goal, kicks... »).

- **dans les titres de presse** : à la fois comme recherche de concision et pour faire valoir l'objectivité avec laquelle les événements sont relatés :

  Ex. : Queen Mum celebrates 100th birthday!

  Ex. : 113 die in Concorde air crash.

- **le présent de narration**

  Il se trouve dans des récits, surtout dans la littérature moderne (le temps classique par excellence du récit anglais est le prétérite). Il se trouve aussi dans des indications scéniques ou encore dans des dialogues :

  Ex. : "you know", he says, "I think you 're right".

- **le présent simple a parfois le sens d'un futur**, dans le style officiel.

  Ex. : le programme d'un voyage organisé

  Ex. : we leave at 8 a.m., have lunch at Lyons and reach Marseilles in the late afternoon. (**N.B.** : Retenez l'orthographe de ces villes en anglais ; de même : Algiers).

Collocations idiomatiques : adjectif + nom/adverbe + adjectif

to be in sore need of : *avoir grandement besoin*

a sore point : *un point délicat* (fig.)

to be in a sorry state : *en piteux état*

a sorry sight : *un spectacle affligeant*

a sorry tale of mismanagement and inefficiency : *une lamentable histoire de mauvaise gestion et d'inefficacité*

a sound business, position, organization, investment : *solide, fiable*

a sound move : *une action sensée*

to be sound asleep : *profondément endormi*

the staple diet : *la nourriture de base*

a staple commodity : *produit de base*

the stark truth : *la vérité telle qu'elle est*/**the stark reality**

it is stark folly : *de la folie pure*

to be stark mad : *fou à lier*

to be in stark contrast with : *contraster violemment*

stark naked : *nu comme un ver*

state-of-the-art technology : *dernier cri*

a steady rise : *une augmentation régulière*

to be bored stiff : *s'ennuyer à mourir*

to be scared stiff : *avoir une peur bleue*

a stiff opposition : *une féroce opposition*

a stinging defeat : *une défaite cuisante*

stone deaf : *sourd comme un pot*

strictly forbidden : *strictement interdit*

a stringent measure/stringent regulations : *une mesure sévère, des règles sévères*

a substantial increase/decrease : *sensible*

a sworn enemy : *un ennemi juré*

a tall tale : *une histoire à dormir debout*

as thick as a brick : *bête comme ses pieds*

thick and fast : *à la pelle.*

Ex. : redundancies came thick and fast : *les licenciements sont venus à la pelle*

they are **as thick as thieves** : *ils s'entendent comme des larrons en foire*

a thorough knowledge : *une connaissance approfondie*

to take a tough line with somebody : *adopter une attitude de fermeté*

a tough choice : *un choix difficile*

a two-tier society : *une société à deux vitesses*

an unbridgeable gap : *un fossé insurmontable*

an upward trend : *une tendance à la hausse*/**a downward trend** : *une tendance à la baisse*

upward mobility : *ascension sociale*

upwardly mobile : *à mobilité sociale ascendante, promis au succès social*

vastly expensive : *extrêmement cher*

a wet blanket : *un rabat-joie*

a widespread idea, opinion : *très répandue*

wrong : **to go wrong** : *se tromper, mal tourner*

to be wrong : *avoir tort*

what's wrong? *qu'est-ce qui ne va pas ?*

a yawning gap : *une brèche béante* (fig.), *un large fossé*

Étape 27

Vocabulaire de base

to respond : *réagir*

Ex. : the Islamist terrorists are likely to respond to American bombings by new bomb attacks on American embassies.

a response : (faux-ami) *: une réaction*

to resume (faux-ami) : *reprendre*

Ex. : violence has resumed in Ulster in spite of the Peace Agreement.

resumption : *la reprise*

retail trade : *le commerce de détail* (**wholesale trade** : *le commerce en gros*).

a retailer : *un détaillant*

to retaliate : *exercer des représailles*

Ex. : the Albanians are still intent on retaliating against the Serbs.

retaliation (uncountable) : *des représailles, une riposte, une vengeance*

to retire : *prendre sa retraite.* **Retirement** : *la retraite*

a return : *un rendement, un rapport, un retour sur investissement*

Ex. : this investment is likely to yield a 10%. return : *cet investissement peut avoir un rendement de 10 %.*

a reward : *une récompense.* **An award** : *un prix littéraire, cinématographique…*

to be rife : *sévir.* Corruption/crime/unemployment/aids/racism… is rife

a city rife with violence : *une ville où règne la violence*

Ex. : a government rife with corruption.

a right : *un droit.* **Civil rights** : *les droits civiques.* **Human rights** : *les droits de l'Homme*

the right wing : *la droite*

a riot : *une émeute.* **A rioter** : *un émeutier.* **Riot police** : *la police anti-émeutes*

to run riot : to become uncontrollable

Ex. : the football supporters ran riot after the game *: se sont déchaînés après le match.*

ripe : *mûr.* The time is ripe for a new start : *le moment est venu de recommencer à zéro.*

to be ripe for : *être prêt pour* :

Ex. : the country is ripe for another revolution.

to rise : *augmenter, se lever*

Ex. : the price of petrol has risen once again.

a rise : *une augmentation, une hausse, une poussée*

Ex. : the rise in violence.

a high-rise block of flats : *une tour* (*immeuble*)

room : *de la place.* **There is room for manœuvre** : *une marge de manœuvre* (fig.)

roots : *des racines* (sens propre et figuré). **The grass roots** : the rank and file (of a movement) : *la base*

rough : *1. rugueux. 2. rudimentaire, grossier.* A rough copy : *un brouillon*. A rough guess : *une approximation*

a row : *une querelle, une polémique.*

Ex. : the row within the National Front hit the headlines : *la querelle au sein du F.N. a fait la Une des journaux*

rubbish : (uncountable) : *des ordures.* Household rubbish : *des ordures ménagères.* A rubbish dump : *une décharge publique*. Rubbish : *des absurdités, n'importe quoi* (fig.)

Ex. : this new campaign is rubbish : *ne vaut rien*

to rush : *se précipiter.* **The rush-hour (s)** : *l'heure/les heures de pointe*

ruthlessness : *la cruauté, le côté impitoyable.* **Ruthless** : *sans pitié*

to sack/to give the sack (**familier**) : *virer, mettre à la porte*

Ex. : the manager sacked an employee merely because she was obese.

a sacking : **familier** : *un licenciement.* **To be given the sack** : *se faire virer*

safety : *la sécurité*. Road safety : *la sécurité routière*

safe : *sûr, sans danger, hors de danger.* **To play safe** : *ne pas prendre de risques*

safe and sound : *sain et sauf.* **A safe** : *un coffre-fort*

sake : **for the sake of...** : *pour l'amour de...*

Ex. : they are fighting for the sake of liberty.

sales : *les ventes/les soldes*

a salesman/a sales assistant : *un vendeur*

a sample : *un échantillon.* A sample of the population : *un échantillon de la population.* A sampling : *un échantillonage.* A blood sample : *un échantillon sanguin.* To take a blood sample : *faire une prise de sang.*

a sanction : faux-ami

1. une approbation

With the sanction of the unions : *avec l'approbation des syndicats*

2. sanction

The US has imposed economic sanctions on Europe. To lift the sanctions **on** somebody : *lever les sanctions contre...*

savage : *violent, brutal.* A savage pay cut : *des coupes sombres dans les salaires*

to save : *sauver.* To save money : *épargner*

savings : *des économies, l'épargne.* A savings bank : *une caisse d'épargne*

scant *: insuffisant, maigre.* To show scant respect for… : *manifester peu de respect pour…*

Ex. : there is scant evidence of : *il y a peu de preuves de…* **In a scant two months** : *dans deux mois à peine.*

a scanty income : *de maigres revenus*

a scapegoat : *un bouc émissaire*

Ex. : immigrants are the favourite scapegoats of the National Front.

to scare : *faire peur*

Ex. : the militiamen scared the inhabitants out of their villages : … *les ont chassés de leur village en leur faisant peur.*

to be scared to death : *être mort de peur*

a scarecrow : *un épouvantail*

a bomb scare : *une alerte à la bombe*

scare tactics : *de l'intimidation*

scary : *qui fait peur.* A scary experience/a scary feeling…

a schedule (US) : [ʻʃedjul]. : (brit.) : [ʻskedjul] : *emploi du temps, plan.* The work schedule : *le plan de travail*

a scholarship : *une bourse d'études*

a scientist : *un scientifique*

the scope : *l'étendue, le champ d'action*

Ex. : this is beyond the scope of our jurisdiction.

Ex. : there is not much scope for initiative : there is little leeway.

a score : *une vingtaine*

Ex. : there were scores of people left homeless after the storm : *des dizaines et des dizaines de personnes…*

Grammaire : le présent continu

Se construit avec l'auxiliaire BE au présent + BASE VERBALE-ing.

Il exprime :

- **une action en cours (processus)**

  Ex. : look! he is falling asleep!

  Ex. : who's speaking? (*au téléphone : qui est à l'appareil ?*)

  Ex. : what's she doing just now? she must be working in the garden.

- **une description** (attitude, position, habillement)

  Ex. : you're wearing a lovely jacket.

  Ex. : she's sitting on the sofa and drinking a cup of tea.

- **valeur modale du présent progressif** (cf. plus haut)

  Ex. : he is always asking stupid questions

  Ex. : why is she always singing out of tune? (chanter faux)

  Ex. : I'm always forgetting my keys. (comparez avec : I always forget them).

  Ex. : this pleasure cruise (*croisière*) is costing us a fortune!

- **présent futur** : (comme en français)

  Ex. : the children are coming to visit us on Sunday (*les enfants viennent nous voir dimanche*). Le présent exprime le futur.

Attention !

Seul de présent continu peut s'employer pour exprimer le futur : **impossible d'utiliser le présent simple**.
Ex. : I am leaving for New-York next Saturday.

Il existe une série de verbes qui normalement, n'admettent pas la forme continue :

- **les verbes de perception involontaire** : to hear, to see, to smell, alors que les verbes exprimant un acte volontaire ont une forme continue très courante

  Ex. : "can you see that bird over there?" "Yes, I am looking at it".

  Ex. : I am listening, but I can't hear anything.

- **tous les verbes qui sont, par essence, a-temporels** : (avec des exceptions à la règle pour des sens dérivés)

  Ex. : he's currently appearing at the Old Vic.

- **les verbes de volonté, de sentiment, de préférence** : to want, to wish, to refuse, to adore, to like, to dislike, to care for, to mind, to forgive, etc.

- **les verbes de possession** : to own, to owe (devoir à quelqu'un), to possess, to belong to, etc.

- **les verbes d'apparence** : to seem, to appear, to look, to look like, etc.

- **les auxiliaires Be et Have et tous les modaux**

Attention !

Parmi ces verbes, certains admettent la forme continue, lorsqu'ils ont un sens différent. Ainsi :

- to see, dans le sens de « rencontrer »

  Ex. : I am seeing the boss this afternoon.

- to think, dans le sens de « réfléchir »

  Ex. : what are you thinking of?

- to expect, dans le sens de « wait »

  Ex. : she is expecting a baby.

- to be, quand il indique le caractère temporaire ou exceptionnel de l'attitude d'une personne

  Ex. : stop being silly : *arrête de faire l'idiot !*

- to have, quand il n'est ni auxiliaire, ni verbe de possession

  Ex. : I can't open the door, I'm having a shower!

  Ex. : we are having a lot of fun. (Cf. *cartes postales*)

Collocations idiomatique s : verbe + complément

to abide by the law, rules, tradition : *respecter*

to achieve progress, success, an aim, a goal : *réaliser, atteindre*

to acknowledge (to admit) an error : *reconnaître*

Attention ! to recognize *a souvent un sens différent*

Ex. : I recognized him in the street.

to advocate a policy : *prôner, être partisan de…*

to arouse opposition, hostility, doubt, suspicion, anger : *éveiller*

to be poles apart : *être diamétralement opposés, être aux antipodes*

to be back from the brink : *revenir de loin*

to be in a bind : **to be in a tight corner** : *être dans le pétrin*

to be a credit to, a discredit to : *faire honneur, déshonneur à*

to be in deep water : *faire de mauvaises affaires, être en difficulté*

to be a disgrace to : *faire honte à*

to be in a (blue) funk : *avoir la trouille*

to be at issue : *être en cause*

to be (in) a mess/to be (in) a shambles : *être en désordre*

to be in a panic

to be in a rage : *être en colère*

to be on the rocks : Ex. : their marriage is on the rocks : *leur ménage est en train de craquer, bat de l'aile*

to be a shame, a pity : *c'est dommage*

to be in a sweat : *transpirer*

to be in a scrape : *être dans une situation difficile*

to be a thorn in someone's side : *être la bête noire de quelqu'un*

to be in the pipeline : *être en cours, être en route*

Ex. : a tax cut seems to be in the pipeline

to be on tenterhooks : *être sur des charbons ardents*

to bear witness : *témoigner*

to bear evidence : *prouver que*/**to bear evidence of...** : *porter la marque de*

to bear a grudge against somebody : *en vouloir à quelqu'un*

to bear comparison : *supporter la comparaison*

to bear responsibility for : *porter la responsabilité de...*

to break a promise/to break one's word : *manquer à sa parole*

to break a habit : *se défaire d'une habitude*

to break the law : *violer la loi*

to break somebody's heart : *briser le cœur de quelqu'un*

to break free from : *se libérer de*

to bridge a gap : *combler un fossé*

to call into question : *remettre en question*

to call to mind : *rappeler/se rappeler*

to carry out a plan/an order/an operation : *exécuter*

to carry out an experiment/research/an investigation : *mener*

to claim one's rights, one's innocence. **To claim responsibility for** a terrorist bombing : *revendiquer*

to be committed to a cause, an ideal : *s'engager en faveur de...*

to cry for justice : *demander justice*/**to cry for help** : *appeler à l'aide*/**to cry for mercy** : *implorer la miséricorde*/**to cry wolf** : *crier au loup.*

Étape 28

Vocabulaire de base

to scorn : *mépriser*

scornful : *méprisant*

a scourge : a plague : *un fléau, une plaie*

Ex. : child prostitution has become one of the scourges of Thailand.

to scrape : *gratter, râcler*/**to scrape through** : *s'en sortir de justesse*

Ex. : she scraped through her exam : *elle a réussi de justesse.*

to scrape up money : *trouver de l'argent en râclant les fonds de tiroirs*

a scrape : **to be in a scrape** : *être dans une mauvaise situation.* **To get oneself into a scrape** : *s'attirer des ennuis*

a scratch : *une égratignure.* **To start from scratch** : *partir de zéro.* He didn't **come up to scratch** : *il ne s'est pas montré à la hauteur.*

to scratch out : *rayer, barrer*

to search for : *chercher, fouiller*

Ex. : the police has been searching for the missing girl but hasn't found her yet.

a search : *des recherches*

Ex. : a search for the missing child is being conducted all over the area.

a seat : *un siège.* A seat in Parliament

a second home : *une résidence secondaire*

to secure : *obtenir*

Ex. : to secure an agreement, a deal. **To secure victory** : *remporter.*

to secure against : *se protéger*

Ex. : our company should secure against computer bugs.

security : *sécurité*

securities : stock Exchange : *des valeurs, des titres*

secure : *sûr, solide.* A secure investment

Ex. : people have felt much more secure in Central Park since the drug addicts were turned away.

to seize: *saisir.* To seize the opportunity to do something : *sauter sur l'occasion…*

a seizure : *une capture, une saisie*

self-assured/self-confident : *sûr de soi*

self-centered : *égocentrique*

self-conscious : *timide, intimidé*

self-evident/self explanatory : *évident*

self-governing : *autonome*

Ex. : some Corsicans dream of becoming self-governing.

self-reliant/self-supporting : *autonome (pour une personne)*

senior citizens : *les personnes du troisième âge.* **A senior executive** : *un cadre supérieur*

sensible : (*faux-ami*) *: raisonnable*

sensitive : *sensible, épineux*

Ex. : abortion remains a sensitive issue in the States.

a series : *une série*

Ex. : there was a series of catastrophes. A television series : *une série télévisée.* A TV serial : *un feuilleton.*

to set aside : *mettre de côté*

a setback : *un revers*

Ex. : our company had to close down after a series of setbacks.

to suffer a setback :*subir un revers*

to set up *: créer, mettre en place*

Ex. : the government has set up a more stringent (*sévère*) policy to fight delinquency.

Ex. : this company has set up a new plant in Scotland.

to settle : *s'installer, s'établir*

Ex. : many Kurds are eager to settle in Germany.

a settlement : *un accord, une solution, un règlement*

Ex. : lots of people are still hoping for a peace settlement in Palestine.

to sever : *couper, interrompre*

Ex. : all links with this country were severed.

to shake : *secouer.* To shake hands : *se serrer la main.* **A handshake** : *une poignée de mains*

to shake oneself : *se secouer* (fig.). To shake somebody's confidence : *ébranler…*

shame : *la honte.* To bring shame on somebody : *faire honte à…*

shame on you! : *c'est honteux de votre part !*

it is a shame : *c'est dommage !*

shameful : *honteux*

Ex. : shameful behaviour.

shameless : *éhonté*

a shantytown : *un bidonville*

to shatter : *briser, voler en éclats*

Ex. : all hopes of saving the remaining victims were shattered when it started raining again.

to shatter into smithereens : *casser en mille morceaux*

to be shattered : *être bouleversé* : All Britons were shattered by Lady Diana's tragic death.

sheer : mere : *pur, véritable, simple.* A sheer lie : *un pur mensonge*

to shelve a plan, a reform : *mettre en veilleuse*

Ex. : since it was strapped for cash (*à court d'argent*), the government had to shelve the plan.

to shelter : *abriter.* To give shelter to immigrants

a shelter : *un abri*

to shine : *briller*

Ex. : he shines at mathematics : *il est brillant en maths* (fig.)

he is a shining example of... *un exemple remarquable*

to ship : *transporter*

Ex. : the goods were shipped by lorries.

a shipment : *une cargaison*

to shoot up : to soar : *monter en flèche*

a shop : *un magasin, une boutique.* **To go shopping** : *faire des courses*

a shopping spree : *une fièvre d'achats*

a shopkeeper : *un commerçant.* **A shop-window** : *une vitrine*

shoplifting : *vol à l'étalage.* **A shopaholic** : *un* (*une*) *accro du shopping*

a shortage : *une pénurie*

the shoulders : *les épaules.*

To have broad shoulders : *avoir les reins solides* (fig.)

To stand shoulder to shoulder : *se tenir les coudes* (fig.)

To put one's shoulder to the wheel : *s'atteler à la tâche* (fig.)

to coldshoulder somebody : **to give somebody the cold shoulder** : *battre froid à quelqu'un*

a show : *un spectacle.* **A show of force** : *une démonstration de force*

a showdown : *une épreuve de force, un bras de fer*

to shrink : *rétrécir, diminuer.* The number of church-goers keeps shrinking

cf. US **a shrink** : *un psy* (*celui qui vous rétrécit le cerveau...*)

Grammaire : le prétérit

Rappelons qu'il faut savoir prononcer correctement la désinence -ED des verbes réguliers, et qu'il faut savoir PAR CŒUR les formes irrégulières et les prononcer correctement.

➔ Emploi du prétérit

Le prétérit exprime une action terminée dans un espace de temps révolu au moment (présent) de l'énonciation. Le prétérit est **le temps de la narration**. La grande majorité des récits de la littérature anglo-saxonne est écrite au prétérit. Ce temps sous-entend toujours **une coupure très nette entre le moment passé où l'action a eu lieu et le moment présent où celle-ci est relatée**.

Ex. : he worked with this company for ten years : *on sous-entend soit que maintenant il travaille ailleurs, soit qu'il est mort.*

Ex. : I read this article yesterday.

Ex. : Winston Churchill died in 1965.

Ex. : the fire broke out when they had left the house.

Ex. : he rang up ten minutes ago. Etc.

Il faut remarquer dans ces exemples que, du fait qu'il s'agit toujours d'actions ponctuelles, le préterit **s'accompagne obligatoirement d'une référence temporelle**, souvent construite avec AGO ou d'autres adverbes de temps. Cette référence temporelle peut également être un complément de temps ou une préposition de temps. (cf. exemples ci-dessus). Il arrive aussi que ce complément soit un complément de lieu :

Ex. : he made a lot of money in New-York (*sous-entendu* : when he was in New-York).

Le prétérit s'emploie évidemment pour poser toute question relative à une action passée, en particulier avec WHEN.

Ex. : when did you meet her?

Ex. : when did she call?

Ex. : where did you have dinner?

Il va de soi que dans un récit déterminé dans le passé par le contexte, les prétérits peuvent se suivre et s'additionner sans complément de temps.

Ex. : she put on her coat, looked at herself in the mirror, took her handbag and left the house.

➔ Le prétérit modal

Le prétérit s'emploie également, non pas pour désigner un événement passé, mais **pour exprimer la modalité** dans de nombreuses expressions de la supposition, du souhait ou du regret. Ce prétérit implique, comme pour le présent continu, une relation sujet-prédicat influencée par l'énonciateur.

Ce prétérit correspond à l'emploi de l'imparfait, soit à celui du conditionnel, soit à l'emploi du subjonctif en français.

Ex. : I wish **they came** more often : *j'aimerais qu'ils viennent plus souvent...*

Ex. : it's high time **you made** up your mind : *il est grand temps que tu te décides.*

Ex. : I'd rather you **didn't help** us : *je préfererais que tu ne nous aides pas.*

Ex. : they would sooner cohabit than marry : *ils aimeraient mieux cohabiter que de se marier.*

Ex. : if I **were** you, I would accept this offer : *si j'étais toi...*

Ex. : we left the door open in case the cat **came** back.

N.B. : C'est ce prétérit modal qui suit également **toute subordonnée conditionnelle**, tout comme en français :

Ex. : **if I had** more money, I could afford a better car. (*si j'avais...*)

Collocations idiomatiques : verbe + complément

to conduct research, an enquiry, an experiment, a trial, an operation : *mener une recherche, une enquête, une expérience, pratiquer une opération*

Ex. : to conduct tests on GMOs.

to cook the books : *truquer les comptes*

to cover a distance : *franchir une distance*

to do business (et non pas : make) : *faire des affaires*

to do one's best : *faire de son mieux*

to do a test (et non pas : make)

to draw to a close : *tirer vers sa fin*

to draw up a plan, a project, a strategy : *élaborer*

to encounter an obstacle, difficulties : *rencontrer*

to escape by the skin of one's teeth : *l'échapper belle.* (cf. To have a narrow escape)

to fish for compliments : *chercher des compliments*

to fish in troubled waters : *pêcher en eau trouble*

to fish for information : *aller à la pêche aux informations*

to foster/to further : *encourager :* trade (*le commerce*), recovery (*la reprise*), energy conservation (*l'économie d'énergie*)

to gain momentum, experience, respect : *prendre de l'importance, acquérir de l'expérience, gagner le respect*

to gain control of : *prendre le contrôle de...*

to gain ground : *gagner du terrain, progresser*

Ex. : extremist right-wing ideologies are gaining ground across Europe.

to generate unemployment, industrial action (*grèves*), discontent (*mécontentement*) : *provoquer*

to get into a scrape : *s'attirer des ennuis*

to get away with : *s'en tirer à bon compte*

to get used to : *s'habituer à*

to get along with : *s'entendre avec*

to get one's act together : *se reprendre en main, reprendre le dessus*

to get out of hand : *échapper à tout contrôle*

to get rid of : *se débarraser de*

to get the better of : *l'emporter sur*

Ex. : common sense should get the better of anger.

to give somebody credit for something : *reconnaître que quelqu'un a fait quelque chose (de positif)*

to give rise to a conflict, a strike, a crisis : *provoquer*

to give somebody a telling-off : *gronder, réprimander*

to give someone a rough ride : *ne pas ménager…*

to give someone a leg-up : *faire la courte échelle. donner un coup de pouce* (fig.)

to give a beating, a thrashing : *flanquer une râclée* (sens propre et figuré)

to give a wink : *faire un clin d'œil*

Étape 29

Vocabulaire de base

a shutdown : *une fermeture définitive*

a shuttle : *une navette spatiale*

to side with/against : *prendre parti pour/contre… se ranger à l'avis de…*

Ex. : Gordon Brown clearly does not side with his European counterparts as far as social reforms are concerned.

to sigh : *soupirer.* To sigh over something : *regretter, se lamenter*

to single out : *sélectionner, choisir*

single : *célibataire.* : a single parent : *père/mère célibataire.* A single-parent family : *monoparentale*

A single ticket : *un aller simple.* (a return ticket : *aller-retour*)

sizeable : *considérable.* There is a sizeable upturn in exports

to sketch : *faire une esquisse.* **To sketch out a plan** : *esquisser…* (fig.)

a rough sketch : *une ébauche.*

Ex. : give me a rough sketch of what you intend to do : *donnez-moi une idée générale de ce que vous avez l'intention de faire.*

a skill : *une compétence, un savoir-faire.* **A skilled worker** : *ouvrier qualifié,* skilled workforce : main d'œuvre qualifiée

a skyscraper : *un gratte-ciel*

to skyrocket : *monter en flèche*

a slap in the face : *une gifle*

to slash : *réduire brutalement* : The directors decided to slash wages./**to slash jobs** : *avoir recours à des licenciements massifs*

to slaughter : *abattre un animal, massacrer*

a slaughter : a bloodbath : *un carnage*

sleaze : *la corruption, la sordidité*

a slice : *une tranche.* a slice of life (fig.)

Ex. : a large slice of the credit goes to the boss : *une grande partie du mérite revient au patron.*

slight : *léger, petit.* This was a slight mistake. **I haven't the slightest idea** : *je n'en ai pas la moindre idée.* Nobody showed the slightest interest : *personne n'a manifeté le moindre intérêt.*

a slip : *un dérapage.* **A slip of the tongue** : *un lapsus.* A slip of paper : *un bout de papier*

sluggish : *lent, mou* (a slug : *une limace*)

Ex. : industrial output (*production industrielle*) is rather sluggish

Ex. : recovery exists, but it is sluggish.

a slum : *un taudis.* The slums : *les quartiers pauvres*

to slump : to plummet : *tomber brutalement, chuter*

Ex. : the Russian currency has slumped dramatically.

a slump : *une forte récession, une crise.*

to smash : *casser, briser.* He smashed his head against a door : *il s'est fracassé la tête dans une porte.* **To smash a record** : *pulvériser un record* (fig.)

to smash to smithereens : *casser en mille morceaux*

Ex. : he ran amok and smashed all the china to smithereens : *il est devenu fou furieux et a cassé toute la porcelaine en mille morceaux.*

Econ. : **a smash** : *un effondrement, une débâcle, un krach*

smooth : *lisse, doux.* **To run smoothly** : *bien fonctionner*

Ex. : business is running smoothly : *les affaires vont bien*

to smuggle: *passer en fraude, faire du traffic.*

Ex. : millions of American cigarettes are smuggled into Russia.

a smuggler : *un trafiquant*

a snag : *un inconvénient*

Ex. : the main snag is the lack of communication.

to soar : *monter en flèche.* Corporate profits are soaring. Our exports are soaring

soft : *mou, doux.* **To have a soft spot for something/someone**... : *avoir un faible pour...*

to take a soft line on something : *adopter une ligne modérée*

to softpedal : *mettre la sourdine. ne pas trop insister* (fig.)

to soften a blow (to cushion) : *amortir un choc*

to soothe : *calmer*

Ex. : the crowd's anger was soothed by the announcement of a cease-fire.

sought-after : *recherché*

Ex : the much sought-after lofts in the new residential centre of London

a soul : *une âme.* A village with 300 souls : *un village de 300 âmes.* The ship sank with all souls : *le bateau a sombré corps et biens*

sound : adjectif : *solide, qui tient debout.* This is a sound basis for action. This was a sound reform. **A sound business** : *une affaire solide*

space : *espace, place.* A short space of time : a span of time : *un court laps de temps*

to spare time :*1. gagner du temps. 2. consacrer du temps.* Can you spare me a minute? *Peux-tu me consacrer un instant ?* **He spares no effort** : *aucun effort n'est de trop pour lui*

to spare somebody's life : *sauver la vie de quelqu'un*

the spare room : *la chambre d'amis.* Have you got a spare pen for me? *est-ce-que tu as un stylo en trop pour moi ?*

a span of time : *une durée.* The average **span of life** : *la durée de vie moyenne*

for a brief span : for a short while, for a short spell (cf. plus bas)

to spark off : *déclencher*

Ex. : the bomb attack sparked off a new wave of violence.

a spark : *une étincelle*

to spearhead : *être le fer de lance, être à la pointe de*

Ex. : the firm spearheads pharmaceutical research in Europe.

a species : *une espèce.* An endangered species. An extinct species

the specifics : *les détails spécifiques, les précisions*

to speed up : *accélérer*

Ex. : the economic crisis is likely to speed up political reforms.

speed : *la vitesse.* A speed limit

to spell : *épeler.* **Spelling** : *l'orthographe*

a spell :

1. un laps de temps, une période. Weather forecast (*bulletin météo*) : sunny spells : *des périodes de soleil*

after a spell : after a while. **For a short spell** : *pendant une courte période.* He is going through **a bad spell** : *il traverse une mauvaise passe*

2. un sortilège. **To cast a spell over somebody** : *envoûter.* **To be/to fall under the spell of** : *être envoûté par…*

Ex. : tourists generally appreciate the city's spell : *le charme*

Grammaire : le present-perfect (simple past)

Il se construit toujours avec HAVE au présent suivi du verbe au participe passé, alors qu'en français l'auxiliaire du passé composé est soit ÊTRE soit AVOIR.

Contrairement au prétérit, le present-perfect **fait référence à un événement qui a eu lieu dans un espace de temps encore ouvert au moment de l'énonciation.** Comme son nom l'indique, ce temps fait toujours le lien entre le présent et le passé.

➔ Emplois du present-perfect

- L'action est passée, elle n'est pas précisée dans le temps, **mais l'accent est mis sur ses répercussions dans le présent,** sur son résultat, sur l'effet présent de cette action. En fait, il s'agit d'une constatation.

  Ex. : **look, they have bought a new car!**

  Dans cette phrase, je ne décris pas l'action d'acheter une voiture, mais je constate le résultat : ils ont une nouvelle voiture !

  Si je précisais les circonstances de l'action, j'utiliserais le prétérit :

  Ex. : they bought it last week; they bought it with the mother-in-law 's money, they bought it on credit…

- Je m'intéresse **au seul fait qu'une action a été accomplie,** mais cette action se situe dans **un passé imprécis** :

  Ex. : I have seen this film.

  Ex. : they have won at Wimbledon.

> **N.B. : Différence entre have been et have gone**
> Le verbe ALLER a deux traductions possibles au present perfect :
> **have been** : allé (*au sens de « est allé et est de retour »*)
> Ex. : Bill is back from abroad; he has been to Canada. (Attention à la préposition ! TO et non pas IN : il s'agit d'un voyage, donc d'un mouvement)
> **have gone** : allé (*au sens de « est parti et y est encore »*)
> Ex. : Mr. Smith is away at the moment. He has gone to Canada.

- L'action est passée, mais l'espace de temps reste ouvert

  Ex. : **it has rained a lot this month**. (*le mois n'est pas encore fini*)

  Inversement, si je dis : **It rained a lot this month**, l'emploi du prétérit prouve que le mois est pratiquement terminé, donc que l'espace de temps est révolu. De même : I have seen them twice this year (*l'année n'est pas encore terminée*).

  C'est le complément de temps qui indique que l'espace de temps est encore ouvert au moment de l'énonciation. Ainsi :

  Ex. : we have not seen them **lately**.

  Ex. : everything has been all right **so far**.

  Ex. : he has not finished his work **yet**.

  Ex. : **it's the second time I've travelled** with this company

> **N.B.** : À propos de ce dernier exemple : les expressions **it is the first time, it is the second time,** etc. se construisent obligatoirement **avec le present perfect** (et non avec le présent comme en français).
> Ex. : **it is the first time I have eaten** (present perfect) **in a Thai restaurant** : *c'est la première fois que je mange (présent) dans un restaurant thaïlandais.*

- **Le passé immédiat** (avec « just »)

  Celui-ci sert à rapporter une action qui vient de se terminer. **On insiste sur l'aspect achevé de l'action** :

  Ex. : **the bus has just gone** : *le bus vient de partir*

  Ex. : **this shop has just opened.**

Collocations idiomatiques : verbe + complément

to go haywire : *perdre la tête.* (pour un objet : *se détraquer*)

to go to great lengths/to great pains : *ne pas ménager ses efforts, se donner du mal*

to go wrong : *se tromper*

to go unnoticed : *passer inaperçu*

to go easy on... *ne pas forcer sur...*

Ex. : you should go easy on the whisky.

to grant : *accorder* : permission, subsidies (*des subventions*), a scholarship (*une bourse d'études*), social benefits (*des prestations sociales*)

to have a look : *jeter un coup d'œil*

to have a rest : *se reposer*

to have a try : *essayer*

to have a go : *faire une tentative*

to have a say : *avoir son mot à dire.* He has his say in the matter : *il a voix au chapitre*

to hit hard : *frapper durement*

to hit record levels : *tteindre des niveaux records*

to hit the road : *prendre la route*

to keep tabs on : *garder à l'œil, tenir un œil sur*

to keep mum : *ne pas souffler mot*

to keep a firm stance on/against : *garder une attitude ferme*

to keep something in the dark : *garder secret*

to keep someone in the dark : *laisser dans l'ignorance*

to land a blow : *infliger, porter un coup*

to land a job : *décrocher un travail*

to launch (*lancer*) *:* a campaign, a missile, a new product, a slogan

to lay the blame on : *rejeter la responsabilité sur*

to lay stress/emphasis on : *mettre l'accent sur*

to lead up a blind alley/to lead to stalemate : *ne mener à rien, mener à une impasse*

to lead someone up the garden path : *mener quelqu'un en bateau*

to make headway : *progresser*

to make an excuse

to make a noise

to make a fuss : *faire des histoires*

to make a case for.../against : *trouver des arguments en faveur/contre...*

to make sure that : *s'assurer que...*

to make money/to make a fortune : *se faire de l'argent*

to make it : *réussir*

Ex. : he has made it! : *il a réussi !*

to meet standards : *être conforme à des normes.*

to meet expectations : *répondre aux attentes*

to miss the boat/to miss the cue : *manquer le coche, rater l'occasion*

to miss the point : *ne rien comprendre*

Étape 30

Vocabulaire de base

to spend : *dépenser*

spending : *les dépenses.* A spendthrift : *quelqu'un de dépensier.*

to go on a spending spree : *avoir une frénésie d'achats*

to split up : *se séparer, se diviser*

Ex. : the ex-USSR split up after the fall of the Berlin Wall.

to spoil : *abîmer, gâter*

Ex. : our holidays were spoiled by the rain.

spoilt : adj. : *gâté*

Ex. : a spoilt child. **To be spoilt for choice** : *avoir l'embarras du choix*

a spokesman : *un porte-parole*

to spotlight : *mettre en relief*

Ex. : this article spotlights the looming threat of GMOs. (genetically modified organisms)

to spread : *se répandre*

Ex. : forest fires have spread over huge areas in California. : *se répandre comme une traînée de poudre.*

Ex. : Aids has now spread all over the world.

a spy : *un espion.* To spy **on** somebody : *espionner*

squalor : *des conditions sordides*

Ex. : in some shantytowns people live in absolute squalor.

to squander : *gaspiller*

Ex. : we should't go on squandering our natural resources.

staff : *le personnel.* The teaching staff. The staffroom : *la salle des professeurs*

a stage *:*

1. une scène. **The world stage** *: la scène internationale.*

2. un stade, une étape

Ex. : at this stage of the infection, nothing more can be done : *à ce stade de l'infection on ne peut plus rien faire.*

a stain : *une tache* (sens propre et figuré)

to stain : *maculer, entaché*

Ex. : Mr Clinton's reputation has been stained by the Lewinsky scandal.

Ex. : Lady Macbeth's hands were stained with blood.

stalemate, a deadlock : *une impasse*

Ex. : the peace talks have reached stalemate.

a stamp : *un timbre/une empreinte*

to stamp out : *venir à bout, eradiquer, enrayer, juguler*

Ex. : doctors hope to stamp out Aids : les médecins espèrent éradiquer le sida.

to stand : *supporte*r

Ex. : the Queen can't stand being criticized on her family.

to stand for... : *signifier*

Ex. : NATO stands for : North Atlantic Treaty Organisation.

standard : *courant*. This is standard practice : *une pratique courante.* A standard attitude

a standpoint (all. : standpunkt) : *un point de vue*

a standstill : *un arrêt.* To come to a standstill. To be at a standstill. To bring to a standstill

Ex. : our foie gras exports to the US have come to a near standstill.

stark : *absolu, pur*. The stark truth/reality

to starve : *mourir de faim*. **To starve someone to death** : *faire mourir de faim*

starvation : *la famine*

to state : *affirmer*

Ex. : he is on death row although he keeps stating that he is innocent.

state-of-the-art : *dernier-cri, à la pointe du progrès.* A state-of-the-art computer

status : *le statut, la position*. The status of Muslim women.

steadfast : unshakable : *inébranlable.* A steadfast belief. The hunters steadfastly reject whatever comes from the Greens : *les chasseurs rejettent fermement tout ce qui vient des Verts.*

steady : *régulier.* To make steady progress. At a steady pace : *à une allure régulière*

The figures for unemployment are keeping steady : *se stabilisent*

to stem : *endiguer, contenir*

Ex. : the police failed to stem the flow of demonstrators.

Ex. : China is trying hard to stem its population growth.

to stem from : *provenir de, émaner*

Ex. : juvenile delinquency is generally said to stem from family breakdown.

to stick to : *tenir à.* To stick to one's word : *tenir parole.* To stick to one's principles : *rester fidèle à ses principes*

to stick to the facts : *s'en tenir aux faits*

to stifle : *étouffer.*

Ex. : the dictator stifled all opposition.

to stir : *remuer, agiter.* **To stir up** anger/trouble/a revolt : *provoquer, susciter*

to stomach : to bear/to endure : *supporter*

a storm : *une tempête*

Ex. : this speech triggered off a storm of protest.

strain : stress : *une tension*

Ex. : examinations involve considerable nervous strain.

to be under strain : *être sous tension*

strength : *la force.* Strength of character. He has great strength of purpose : *il est très déterminé.*

to strengthen : *fortifier, améliorer consolider*

strenuous : *ardu, fatigant.* To make strenuous efforts

to stress : *insister sur, souligner*

strife : *des tensions, des dissensions*

Ex. : the lorry-drivers' strike sparked off considerable political strife.

industrial strife : *des conflits sociaux*

to strive to... *s'efforcer de...*

Ex. : lots of junior executives are striving to get steady positions in their firms.

to strive for

Ex. : they are striving for justice : *ils se battent pour obtenir justice.*

a stronghold : *un bastion*

Ex. : Afghanistan is a stronghold of diehard Islamism.

Grammaire : le present perfect (suite)

➔ Autre emploi du present perfect

Pour une action qui a commencé dans le passé et qui dure encore au moment de l'énonciation. Je fais le bilan de ce qui a été réalisé, soit en insistant sur le point de départ de l'action **(avec since + moment précis**) soit sur la durée écoulée depuis le début de l'action (avec **for + durée)**.

Les questions correspondantes commencent par **since when? et how long?**

Remarque

Le français emploie dans ce cas le présent, ce qui est à l'origine de tant d'erreurs chez les candidats qui continuent, contre vents et marées, à penser en français. S'il est un domaine traître entre tous où la référence au français vous mène tout droit à l'erreur, c'est bien le domaine de l'emploi des temps du passé !

Traduisez en français :

He has been ill since last Sunday/he has been ill for a week.

I have had this car for seven years, etc.

Pour les verbes ordinaires, l'anglais emploie volontiers dans ce cas la **forme continue** :

Ex. : how long have you been learning English?

Le present perfect se met à la forme continue **si l'action est vue dans son déroulement sur la durée indiquée**.

Ex. : how long have they been living in the country?

Le choix de la forme continue repose sur les mêmes critères de modalité qui ont été vus plus haut.

Comparez ces deux exemples :

you have washed the car (constat objectif : il ne fait aucun doute que la voiture a été lavée : elle n'a jamais été aussi propre !),

et **you have been washing the car**! (interprétation subjective et sans doute excédée du locuteur, qui, cette fois-ci ne voit pas la voiture, mais le supposé laveur de voiture, tout dégoulinant et ses traces de pas sur la moquette du salon…)

Le present-perfect s'emploie très fréquemment dans les informations et les reportages, pour rappeler des nouvelles brèves.

Ex. : a German hostage has been let free in the Philippines.

Ex. : a new case of mad cow disease has been detected in Brittany.

Collocations idiomatiques : verbe + complément

to pave the way for… : *ouvrir la voie à…*

to pay attention : *faire attention*

to pay a visit : *rendre visite*

to pay a compliment : *faire un compliment*

to part company with someone : *se séparer de quelqu'un*

to plant a bomb : *poser une bombe*

to put pressure on : *faire pression sur*

to put into practise : *mettre en pratique*

to put at risk : *mettre en danger*

to put an end to : *mettre fin à…*

to pursue a goal :*poursuivre un but,* **to pursue happiness** : *rechercher le bonheur*

to raise a question, a problem, a controversy, an issue : *soulever*

to raise prices, salaries, the standard of living : *augmenter*

to run into trouble : *s'attirer des ennuis*

to run a risk : *courir un risque*

to run short of… : *venir à manquer de…*

to run for president : *être candidat à la présidence*

to run amok : *être pris de folie furieuse*

to reap the benefits of : *récolter les bénéfices/avantages de…*

to score a success : *remporter un succès*

to secure : a deal, a ceasefire, support : *obtenir*

to set a goal : *fixer un but*

to set a good example : *donner le bon exemple*

to set a record : *établir un record*

to set something going/to set in train : *mettre quelque chose en marche*

to set something on fire : *mettre le feu à…*

to set a trap for somebody : *tendre un piège à…*

to set free : *libérer*

to set one's mind on doing something : *se mettre en tête de*

to shake convictions : *ébranler des certitudes*

to split hairs : *couper les cheveux en quatre*

to spread like wildfire : *se répandre comme une traînée de poudre*

to stand one's ground : *tenir bon, rester sur ses positions*

to strike a deal : *conclure un accord*

to strike a bargain : *conclure un marché*

to strike the first blow : *frapper le premier*

to strike a light : *allumer une allumette*

to strike a balance : *trouver un équilibre*

to strike lucky : *avoir de la chance*

to support a policy, a candidate, an idea : *défendre*

to tackle a problem, a task, a difficulty : *s'attaquer à…*

to take action against/in favour of… : *agir, prendre des mesures*

to take a beating : *passer un mauvais quart d'heure*

to take a course : *suivre un cours*

to take an exam : *passer un examen*, (Attention ! : **to pass an exam** : *réussir*)

to take a walk : *faire une promenade*

to take advantage of : *profiter de*

to take a step : *faire un pas* (aussi au sens figuré)

to take a soft/tough/line : *se montrer indulgent/ferme*

to take up a challenge : *relever un défi*

to take up one's responsibility : *assumer ses responsabilités*

to take someone to task : *réprimander*

to take something for granted : *considérer comme allant de soi*

Ex. : he takes it for granted that his parents should provide for all his needs : *il croit que cela va de soi que ses parents pourvoient à tous ses besoins.*

Étape 31

Vocabulaire de base

to struggle : *lutter, se battre*

a struggle : *une lutte, une bagarre*. An armed struggle : *une lutte armée*. The class struggle : la lutte des classes. **The struggle for life** : *la lutte pour la vie*

to stun : *abasourdir/assommer*. **To be stunned** : flabbergasted : *être stupéfait*

subsequent : *ultérieur*

to subscribe : *s'abonner à…* **A subscription** : *un abonnement*

to subside : *diminuer, se calmer*

Ex. : the storm has now subsided : you can go out.

Ex. : violence has subsided in many American States.

to subsidize : *subventionner/***A subsidy** : *une subvention*

the suburbs : *la banlieue*. A suburban town : *une ville de banlieue*.

Suburbia : *les banlieues résidentielles*

to succeed :

1. réussir

Ex. : he succeeded in getting elected.

2. succéder : (verbe direct)

Ex. : he succeeded his father at the head of the company.

to sue someone : *poursuivre en justice*

to suffer : to undergo : *subir*. To suffer hardship, torture…

to suffer from… : *souffrir de…*

Ex. : lots of Africans suffer from Aids.

to suit : *convenir à*

Ex. : the new measures voted by Parliament do not suit labour unions.

to summon : *convoquer*

Ex. : after the accident he was summoned to the police-station.

a surgeon : *un chirurgien*

surgery : *1. le cabinet d'un médecin. 2. la chirurgie*

to surmise : *présumer, conjecturer*

Ex. : the Russian authorities surmised that there were no survivors in the submarine

to surrender : *se rendre*

Ex. : the murderer finally surrendered to the police.

a surrender : *une reddition.* Unconditional surrender

to surround : *entourer*

Ex. : controversy surrounded the voting of the 35-hour working week

the surroundings : *l'environnement, le cadre de vie, le milieu*

to survive : *survivre.* **A survivor** : *un survivant*

to sway : *influencer, avoir une action déterminante*

Ex. : the whole world now seems to be swayed by capitalism.

sway : *l'influence, le pouvoir*

Ex. : under the sway of fanaticism.

to swear :

1. jurer. **To swear an oath** : *prêter serment*

2. dire des jurons. He swears like a trooper : mot à mot : *il jure comme un soldat ⇒ comme un charretier*

to sweat : *1. transpirer. 2.* **To sweat workers** : *exploiter des travailleurs*

a sweat-shop : *un atelier où l'on exploite les ouvriers*

Ex. : lots of illegal immigrants still work in sweatshops.

to sweep : *balayer*

sweeping : *vaste, de grande envergure.* Sweeping changes have occurred over the past decade. Sweeping anti-pollution measures. A sweeping statement : *une généralisation hâtive*

to swindle : *escroquer, arnaquer*

to switch : *changer*

Ex. : the production line has to switch to automatisation : *passer à…*

Ex. : lots of workers are forced to switch jobs (to shift to a new job) : *changer de travail.*

a tabloid : *un journal à sensation.* The tabloids : *la presse à grand tirage*

to take over : *prendre la relève, remplacer.*

Ex. : Gordon Brown took over **from** Tony Blair as Prime Minister. : *il a remplacé Tony Blair au poste de Premier Ministre.*

a takeover : *un rachat.* A takeover bid : *une OPA*

talks : *des pourparlers, des négociations*

Ex. : the Ulster peace talks.

a tap : *un robinet* (améric. a faucet). There is a lot of information **on tap** : *disponible* (fig.)

to tap : *puiser dans les ressources, exploiter*

Ex. : if man goes on tapping natural resources, he is in for some dramatic shortages : *il se prépare à de terribles pénuries.*

to tap somebody's phone : *mettre quelqu'un sur écoute*

a task : *une tâche*

Ex. : the President's main task will be to convince his opponents.

a taste : *un goût.* To have good taste : *avoir bon goût.* People of taste : *des gens de goût.* To have expensive tastes : *avoir des goûts de luxe*

he has had a taste of prison : *il a tâté de la prison*

to teach : *enseigner.* **That will teach him a lesson** : *cela lui servira de leçon !* (fig.)

to tear : *déchirer.* To tear to pieces : *déchirer en morceaux*

a tear: *une larme.* To burst into tears : *fondre en larmes*

to tell : *dire, raconter*

a telling-off : *une engueulade.* To give somebody a telling-off : *passer un savon à quelqu'un*

telltale : *révélateur* : telltale scars (*cicatrices*) of drug addiction : *les marques de la dépendance*

The telltale signs of an impending crisis : *les signes révélateurs d'une crise proche*

to tempt : *tenter.* « I resist everything except temptation » (Oscar Wilde)

a tenant : *un locataire*

to tend :

1. avoir tendance à…

Ex. : I tend to think that… : *j'ai tendance à croire que…*

2. soigner, entretenir

Ex. : he tends his garden lovingly : *il soigne son jardin avec amour.*

tense : *tendu*

Ex. : the situation is increasingly tense.

terminal : *sans issue, dans sa phase terminale* : A terminal illness : *incurable*

to testify : *témoigner, déclarer sous serment*

to thank : *remercier.* **Thanks to…** : *grâce à…*

thankful : *reconnaissant*/**thankless** : *ingrat* : a thankless task

Grammaire : le past perfect (pluperfect)

Il se construit avec HAVE au prétérit suivi d'un participe passé.

Certains de ses emplois sont parallèles à ceux du present-perfect.

- **Il exprime une action accomplie antérieurement à un moment donné du passé**, par exemple à une action qui est exprimée au prétérit :

  Ex. : when they got home, they found that the labrador **had eaten up** their dinner.

N.B. : Le past perfect est souvent l'équivalent du present perfect au **discours indirect**.

Ex. : **he confessed he had forgotten their wedding anniversary**.

- Il **exprime une action qui venait de se passer à un moment donné du passé**. Dans ce cas il est le pendant de « HAS JUST » sans le passé :

  Ex. : we had just left the bar when we heard a gun shot.

- **Il exprime une action commencée antérieurement et qui durait encore au moment passé en question** :

  Ex. : he had been married for twenty years when he decided to get a divorce.

- **Le past perfect continu** : son fonctionnement est identique à celui du present-perfect continu. N'oubliez pas que si le present-perfect est repéré par rapport au présent, le past-perfect se repère par rapport au prétérit.

  Ex. : yesterday she had been waiting since 3 o'clock when he eventually turned up.

- **Le past-perfect avec « HARDLY... WHEN » et « NO SOONER... THAN »**

  Ces tournures s'emploient toujours avec le past-perfect, pour exprimer des actions quasi concommitantes dans le passé.

  Ex. : hardly had she stepped into her bath when he opened the bathroom door.

  Ex. : no sooner had she swallowed her tea than she collapsed stone dead : *à peine eut-elle bu le thé qu'elle tomba raide-morte.*

N.B. : Ne confondez pas la construction de ces deux expressions : **no sooner** est un comparatif : il est donc suivi de **than** (alors que **hardly est suivi de when**). On trouve aussi **scarcely** construit de la même manière avec WHEN et ayant le même sens.

- **Le past-perfect modal**

  Comme le prétérit modal, il exprime **l'implication du locuteur, mais cette fois-ci, dans un contexte passé** : là aussi il servira à exprimer les nuances de supposition au passé, de regret, de préférence, etc.

  Ex. : I wish I had met you earlier...

  Ex. : if only they had not decided to get married...

  Ex. : I'd rather you had stayed at home (*j'aurais préféré...*)

- **Le past perfect avec : it was the first time...**

  Comme nous l'avons vu avec le present perfect dans un contexte présent, le past perfect s'emploie dans un contexte passé (Attention ! Le français utilise l'imparfait !)

  Ex. : it was the first time **he had kissed** a girl : c'était la première fois qu'il embrassait une fille.

Collocations idiomatiques : verbe + complément

to talk tough : *durcir le ton*

to talk through one's hat : *raconter n'importe quoi*

to teeter on the brink of... : *être au bord de...*

Ex. : Russia teeters on the brink of anarchy.

to tell the difference : *distinguer, faire la différence*

to tighten the noose : *resserrer l'étau* (a noose : *un noeud-coulant*)

to tighten one's belt : *se serrer la ceinture* (fig.)

to toe the line : *se ranger sur la ligne de départ : par extension : se plier, se mettre au pas*

to turn a blind eye to : *fermer les yeux sur, faire semblant d'ignorer*

to trigger (off) a reaction, a revolt : *déclencher*

to undergo a change, a crisis, difficulties : *subir*

to wear thin : *être usé jusqu'à la trame*

Ex. : that excuse has worn thin : *cette excuse ne prend plus* (fig.)

to win hands down : *gagner haut-la-main*

to wreak havoc : *faire des ravages*

Ex. : the Yangtze floods have wreaked havoc throughout China : *les inondations du Yang-Tsé-Kiang ont fait des ravages dans toute la Chine.*

Collocations idiomatiques : nom + verbe

an accident/an event : to occur, to happen, to take place

an agreement : to come to, to conclude, to reach, to work out, to carry out/to break, to violate

aid : to provide, to offer

an aim : to achieve, to reach

anger, violence, a revolt : to flare up, to break out, to boil over, to fire up

an attack : to launch, to carry out, to lead, to spearhead

authority : to wield, to exercise, to demonstrate, to defy, to undermine, to establish

a balance : to strike a balance (*établir un équilibre*), to recover one's balance, to lose one's balance, to upset the balance, to throw something off balance

a bargain : to drive a bargain, to strike

a battle : to wage (*mener*), fight, win, lose a battle, to join battle : *entrer dans la bataille*

a belt : to fasten one's belt, to buckle one's belt, to tighten one's belt : *se serrer la ceinture*

a benefit : to reap a benefit/to draw a benefit from.../to give someone the benefit of the doubt

a bill : *un projet de loi* : to draft (*élaborer*), to propose, to oppose, to pass, to support, to reject, to shelve (*mettre en veilleuse*), to veto a bill

Étape 32

Vocabulaire de base

a thief : *un voleur.* **A theft** : *un vol*

thirst : *la soif.* To be thirsting for revenge : *avoir soif de revanche*

thorough : *minutieux.* After thorough examination.../A thorough investigation

thought : *la pensée.* To act without thought : *de manière irréfléchie.* What a brilliant thought! : *quelle idée géniale !* He gave up all thoughts of marrying her : *il a abandonné toute idée de l'épouser.*

it's the thought that counts : *c'est l'intention qui compte*

thoughtful : *gentil, attentionné/***thoughtless** : *égoïste.* That was a thoughtless thing to do.

to be thrilled : *être aux anges.* **A thriller** : *un roman* (*ou film*) *à suspense*

thrilling : *passionnant*

to thrive : to flourish, to boom : *prospérer, se développer*

Ex. : the service sector in Moscow is thriving : *le secteur tertiaire est prospère à Moscou.*

to thrust : *pousser, jeter violemment*

Ex. : Anna Karenina thrust herself under a train.

a thug : *un voyou, une brute*

Ex. : skinhead thuggery : *la violence aveugle...*

a tide : *une marée, une vague, un courant.*

Ex. : a tide of violence is sweeping through French suburbs. A tidal wave : *un raz-de-marée.* To turn the tide : *faire tourner la chance.* The tide of events : *le cours des événements*

tidy : *bien rangé, ordonné.* To tidy up a room/a drawer : *ranger une chambre/un tiroir*

tight-fisted : *pingre, avare*

to tie : *nouer, lier.* To be tied hand and foot : *avoir pieds et mains liés* (fig.)

ties : *des liens.* **Blood ties** *: les liens du sang.* **Family ties** : *des liens de famille*

a tier : *un gradin.* **A three-tier system** : *un système à trois niveaux.* **The two-tier society** : *la société à deux vitesses*

to tighten : *resserrer.* **To tighten control** : *renforcer.* To tighten the noose : (noose : *noeud coulant*) : *serrer la vis.* To tighten one's belt : *se serrer la ceinture*

tight : *serré, tendu.* **To keep a tight rein on…** : *surveiller de près*

to be **tightly controlled** : *être étroitement surveillé*

to be tight (fam.) : *manquer d'argent, être serré.* **To be tight-lipped** : *ne pas desserrer les dents, rester muet.* A tight-lipped silence

time : le temps. **To work full-time** : *à temps plein.* **Part-time** : *à temps partiel.* A time bomb : une *bombe à retardement*

a tip :

1. un bout. **The fingertips** : *le bout des doigts*

Ex. : **this is only the tip of the iceberg**.

2. un pourboire

3. un conseil

Ex. : **can you give me a tip**? peux-tu me donner un conseil ?

follow my tip! : *écoute mon conseil !*

to tip off someone about something : *filer un tuyau, prévenir.*

Ex. : he was arrested by the police after a tip-off : *il a été arrêté après une dénonciation.*

to tip : *incliner, faire pencher*

to tip the scales : *faire pencher la balance* (fig.)

a token : *un gage, un signe*

Ex. : he gave her flowers as a token of his gratefulness (*en signe de reconnaissance*)…

by the same token : similarly : *de même…*

a toll : *1. un péage.* A toll road : une route à péage. *2.* **The accident toll** : *le bilan d'un accident*

Ex. : the air crash had **a heavy death toll** : *a fait un grand nombre de morts.*

tough : *dur*

Ex. : It is tough being a policeman in insecure suburbs.

A tough guy : *un dur*

Ex. : President Bush played the tough guy with Iraq : *Le président Bush a joué au dur avec l'Irak.*

to track : *essayer de retrouver la trace de…*

Ex. : Simon Wiesenthal has spent a lifetime tracking Nazi criminals in South America.

to track down : *retrouver la trace de, localiser.*

Ex. : the police has tracked down the criminal.

a track : *une piste, une voie*

Ex. : the hurricane detroyed everything in its track : *tout sur son passage.* **To follow in somebody's tracks** : *Suivre les traces de* (fig.). The police is on his track(s) : *la police est sur ses traces.*

trade : *le commerce.* **The trade figures** : *les résultats financiers du commerce extérieur.* **The trade deficit** : *le déficit de la balance commerciale.* **A trade union** : *un syndicat.* **A trademark** : *une marque déposée*

to train : *former, instruire*

a trained nurse : *une infirmière diplômée*

a training course : *un stage.* A training college : *une école professionnelle*

to translate : *traduire.* To translate ideas into action (fig.)

a transplant : *une greffe.* A heart transplant, liver, kidney (*reins*), bone marrow (*moelle osseuse*)

a trap : a pitfall : *un piège.* To be caught in a trap. **To fall into a trap**. To set a trap : *tendre un piège*

to travel : *voyager.* News travels fast : *les nouvelles vont vite*

tremendous : *fantastique, formidable.*

a trend : *une tendance, une mode.* **Trendy** : *à la mode, dans le vent*

a trial :

1. un procès

2. hardship : *une épreuve.* **A trial of strength** : *une épreuve de force*

Ex. : the trials of old age : *les vicissitudes de la vieillesse*

Ex. : this exam was a real trial : *cet examen a été très éprouvant*

a trick : *un tour, une astuce, une combine.* **A nasty trick** : *un sale tour*

to play a trick on someone : *jouer un tour…*

Ex. : my memory is playing me tricks : *ma mémoire me joue des tours*

that will do the trick : *ça fera l'affaire*

tricky : thorny : *épineux*

Ex. : death penalty is still a tricky issue in Texas

a trifle : *une bagatelle*

Ex. : he worries over trifles : *il se fait du mauvais sang pour rien.*

Ex. : I bought it for a trifle at the flea market : *je l'ai acheté pour une bagatelle au marché aux puces.*

to trigger off : to generate, to prompt, to cause : *déclencher*

Ex. : the Asian crisis has triggered off a considerable slump on the Stock-Exchange.

Grammaire : le futur

Il existe plusieurs manières d'exprimer le futur en anglais, selon le point de vue du locuteur ; comme pour les autres temps et formes que nous avons déjà étudiées, il faut prendre en compte la modalité.

➔ Le futur ordinaire

Will/Shall + Base verbale (infinitif sans to)

WILL peut s'employer en principe à toutes les personnes ; c'est le cas par exemple en anglais américain. En anglais britannique SHALL est souvent utilisé comme auxiliaire du futur à la PREMIÈRE PERSONNE, **surtout dans les questions**, parfois aussi, dans un registre soigné, à la forme affirmative.

Dans le langage familier, ces deux auxiliaires prennent une forme contractée identique après un pronom : 'LL.

Ex. : I'll go, she'll miss you, they'll get married.

Cette forme de futur ordinaire s'emploie pour exprimer **une action CERTAINE**, présentée comme **une réalité future**.

Ex. : they will move to Canada in June.

Ex. : I hope you will do me that favour.

Ex. : I shall be glad to meet you.

Ex. : we shall have to buy a new car.

N.B. : La forme contractée à la forme négative est SHAN'T et WON'T.

➔ Le futur avec « going to »

Il correspond à la forme française : « je vais t'écrire, il va gagner », etc.

Il s'emploie pour exprimer une intention ou une forte probabilité. Il est donc **plus fortement modalisé** que le **futur avec WILL**.

Comparez : « **It will rain** » (qui exprime la certitude de la pluie, par exemple dans un bulletin de météorologie) et « **it's going to rain** » (qui exprime la supposition personnelle du locuteur, qui regarde le ciel gris et en conclut qu'il va pleuvoir).

Ex. : I'm going to make a cup of tea (*intention*).

➔ Le présent continu à sens futur

Correspond au présent français à sens futur.

Ex. : ce soir nous allons au restaurant.

Attention ! Seul le **présent continu** peut servir de futur ; **il est impossible d'utiliser dans ce cas le présent simple.**

Dans le cas du présent continu à sens futur il y a toujours un marqueur de temps précis : tonight, tomorrow, next week, etc.

Ex. : tomorrow we are flying to New York.

Ex. : I am inviting some friends for my birthday.

➔ Le futur progressif

Exprime une action qui sera en cours à un moment donné du futur.

Ex. : this time tomorrow, I'll be walking up the aisle : *demain à cette heure, je me marierai* (the aisle : *la nef d'une église*).

Collocations idiomatiques : nom + verbe

the blame : to put the blame on, to lay the blame on... : *rejeter la faute sur*/to assume, to bear the blame. The blame falls on...*la faute en revient à...*

a blow : to deliver, to strike, to deal a blow : *donner des coups*/to rain blows on... : *tabasser*/to take a blow (*encaisser*) to cushion a blow (*atténuer*)

a bomb : explodes, goes off. To plant a bomb (*poser*), to set off a bomb : *faire exploser*, to defuse a bomb (*désamorcer*)

a border : to establish, to draw a border : *tracer une frontère*. To cross, to patrol a border

a brake : to put on the brakes (*freiner*), to step on the brakes, to release the brakes : *lever le pied*. To put a brake on... (fig.)

a budget : to draw up, to balance, to exceed, to cut, reduce a budget

a burden : to bear, shoulder a burden (*porter*) : To share, alleviate, lighten, to place a burden on...

business : thrives (*est florissante*), booms, prospers

or : declines, slackens, slows down. To conduct, to do business. To go into business. To manage, to run a business. Mind your own business, it's none of your business : *occupe-toi de tes affaires*

To know one's business : *être compétent*

a campaign : to launch, to carry on (*poursuivre*), to conduct, to wage (*mener*) a campaign

a cause : to fight for, to champion, to serve, to take up, to plead

a challenge : to take up, to meet a challenge (*relever un défi*)

a chance : to stand a chance (*avoir une chance de...*), to let a chance slip by, to miss a chance

a class : to conduct, to hold, to schedule (*programmer*), to attend class, to go to class, to cut, to miss a class (*manquer*). To cancel (*supprimer*)

a compliment : to pay somebody a compliment, to return a compliment. To fish for compliments : *chercher les compliments*

a condition : to set/state (*établir*) a condition, to accept/turn down (*refuser*), to fulfil or meet (*remplir*) a condition

control : to exert control over, take control of, lose control of…

a crisis : looms large, threatens

damage : to cause, inflict, suffer damage, to repair (a) damage

a danger, war, an epidemic : threatens, looms (*menace*), to run a danger, to face, to avert a danger (éviter)

a disease : to contract, to carry, to spread a disease, to cure, to eradicate, stamp out, wipe out…

a doubt : to raise doubts, to cast doubt (*jeter*), to voice (*exprimer*), to dispel (*dissiper*) doubt/s

difficulties : emerge, crop up. To run into, to come across : *rencontrer,* to cause, to overcome (*dépasser*) difficulties

Étape 33

Vocabulaire de base

to trust : *faire confiance*

Ex. : The Defense Minister can hardly be trusted when he claims that he has no chemical weapons.

tuition : *l'instruction, l'enseignement*

a tune : *un air, une mélodie.* To change one's tune : *changer de discours* (fig.)

to call the tune : *décider, mener la danse*

turmoil : *agitation, trouble*

Ex. : Afghanistan is once again in turmoil.

twilight sunset, dusk : *le crépuscule.* Antonyme : dawn, sunrise, daybreak : *l'aurore*

unaware : **to be unaware of…** : *ignorer quelque chose* : the scouts were unaware of the danger

Lots of youngsters are politically unaware : *n'ont aucune conscience politique*

an underdog : *une victime, un opprimé, un faible*

Ex. : children are the underdogs of Thai society.

to undergo : *subir*

Ex. : our economy will have to undergo further drastic changes to meet the challenge of the European single market.

to undermine : *miner, saper, saboter*

Ex. : Mr Clinton's authority has been seriously undermined by the Lewinsky affair.

to underscore : *souligner, mettre en évidence*

Ex. : the figures underscore the seriousness of the situation.

to underpin : *étayer*

Ex. : the platform of the extreme-right is underpinned by fascist ideology.

unemployment : *le chômage*

to unleash : *déclencher, déchaîner* (a leash : *une laisse*)

Ex. : the latest bomb attack in Ulster has unleashed a wave of violent protest.

unrest : *l'agitation*

Ex. : there is growing unrest within the Russian army.

to update : *moderniser*

Ex. : our schools curriculum should be updated so as to meet the needs of modern society : *notre programme scolaire devrait être modernisé pour répondre aux besoins d'une société moderne.*

an upheaval : *un bouleversement.*

Ex. : the fall of the Berlin wall was a major political upheaval in the former Soviet bloc.

to uphold : *défendre, soutenir*

Ex. : the government should uphold the rights of individual citizens : *le gouvernement devrait défendre les droits des individus.*

an uprising : *un soulèvement*

to upset : *bouleverser*

Ex. : her husband's death upset all her plans.

Ex. : the whole world was upset by the news of the earthquake.

an upsurge : *une hausse, une recrudescence, une poussée*

Ex. : an upsurge in violence.

a utility : *un service public*

a U-turn : *un revirement, un changement radical*

Ex. : The President's U-turn when he reappointed the former prime minister.

to urge : *exhorter, inciter à...*

Ex. : the rebel leader is urging his troops to go on fighting.

utterly : *complètement*

Ex. : he failed utterly : *il a totalement échoué.*

Ex. : he was utterly charmed by her smile.

vacuum : *le vide*

value : *la valeur*

Ex. : the peace talks have been of no value : *n'ont servi à rien*

values : moral standards

to value : to appreciate

Ex. : I value my freedom.

Ex. : he is someone we all value : *c'est quelqu'un que nous apprécions tous.*

to put/set a great value on... : *attacher beaucoup de valeur à...*

to vanish : *disparaître*

Ex. : all hopes of finding survivors soon vanished.

vast : *énorme.* The government spends vast sums on research. A vast crowd. The vast majority

to venture : *s'aventurer.*

Ex. : you shouldn't have ventured to the Philippines : it was too risky!

Ex. : I ventured to write to the president : *j'ai pris la liberté de...*

to venture a guess : *risquer une réponse au hasard*

a venture : *une entreprise*. A joint venture : *une société en participation, une joint venture*

the verge : *le bord, le bas-côté de la route*. To be **on the verge of** a crisis : *au bord d'une crise*

vested : a vested interest : *un intérêt direct*

to be victimized : *subir des représailles*. Women are dramatically victimized in Islamic countries.

vicious : faux-ami : *méchant, brutal*. Pitbulls can be vicious dogs : *des chiens méchants*

to view : *considérer*

Ex. : the journalist views this result as a failure.

a view : *une vue*. A point of view.

Ex. : **from the economic point of view/viewpoint** : *du point de vue économique*

a viewer/a TV viewer : *un téléspectateur*

to vow : *jurer, promettre*

Ex. : the Iraqis have vowed to wage war on the USA.

to wage war : *faire la guerre*. **To wage a campaign** : *mener une campagne*

wages : *un salaire* (*d'ouvrier*). **A wage-earner** : *un salarié* (*manuel*). A wage-freeze : *un blocage des salaires*. **A wage hike** : *une augmentation des salaires*. **A wage cut** : *une diminution des salaires*

the wake : *le sillage d'un bateau*. **In the wake of** : *à la suite de* (fig.)

Ex. : he was arrested in the wake of a bomb attack.

Ex. : there as a lot of turmoil in the wake of the Prime Minister's dismissal.

a walk-out : *un débrayage, un arrêt de travail*. (*dans le cadre d'une grève*)

wane : **to be on the wane** : *être en diminution*. Antonyme : to be on the rise/on the increase : *en hausse*

wanton : *gratuit, délibéré* : Algerian terrorists kill babies with wanton cruelty.

war, warfare : *la guerre, l'état de guerre*. Chemical/nuclear/conventional warfare

Grammaire : le futur (suite)

➔ Le futur immédiat

Il marque l'imminence d'une action. **Plusieurs tournures sont possibles** :

TO BE JUST GOING TO/TO BE ABOUT TO/TO BE ON THE POINT OF + VERBE-ing.

Ex. : we were just going to leave when she rang up : *nous étions sur le point de partir quand elle a téléphoné.*

Ex. : I was about to open the door when I heard a noise inside : *j'étais sur le point d'ouvrir la porte quand j'entendis un bruit à l'intérieur.*

Ex. : he was on the point of giving up when the miracle happened : *il était sur le point d'abandonner lorsque le miracle se produisit.*

➔ Autres utilisations de Shall/Will

Shall s'emploie souvent avec une forte valeur modale, non pas pour exprimer le futur à proprement parler, mais **pour rendre l'idée de vouloir**.

- Ainsi, **une offre polie, une suggestion, s'expriment avec SHALL** :

  Ex. : shall I give you a hand? *voulez-vous que je vous aide ?*

  Ex. : shall we go to the cinema? *veux-tu que nous allions au cinéma ?*

- Will exprime souvent une **demande polie** :

  Ex. : will you shut that door please! : *voulez-vous fermer cette porte !*

  Ex. : stop bothering me, will you! : *arrête de me casser les pieds s'il te plaît.*

- Will à sens modal s'emploie pour **exprimer une habitude bien ancrée** avec **une valeur fréquentative**.

  Ainsi, le dicton évoqué à chaque fois qu'un petit garçon fait une bêtise : « **Boys will be boys** ».

  Ex. : **these accidents will happen mainly at weekends** : *ce genre d'accident se produit généralement en fin de semaine.*

- Will peut aussi exprimer une **forte présomption** :

  Ex. : that will be Mrs Springfield : *c'est sûrement Madame Springfield.*

  (Ex. : *quand on entend la sonnette*)

- Will peut également se rapprocher du sens de l'allemand WOLLEN :

  c'est-à-dire exprimer tout simplement **la volonté**. Ainsi, la réponse à la fameuse question dans les cérémonies de mariage (when you have walked up the aisle...) : « *veux-tu prendre pour légitime épouse...*, etc. » est : « **I will** ». Il s'agit bien ici de volonté, du moins il faut le souhaiter...

➔ Le futur antérieur

Se construit avec **will + infinitif passé**

Ex. : you will have finished your studies by the year 2006 : *tu auras fini tes études en l'an 2006.*

Collocations idiomatiques : nom + verbe

the economy : is recovering, picking up, looking up (*reprend*), soaring…

or : plummeting, plunging, nosediving

an examination : to sit for, to take (*passer un examen*), to fail : *rater,* to pass : *réussir*

an example : to give, provide, cite, quote. To follow smb's example. To set an example : *donner l'exemple*

an experiment : is carried out, conducted, performed

fear : to arouse fear, to kindle *: susciter,* to feel fear for…, to dispel fear : *dissiper.* To overcome : *dépasser*

force : to be in force : *être en vigueur,* to come into force : *entrer en vigueur,* to resort to force *recourir à la force.* From force of habit : *par la force de l'habitude*

a gap : to leave a gap, to bridge a gap, to fill a gap, to close a gap

ground : to gain ground on : *gagner du terrain ;* to stand one's ground : *rester sur ses positions.* To lose, to yield ground : *perdre du terrain*

help : to give, provide, offer help, to call for help, to seek help

hope : to arouse, to stir up hope : *éveiller.* To nurse a hope : *entretenir*, to give up hope.

information : to provide, offer information, to gather, collect, to leak information : *divulguer,* to cover up, to withhold : *tenir caché.* To feed somebody information : *fournir des informations à quelqu'un*

interest : to arouse, to generate, to stir up : *éveiller.* To display, to show : *montrer.* To take an interest in : *prendre de l'intérêt.* To express interest. To lose interest

an investigation : to conduct : *mener,* to carry out : *mener à bien,* to launch an investigation : *lancer une investigation*

a job : to take on a job, to land a job (*décrocher*), to hunt for a job, to quit, to give up a job

the law : you can enforce it, abide by it, violate, break it or flout it

trade : is conducted, carried on, developed, promoted, restricted

the lead : **to take the lead** : *prendre la tête de…*, to assume the lead, to hold the lead, to follow somebody's lead, to hold a commanding lead over…

life : to lead a life, to save lives, to devote one's life to…, to come to life, the accident claimed many lives : *l'accident a coûté de nombreuses vies*

a line : to draw the line : *tirer un trait,* to toe the line (*se mettre au pas*), to stand in line : am. *faire la queue,* to take a firm line : *prendre une position ferme*, can you drop me a line? (*m'écrire un mot*)

memory : to lose one's memory, to speak from memory (*de mémoire*), to stir up, evoke a memory (*souvenir*), to blot out a memory (*effacer*)

mind : to make up one's mind, to bear in mind, to speak one's mind (*vider son cœur*) ; to change one's mind : *changer d'avis* ; to set one's mind on something : *être décidé à faire qq. chose* ; to cross one's mind (*traverser l'esprit*) ; to lose one's mind (*perdre l'esprit*) ; what's on your mind? *à quoi tu penses ?*

Étape 34

Vocabulaire de base

a warlord : *un seigneur de la guerre*

to warn: *mettre en garde, avertir*

Ex. : after the emergence of Mad Cow Disease, people were warned against British beef imports.

a warning : *un avertissement, une mise-en-garde*

to warrant : *mériter, justifier*

Ex. : this crime didn't warrant the death penalty.

to waste (energy, money) : *gaspiller*. To waste time : *perdre du temps*

waste : uncountable : *les déchets*. **Waste disposal** : *le traitement des déchets*. Nuclear, radioactive waste

wastage : *le gaspillage*

a watershed : *un tournant critique, un moment historique*

Ex. : the discovery of America was a watershed in the world's history.

a wave : *une vague*

Ex. : a wave of unrest, of violence, of protest.

a way : *un chemin, une voie*. **To be under way** : *être en cours*. **To pave the way for...** : *ouvrir la voie à*

weak : *faible*

Ex. : the economy has begun a weak recovery : *l'économie connaît une faible reprise*

a weak point/spot : *un point faible*

a weakness : *une faiblesse*

to weaken : *s'affaiblir, fléchir*

to wear out : *s'user, user*

Ex. : they are worn out with anxiety over the fate of their kidnapped son : *leur anxiété est à bout concernant le sort de leur fils kidnappé.*

weary : *las, fatigué* : Many Israelis are war-weary by now. (*las de la guerre*)

to welcome : *accueillir*. To be welcomed : *être favorablement accueilli*

Ex. : the tax cuts were naturally welcomed by all tax-payers.

welfare : *le système de protection sociale*. **The Welfare State** : *l'État-providence*

to whitewash : *dissimuler la vérité* : The Nixon Administration carefully tried to whitewash the Watergate affair but the latter was finally brought out into the open (*révélée au grand jour*).

wholesale : *sur une vaste échelle, en masse*. There were wholesale massacres in Bosnia.

a wholesale dealer : *un grossiste.* (antonyme : a retail dealer)

wholesome : healthy : *sain, salubre.* The air up in the mountains is wholesome.

widespread : *vaste, étendu, largement répandu*

Ex. : a widespread opinion

a widow : *une veuve*. A widower : *un veuf*

to wield (power, influence) : *exercer un pouvoir*

wisdom : *la sagesse.* The received wisdom : *l'opinion la plus répandue*

conventional wisdom has it that... : *selon l'opinion générale...*

wilderness : *la jungle, une région sauvage*. To be in the wilderness : *traverser un désert politique* (fig.)

wide-ranging : *étendu, de grande envergure*

wishful thinking : *des vœux pieux*. This is wishful thinking : *tu prends tes rêves pour des réalités.*

to withdraw : *se retirer, retirer*

Ex. : the athlete had to withdraw from the competition since he was tested positive for drugs.

Ex. : the Iraqis were forced to withdraw their troops from Kuweit.

a withdrawal : *un retrait*

to withstand : *résister à :* the government will find it difficult to withstand the public pressure in matters of Social Security.

to wonder : *s'étonner, se demander.* **The seven wonders of the world** : *les 7 merveilles du monde.* **A wonder** : *un miracle.* **No wonder** he lost the game : *il n'est pas étonnant que...*

a workaholic : *un forcené du travail*

the workforce : *les effectifs d'une entreprise*

a workshop : *un atelier*

to worship : *vénérer, adorer.* **The worship of money/of fame** : *le culte de l'argent/ de la célébrité*

worthwhile : *qui en vaut la peine*

Ex. : a visit to the local museum is worthwhile : *le musée local vaut la peine d'être visité.*

a wound : *une blessure*. The wounded : *les blessés. To wound* : *blesser*

a wreck : *une épave* (sens propre et figuré)

Ex. : he is a poor, alcoholic wreck. A shipwreck : *un naufrage*

to wreck : *détruire*

Ex. : the bomb has wrecked a whole block of houses.

Ex. : their marriage was finally wrecked : *brisé*

Ex. : his hopes were wrecked after that failure : *ses espoirs ont été anéantis après cet échec.*

wretched : *misérable*

Ex. : the wretched plight of Third World children.

a wrongdoer : *un malfaiteur*

wrongful : *injustifié.* Wrongful arrest : *une arrestation arbitraire*

a wrongful dismissal : *un licenciement abusif*

youth : *la jeunesse.* A youth : *un jeune homme.* The youths : *les jeunes*

a yuppie : *un jeune cadre dynamique* (= Young Urban Professional)

zeal : *zèle, ferveur, fanatisme.* A zealot : *un fanatique religieux.* Zealotry : *fanatisme*

⇒ **Fin du vocabulaire de base**

Grammaire : le futur (suite)

➔ Le cas des subordonnées de temps à sens futur

Alors qu'en français on dit : « quand je serai grand, je serai médecin », **l'anglais emploie obligatoirement le PRÉSENT** là où le français emploie le FUTUR : « When I **am** grown-up, I will be a doctor »

Ex. : *je te payerai quand* **j'aurai** *l'argent* : I'll pay you when **I have** the money.

Ex. : *je le lui dirai quand je le* **verrai** : I'll tell him when **I see** him.

Dans le cas d'un contexte passé, on emploiera le PRESENT PERFECT au lieu du présent.

Ex. : I will lend you that book when **I have finished** reading it : *quand* **j'aurai fini** *de le lire.*

Attention !

Vous trouverez pourtant **WHEN suivi d'un futur** :

Ex. : I wonder when Peter will write : *je me demande quand Peter va m'écrire.*

Ex. : **I will tell you when he will arrive** : *je te dirai l'heure de son arrivée.*

(Comparez avec : **I will tell you when he arrives** : *je te le dirai quand il arrivera* : subordonnées de temps)

Dans le premier cas la question serait : **what will you tell me?**

Dans le deuxième cas elle serait : **when will you tell me?**

N.B. : Le présent est également utilisé dans les subordonnées de temps introduites par AS SOON AS/AS LONG AS/WHENEVER/BY THE TIME.

Ex. : I'll go out as soon as **it stops** raining : … *dès qu'il* **s'arrêtera…**

Ex. : I'll remember you as long as **I live** : … *aussi longtemps que* **je vivrai.**

Ex. : come and see us whenever **you like** : *aussi souvent que* **tu voudras.**

Ex. : by the time **you are** ready it will be too late : *quand enfin* **tu seras** *prêt, il sera trop tard.*

Collocations idiomatiques (fin)

money : to make money, to coin (*frapper*) money, to earn money, to raise, to spend, to save, to squander (*dilapider*), to borrow (*emprunter*), to lend (*prêter*), to invest. He has money to burn (he is very rich)

a need : *un besoin.* : to feel a need, to meet a need (*satisfaire*), to satisfy ; there is no need for violence : *la violence n'est pas nécessaire* ; to live in dire need : … *dans la pauvreté absolue*

office : to hold office, to take office : *entrer en fonctions,* to run for office (US : *se présenter pour la présidence*)

an operation : to perform an operation **on** somebody (*opérer quelqu'un*), to have, to undergo an operation. To be operated on : *être opéré*

peace : to achieve, to bring about peace, to make peace, to break, shatter the peace : *ruiner la paix*

a plan : to draw up a plan : *élaborer,* to devise : *concevoir,* to map out a plan *concevoir, élaborer.* To make plans, to carry out a plan *: réaliser*

a plea : to make a plea, to put forward a plea : *plaider,* to reject, to answer a plea

a point : to reach a point, a point of no return, to make a point : *avancer un argument.* To come to the point : *en venir au fait* ; to be beside the point : *être à côté de la question ;* to score a point : *marquer un point* ; a case in point : *un exemple frappant.* There is no point in… : *il est inutile de…*

a problem : to cause, to pose, to bring up, to raise. To solve, to settle : *résoudre*

a record : to set (a new) record, to tie (to equal) a record, to beat, to break a record, to hold, to keep a record

responsibility : to take on, to shoulder, to assume, to bear : *assumer ;* to share responsibility : *partager ;* to evade : *esquiver*

a right : to gain, to have, to enjoy, to claim, to safeguard, to relinquish a right : *renoncer à…*

a sentence : to pass, to pronounce : *prononcer un jugement* ; to carry out, to execute, to serve out : *faire de la prison* ; to commute : *commuer une sentence*, to reduce a sentence

standards : to set standards : *établir des normes ;* to raise/to lower standards, to meet standards/to come up to standards : *être conforme aux normes ;* to have high standards : *être exigeant ;* to have double standards : *faire deux poids deux mesures*

a stop : to come to a stop : *s'arrêter.* To bring to a stop : *faire cesser.* To make a stop : *faire une pause.* To put a stop to something : *mettre un terme à…*

a strike : to go on strike : *se mettre en grève.* To break strike, to be on strike

a subject : to tackle a subject, to deal with, to dwell on, to go into, to avoid, to drop a subject, to change the subject.To master a subject

success : to score a success, to achieve, to make a success of…, to enjoy a success

support : *soutien* : to give support, to provide support ; to round up support for *: chercher des appuis ;* to draw support, to get : *trouver des appuis*, to win support

a task : to carry out, to fulfil, to perform, to cope with, to undertake : *entreprendre ;* to take s.o. to task for something : *critiquer quelqu'un pour…*

trouble : to cause trouble/to start trouble/to stir up trouble/to spark off trouble : *provoquer, attiser*

a view : to express, to voice a view, to hold, to advocate, to take a view

a victory : is scored, achieved, won

a war : breaks out. You declare, conduct, wage a war (*mener*). You win it or lose it

the way : to clear the way, to pave the way (*ouvrir la voie*) To take the easy way, to show the way, to make way : *progresser ;* to lose one's way. To make way for : *faire place à…* ; to have a way with (Ex. : children) : *savoir y faire.* To have, get one's way : *avoir le dernier mot*

⇒ Fin des collocations idiomatiques

Deuxième année

étapes 35 à 60

Étape 35

Vocabulaire général

to be/to keep abreast of something : to be aware of : *se tenir au courant de…*

Ex. : if you study politics or economics, you must keep abreast of current events.

academic : *1. universitaire. 2. théorique.* An academic debate : *une discussion toute théorique*

an ace : cartes : *un as.* To keep an ace up one's sleeve : *garder un atout en réserve* (fig.). To hold all the aces : *avoir tous les atouts.* An ace driver : *un as du volant*

acid rain : toujours au singulier : *les pluies acides*

an act of Parliament : (brit.) *une loi.* **An act of Congress** : (US) *une loi.*

An act of God : *une catastrophe naturelle*

acumen : usually : **business acumen** : *le don des affaires*

Ex. : when you are aiming at an MBA (Master of Business Administration), you must prove that you have business acumen.

adamant : *obstiné*

Ex. : the protesters adamantly refused to leave the Embassy premises.

an address : *1. une adresse. 2. un discours officiel*

Ex. : the Queen's address to Parliament : *le discours de la Reine.*

Ex. : the President's State of the Union Address : *le discours sur l'État de l'Union (que le Président américain adresse chaque année au Congrès).*

to address someone : *s'adresser à…*

Ex. : the President should be addressed as "Mr President" : … *devrait être appelé…*

to admit : to acknowledge : *admettre*

Ex. : I must admit that I was wrong : *je dois admettre que j'avais tort.*

admittance : *droit d'entrée, admission.* No admittance : *accès interdit*

affirmative action : *politique américaine anti-discriminatoire en faveur des minorités*

the aftermath : (sing.) : *les suites, les séquelles*

Ex. : lots of workers lost their jobs in the aftermath of the economic downturn.

Ex. : there was a risk of rampant disease in the aftermath of the earthquake.

an agenda : *un ordre du jour (congrès, assemblée, réunion)*

Ex. : urban violence is on the government's agenda. **To be high on the agenda** : *être un point prioritaire.*

ailing : *souffrant*

Ex. : the ailing Pope was unable to celebrate mass.

alimony : *une pension alimentaire (en cas de divorce)*

to alleviate : *soulager, alléger* (pain, difficulties)

aloof : uninvolved : *distant, qui ne se sent pas impliqué*

Ex. : Vladimir Putin seemingly held himself aloof from the catastrophe of the submarine : *il a apparamment gardé ses distances par rapport à la catastrophe du sous-marin.*

an ambush : *une embuscade*

appalling : *effroyable*

Ex. : the firemen witnessed an appalling scene after the Concorde crash.

apt : *pertinent*

Ex. : this is a very apt remark

an array : *une série, un vaste choix*

Ex. : the firm promotes its products thanks to a vast array of strategies.

Ex. : the Mayor of New-York has adopted a whole array of measures to cope with violence in his city.

asbestos : *l'amiante*

an assembly line : *une chaîne de montage (dans une usine)*

astute : *fin, astucieux*

Ex. : The new CEO is seemingly far more astute than his predecessor.

attrition : *l'usure.* **A war of attrition** : *une guerre d'usure*

an auction : *une vente aux enchères*

an audience : *un public*

Ex. : the concert drew an unexpectedly large audience.

to avert a danger : *éviter, prévenir*

Ex. : this type of accident could be averted in the future.

an award : *une récompense, un prix*

Ex. : the Nobel Prize is the most prestigious award for a scientist.

Ex. : Steinbeck was awarded the Nobel Prize **for** literature.

an axe : *une hache, un couperet*

to axe : *supprimer* (fig.), *faire des coupes sombres*/**to axe jobs** : to slash jobs : *supprimer des emplois.* **To axe expenditure** : *faire des coupes sombres dans les dépenses.*

a ballot : *un vote, un scrutin.* A ballot box : *une urne.* A ballot paper : *un bulletin de vote*

to bamboozle : to con, to hoodwink : *arnaquer, embobiner*

barracks : (faux-ami) : *une caserne.* **Barracking** : *du chahut*

Ex. : the session of the House of Commons was interrupted because of a lot of barracking from backbenchers (*députés de base*).

barren : *désert, stérile*

Ex. : Siberia is a barren country.

a bash : *un coup*

Ex. : he gave him a bash on the nose. **To bash** : *cogner*

Ex. : he was so drunk that he bashed his head against a closed door. : *il était si saoul qu'il s'est cogné la tête dans une porte fermée.* **To take a bashing** : *se prendre une râclée* (sens propre et figuré)

to barter : to swap : *faire l'échange, faire du troc*

a batch : *une série, une ribambelle, une fournée* (souvent péjoratif)

Ex. : another batch of illegal immigrants has been shipped away to their homelands : *une nouvelle fournée...*

to batter : *battre, maltraiter, martyriser.* A battered child/woman

to beguile : to swindle : *duper.* During election campaigns the candidates beguile voters with false promises : *bercer de fausses promesses*

a bear : *un ours.* Stock Exchange : **a bear market** : *un marché en repli*

to beget : *engendrer*

Ex. : child labour begets new poverty since working children lose out on education.

a bench : *un banc.* **A backbencher** : *un député de base à la Chambre des communes*

Grammaire : le conditionnel

Le conditionnel se construit **avec l'auxiliaire WOULD + BASE VERBALE** (infinitif sans to).

La forme contractée est « **d** » à toutes les personnes si le sujet est un pronom personnel.

Ex. : I'd miss you if you left.

> **Il faut être très attentif à la concordance des temps lorsqu'on utilise le conditionnel** : pour une fois, vous pouvez vous reporter au français, qui fonctionnne, dans ce cas, de manière analogue.
>
> Nous verrons différentes manières d'exprimer une hypothèse, selon de degré de certitude du locuteur.

➔ Le conditionnel présent

Would + Base verbale (Infinitif sans to)

Ex. : you would fail your exam if you didn't work : *tu raterais ton examen si tu ne travaillais pas.* (La condition « IF » est suivie du preterite modal, comme l'imparfait utilisé en français.)

Ex. : I would be so happy if you wrote to me : *je serais si heureuse si vous m'écriviez.*

➔ Le conditionnel passé

Would + infinitif passé (= Have + part. passé)

Il exprime une hypothèse passée.

Ex. : if I had known him better, I would not have given him the job : *si je l'avais mieux connu, je ne lui aurais pas donné le poste.*

Ex. : if I had missed the bus I would have taken a taxi : *si j'avais raté le bus, j'aurais pris un taxi.*

N.B. : Dans les deux exemples cités, il s'agit d'un irréel du passé : c'est-à-dire que la condition exprimée n'a PAS été remplie.

➔ Autres emplois de Would

1. WOULD peut avoir, comme en français **une valeur de politesse** : il exprime alors le souhait, la préférence ou une offre polie.

Ex. : what would you like to drink? : *qu'aimeriez-vous boire ?*

Ex. : I would like to thank you for your kindness : *j'aimerais vous remercier de votre amabilité.*

Ex. : would you do me a favour? *voudriez-vous me rendre un service ?*

2. WOULD s'emploie également pour **exprimer le futur dans un contexte passé**, lorsque joue la concordance des temps :

Ex. : he said he would change jobs : il a dit qu'il changerait de travail.

Attention ! En présence d'une subordonnée de temps, dans un contexte passé, on emploie le prétérit et non le conditionnel comme en français.

Ex. : he said he would phone as soon as **he arrived** : *il a dit qu'il téléphonerait dès qu'il arriverait.*

Ex. : she promised she would come when she **had** time : *elle a promis qu'elle viendrait quand elle* ***aurait*** *le temps.*

Expressions idiomatiques

Remarque

L'abus des expressions idiomatique est dangereux ! Il faut uniquement y avoir recours a bon escient et de manière parcimonieuse. Il ne s'agit **en aucun cas** de truffer votre essai ou votre commentaire oral de proverbes ou d'expressions imagées pour impressionner votre jury. Vous obtiendriez l'effet inverse. Cependant, si vous savez employer judicieusement l'une ou l'autre des expressions qui suivent, vous gagnerez des points à coup sûr.

at the drop of a hat :

Ex. : he delivered a speech at the drop of a hat : *au pied levé*

Ex. : he shoots/gets angry/at the drop of a hat : *pour un oui pour un non*

— **to bark up the wrong tree** : *se tromper d'adversaire*

Ex. : in attacking a Mac Donald's restaurant, José Bové and his friends were barking up the wrong tree.

to be the odd-man-out : *faire bande à part, se désolidariser.* As far as Europe is concerned, Britain has so far been the odd-man-out.

to be at one : to agree

Ex. : the Democrats are at one with the Republicans as far as capital punishment is concerned : ... *sont d'accord avec...*

to be strapped for cash : *être à court d'argent*

Ex. : the Russians can't pay their debts since they are strapped for cash.

— **to be hand in glove with somebody** : *être de mèche avec...*

to be in the doldrums : *être en crise, dans une mauvaise passe*

Ex. : our textile industry is in the doldrums because of Asian competitors.

— **to be on one's last legs** : *être au bout du rouleau, à l'article de la mort*

Ex. : Boris Yeltsin sometimes looks as if he were on his last legs, but he always seems to recover miraculously.

to be at a loss : *être perplexe, ne pas savoir que faire*

to be on the verge of : *être sur le point de*

Ex. : he is on the verge of giving up.

— **to be on a par with** : *être comparable avec, être l'égal de...*

Ex. : an environmental disaster on a par with Chernobyl.

to be out on a limb : *être isolé, se trouver dans une situation difficile*

to be a pain in the neck : *être casse-pieds*

to be built on sand : *être un château de cartes*

to bear someone a grudge : *en vouloir à...*

— **to beat about the bush** : *tourner autour du pot*

— **to bring rich pickings** : *rapporter gros*

Ex. : drug dealing unfortunately brings rich pickings.

Étape 36

Vocabulaire général

a bent : a gift : to have a bent for languages : *avoir le don des langues*

to follow one's bent : *suivre son penchant.* **To be bent on** doing something : *être décidé absolument*

Ex. : the republicans are bent on winning the elections.

a big shot : *un gros bonnet, un grand ponte, une huile*

a blackleg : *un briseur de grève*

a blemish : *une tache, une souillure, une honte*

a blessing : *une aubaine*

a blockade : *un blocus*

a blockbuster : *un film/un livre à grand succès*

Ex. : Titanic was a worldwide blockbuster.

a blueprint : *un avant-projet*

a blunder : *une gaffe, une bavure*

Ex. : the French police made a blatant blunder in arresting this famous American actor.

bogus : *faux, bidon*

Ex. : this was a bogus reform : it ended in deadlock (*une impasse*).

Bogus asylum-seekers : *des faux demandeurs d'asile.* A bogus marriage : *un mariage blanc*

to bolster : *soutenir*

Ex. : the parity of the Euro against the Dollar must be constantly bolstered.

a bone : *un os.* **A bone of contention** : *une pomme de discorde*

a bond : comm. : *un bon, un titre.* The bond market : *le marché obligataire*

buoyant : bullish : **a buoyant market** : *un marché actif, porteur*

to bury : *enterrer.* Fig : to bury one's head in the sand : *pratiquer la politique de l'autruche*

to bury the hatchet : *enterrer la hache de guerre*

to be buried in one's work : *être plongé dans son travail.* To be buried in one's thoughts : *plongé dans ses pensées*

a buzz word : *une expression à la mode*

Ex. : downsizing seems to be the buzz word for the managerial ranks.

a by-election : *une élection partielle*

to bypass : *contourner*

Ex. : the Erika catastrophe happened because normal procedures were bypassed.

a bystander : *un spectateur* (dans la rue).

Ex. : shall we remain bystanders in the Chechen tragedy? (fig.)

a boundary : *une limite, une frontière*

a bout : *une crise, une poussée.* **A bout of fever. A bout of inflation**

a breach : *une rupture*

Ex. : this decision was tantamount to a breach of contract.

a breach of trust : *un abus de confiance*

breathtaking : *palpitant*

broke : *fauché, sans le sou*

Ex. : Moscovites were completely broke after the devaluation of the rouble.

a broker : (Stock Exchange) : *un courtier*

a buffer : *un butoir, un tampon.* **A buffer zone** : *une zone tampon*

a bull : *un taureau.* Stock-Exchange : **a bull market** : *un marché à la hausse*

to bully : *persécuter, maltraiter*

to bully somebody into doing something : *contraindre quelqu'un par la menace à faire quelque chose*

to bungle : to botch : *rater, bousiller*

a bungled job/a botched job : *un travail bâclé*

to bust/to go bust : to go bankrupt : *faire faillite*

to be bust : to be broke : *être fauché*

to canvas : *faire du démarchage électoral ; solliciter des votes.* To canvas opinions : *sonder l'opinion*

to capsize : *se renverser, chavirer* (propre et fig.)

to cater for :

1. *pourvoir aux besoins de…*

   Ex. : charities (*organismes humanitaires*) cannot possibly cater for all these starving people.

2. *satisfaire, répondre à*

   Ex. : this newspaper tries to cater for all opinions.

a caretaker : *un concierge, un gardien.* **A caretaker government** : *un gouvernement provisoire*

a catalytic converter

a catch-22 situation : **a catch-22** : *une situation inextricable*

the ceiling : *le plafond.* Prices have hit the ceiling : *les prix ont touché le plafond* (fig.)

a chart : *un graphique/une courbe*

to chastise : to castigate : *fustiger, critiquer sévèrement*

cheeky : *impertinent*

Ex. : he gave me a cheeky answer.

a chore : *une corvée*. Syn. : a drudgery

a class : faux-ami : *un cours*. To skip classes : *sécher les cours*

a cliffhanger : *une situation à suspense/un moment d'angoisse*

a climax : *un apogée, un point culminant*

Ex. : this was the climax of his political career. To come to a climax : *atteindre son paroxysme.*

clumsy : *maladroit*

coarse : *grossier, ordinaire*. Coarse behaviour : *vulgaire*

Grammaire : le conditionnel (suite)

➔ WOULD fréquentatif

L'auxiliaire WOULD est la marque de la forme fréquentative qui exprime une action répétée dans le passé.

Ex. : my grandfather would smoke a pipe after each meal : *mon grand père fumait une pipe après chaque repas.*

Ex. : he would spend hours in the garden : *il passait des heures dans son jardin.*

N.B. : Alors que WOULD indique l'habitude dans le passé, USED TO n'indique pas vraiment une habitude mais plutôt un état de choses qui n'existe plus.

Ex. : my grandmother used to be pretty when she was young : *ma grand mère était jolie quand elle était jeune.*

Ex. : there used to be a church right here : *il y avait une église ici même.*

➔ « I would like » remplacé par « I wish + [...] were/had »

Retenez cette tournure très idiomatique qui exprime **un souhait irréalisable** ou un regret :

Ex. : I wish I had a car : j'aimerais avoir une voiture, ah ! si j'avais une voiture !

Ex. : I wish I were a millionaire!

➔ « I would like » remplacé par « I Wish + Would »

Cette tournure exprime une plainte ou **un souhait réalisable** :

Ex. : I wish you would buy me a car : I'd like you to buy me a car.

Ex. : I wish I would pass my exam! : *j'aimerais réussir mon examen !*

➔ Autres auxiliaires modaux pouvant exprimer le conditionnel

Beaucoup de conditionnels français (*pourrait/il se pourrait/ferait mieux/ préférerait/ aimerait mieux…*) se rendent directement en anglais par une forme modale à sens conditionnel.

Ex. : you could phone : *tu pourrais télèphoner*

Ex. : this might have exploded : *cela aurait pu exploser*

Ex. : I had rather watch T.V. : *je préfererais regarder la télévision*

Ex. : you had better help your father : *tu ferais mieux d'aider ton père*

Expressions idiomatiques

Remarque

N'oubliez pas : l'abus des expressions idiomatique est dangereux !

to call someone's bluff : *mettre quelqu'un au pied du mur*

to call the tune : *commander, avoir le dernier mot*

to carry coals to Newcastle : *apporter sa bière à Munich ⇒ faire quelque chose d'inutile*

to dig one's own grave : *creuser sa propre tombe*

to fish for compliments : *chercher les compliments*

to have a finger in every pie : *se mêler de tout*

to have several irons in the fire : *avoir deux fers au feu/avoir plusieurs affaires en train*

to have a soft spot for… : *avoir un faible pour…*

to have a bone to pick with someone : *avoir un compte à régler avec quelqu'un*

to hit the nail on the head : *mettre dans le mille, faire mouche*

it's a drop in the ocean…

it has had its day : *cela a fait son temps*

it sells like hot cakes : *cela se vend comme des petits pains*

if I were in your shoes : *si j'étais à ta place, si j'étais toi*

to jump on the bandwagon : *prendre le train en marche*

to jump out of the frying pan into the fire : (mot à mot : *sauter de la poêle dans le feu*) : *aller de Charybde en Scylla*

to keep a low profile : *garder un profil bas, ne pas se faire remarquer, filer doux*

to keep an eye on/to keep tabs on : *surveiller*

to keep someone at bay : *tenir quelqu'un à distance*

to keep the pot boiling : *arriver à s'en sortir financièrement*

to keep one's fingers crossed : *serrer les pouces*

to keep up with the Joneses : *vouloir faire aussi bien que le voisin*

that's another kettle of fish : *c'est une autre paire de manches*

to kick the bucket : fam : to die : *casser sa pipe*

to kill two birds with one stone : *faire d'une pierre deux coups*

to kill the goose that lays the golden eggs : *tuer la poule (l'oie !) aux œufs d'or*

to lead up a blind alley : *mener à une impasse*

to leave someone in the lurch : *laisser tomber quelqu'un*

to let the cat out of the bag : *vendre la mèche*

that set the cat among the pigeons : *ça a été le pavé dans la mare*

to make hay while the sun shines : (*faire le foin quand le soleil brille*) : *profiter du bon moment, battre le fer tant qu'il est chaud*

to make a clean breast of something : *dire ce qu'on a sur le cœur*

that's a hard nut to crack : *c'est dur à avaler…*

Étape 37

Vocabulaire général

cogent : *convaincant*

Ex. : the journalist puts forward some cogent arguments.

to coin : *frapper de la monnaie.* To coin a term/a phrase : *inventer un mot/une expression* (fig.)

to commute : *substituer, commuer*

a commuter : *un banlieusard* (qui utilise les transports en commun pour aller à son travail)

a commuter train : *un train de banlieue*

complacent : *satisfait de soi.* **Complacency** : *une confiance excessive*

to con : to bamboozle : *escroquer.* **A conman** : *un escroc*

to condone : *trouver des excuses, fermer les yeux sur…*

Ex. : a majority of Americans finally condoned Mr Clinton's love affairs.

to conduce to : *mener à, conduire à*

Ex. : the use of soft drugs can conduce to harder ones.

to be conducive to : *être favorable/propice à*

Ex. : the meeting's friendly atmosphere was conducive to an agreement.

a contingency : *une éventualité*

Ex. : we must be prepared for every contingency.

Ex. : we have contingency plans ready in case there is another flood : … *des plans d'urgence.*

to be contingent on : to depend on : *dépendre de, être subordonné à*

Ex. : his future is contingent on the outcome of the trial : *son avenir dépend du résultat du procès.*

a conundrum : *un problème inextricable*

Ex. : the issue of illegal immigrants in Paris has become a real conundrum for the authorities.

the core : *le centre, le cœur, le noyau.* The core of the problem

to be rotten to the core : *pourri jusqu'à la moelle*

he is English **to the core** : *il est anglais jusqu'au bout des ongles*

to counteract : *contrebalancer*

Ex. : the effects of inflation must be counteracted at once.

to cow : *intimider*

Ex. : the Islamic extremists try to cow women into silence and submission : … *de baillonner et de soumettre les femmes par l'intimidation.*

to crave for : to long for : *désirer ardemment, avoir soif de…*

Ex. : this African Head of State is seemingly craving for power and wealth.

a crucible : a melting pot : *un creuset.* A severe test : *une dure épreuve* (fig.)

a cruise (prononcé comme Tom Cruise) : a pleasure cruise : *une croisière*

to crumble : *tomber en miettes.* Our hopes are crumbling (fig.)

a curfew : *un couvre-feu*

a curse : *une malédiction*

Ex. : mad cow disease is a real curse for our farmers.

to curse : *maudire, jurer*

to curtail : *limiter, freiner*

Ex. : the use of cars on hot summer days should be curtailed in city centres in order to curb pollution.

daft : *bête, absurde*

daunting

Ex. : a daunting experience : *redoutable*

to debunk : *discréditer, démystifier*

to decay : *pourrir, dégénérer*

Ex. : lots of Russian nuclear submarines are reported to be decaying at the bottom of the sea.

to defeat : *vaincre.* The British government hopes to defeat terrorism in Ulster once and for all.

Ex. : his hopes were defeated : *frustrés*

to defy : to stand up to : *défier.* To defy orders/the law/authority

to defy death : *braver la mort*

a defiance : *une attitude de défi*

in defiance of the law : *au mépris de la loi*

a defiant attitude : *une attitude provocante*

a delusion : *une illusion*

to deplete : *réduire, épuiser*

Ex. : we can't go on depleting our natural resources.

depleted uranium : *uranium appauvri*

ozone depletion : *diminution de la couche d'ozone*

derelict : *en ruines, abandonné* : A derelict house

derogatory : *désobligeant, vexant.* This word has a derogatory meaning : *péjoratif*

dicey : (dice : *les dés*) : *risqué, hasardeux*

Ex. : buying New Economy shares remains a dicey business : *acheter des actions de la Nouvelle Économie reste une affaire risquée.*

dirt : *la saleté.* **To get one's hands dirty** : *se salir les mains* (fig.)

the disabled : *les handicapés*

Ex. : this tram has been especially designed for the disabled since you can board it in a wheel-chair.

a mentally disabled child : ... *handicapé mental*

disablement benefit : *une allocation d'invalidité*

to dish : *faire capoter, ruiner*

Ex. : all hopes of early release of the hostages seem to have been dished for the time being.

to dish out : *distribuer généreusement*

Ex. : the socialist government is often accused of dishing out subsidies to people who are not entitled to them (... *qui n'y ont pas droit*).

to dislocate : *désorganiser, bouleverser*

a dislocation : a disruption : *un bouleversement*

dismal : *lugubre, morose*

to distort : *déformer*

Ex. : this article distorts reality.

ditto : *idem*

Ex. : hotels are expensive in London and the restaurants ditto (and ditto the restaurants)

Grammaire : le conditionnel (suite)

➔ Les 3 degrés de modalité dans l'expression du conditionnel

Selon le degré de certitude du locuteur, le conditionnel peut s'exprimer de trois manières :

PROPOSITION SUBORDONNÉE	PROPOSITION PRINCIPALE
1. IF + PRÉSENT	WILL + BASE VERBALE
2. IF + PRÉTÉRITE MODAL	WOULD + BASE VERBALE
3. PASSÉ : IF + PLUPERFECT	WOULD HAVE + PARTICIPE PASSÉ

Ex. : if I win the jackpot I shall afford holidays in Hawai.

Ex. : if I won the jackpot I would afford holidays in Hawai.

Ex. : if I had won the jackpot I would have afforded...

➔ Quelle est la valeur de ces trois formes ?

- Dans le premier cas : le locuteur exprime une **condition réalisable**.
- Dans le deuxième cas : *si je gagnais au loto je m'offrirais...*, il s'agit d'une **condition dont la réalisation est beaucoup moins sûre**.

  Comparez les deux phrases en français.
- Dans le troisième cas, le locuteur exprime **une action ou un fait non réalisé dans le passé**. *Si j'avais gagné... je me serais offert...*

➔ Comment renforcer l'idée du non-probable : si jamais/si par hasard...

- **If I were to**

  Ex. : if I were to die in an accident, I would donate my organs : *si je devais mourir...*
- **Should**

  Ex. : if I should die in an accident, I would... : s'il m'arrivait de mourir..., si jamais je devais mourir...
- **Remplacer « if » par « in case » : en ordre croissant d'improbabilité**

  In case I have an accident

  In case I had an accident

  In case I should have an accident

➔ Comment traduire « Et si... »

Si l'hypothèse est le seul élément exprimé et qu'il n'y a donc pas de proposition principale, on utilise : « WHAT IF.../SUPPOSE... »

Ex. : what if I had an accident? *Et si j'avais un accident ?*

Ex. : suppose I had an accident... *Suppose que j'aie un accident...*

➔ Comment exprimer une condition négative : Unless (à moins que...)

Ex. : I will never donate my organs, unless I die in an accident.

Ex. : I would never donate my organs, unless I died in an accident.

➔ Autres traductions du conditionnel français

Le français utilise le conditionnel pour exprimer les « on-dit », pour annoncer des nouvelles non confirmées :

Ex. : le Président **aurait** une fille illégitime.

Dans ce cas, l'anglais utilisera une **tournure passive** :

Ex. : the President is said to have an illegitimate daughter : *on dit que...*

Ex. : the President is alleged to have an illegitimate daughter : *le bruit court que...*

Ex. : the President is reported to have an illegitimate daughter : *on rapporte que...*

Expressions idiomatiques (fin)

not by a long chalk : *de loin pas*

Ex. : he hasn't succeeded yet, not by a long chalk : *il n'a de loin pas réussi*

on the sly : *en douce, en catimini*

Ex. : we had arranged the birthday party on the sly.

once in a blue moon : *tous les trente-six du mois...*

Ex. : he writes once in a blue moon.

to pave the way for : *ouvrir la voie à...*

to pay lip service to... : *faire semblant de croire, suivre pour la forme*

Ex. : industrialists pay lip service to the environmentalists' warnings, but they are actually only interested in corporate profits.

to prick up one's ears : *tendre l'oreille*

to pull somebody's leg : *se moquer de*

Ex. : you're pulling my leg! : *tu te fiches de moi !*

to put a spoke in the wheel : *mettre les bâtons dans les roues*

to put the cart before the horse : *mettre la charrue devant les bœufs*

to put one's cards on the table : *jouer cartes sur table*

to put something on the back burner : *mettre en veilleuse, faire attendre quelque chose*

to sit on the fence : to face both ways : *ne pas prendre position, ménager la chèvre et le chou*

to sleep like a log : (a log : *une bûche*) : *dormir comme un loir*

to sleep forty winks : mot à mot : *dormir quarante clins d'œil* : *faire un petit somme*

within a stone's throw : *à deux pas*

to split hairs : *couper les cheveux en quatre*

to take it for granted that... : *considérer comme un fait acquis*

Ex. : elderly people can no longer take it for granted that the state will provide for their pensions within the coming decades.

to take somebody down a peg or two : *rabattre le caquet, remettre quelqu'un à sa place*

to take one's courage in both hands : *prendre son courage à deux mains*

to take to one's heels : *déguerpir*

take it easy! relax!

to think twice before doing something : *réfléchir avant d'agir*

to throw dust in the eyes : *jeter de la poudre aux yeux*

to say something **tongue in cheek** : *ironiquement, en plaisantant*

to be on top of the world/to be over the moon : *au comble du bonheur*

to turn a blind eye to... : *fermer les yeux sur, ignorer*

by a whisker : *à un poil près*

Ex. : he won by a whisker : *il a gagné de très peu.*

to win hands down : *gagner haut la main*

Étape 38

Vocabulaire général

to dog : *suivre de près*

Ex. : he was dogged by ill-fortune *: ... poursuivi par la malchance.* The criminal is dogged by the police.

dogged : *obstiné, tenace*

Ex. : dogged perseverance

Ex. : he is doggedly optimistic : *résolument optimiste*

to donate : *faire don de.* To donate one's organs

a donor : *un donneur.* A blood donor/an organ donor/a sperm donor

to down tools : *cesser le travail*

Ex. : when the workers heard that their plant would be streamlined, they downed tools and walked out.

drab : *terne, gris*

a draft : a blueprint : *un avant-projet, une ébauche*

dreary : *sinistre, morne*

to drift : *aller à la dérive* (sens propre et figuré)

Ex. : these young drug addicts are slowly drifting into crime : *sombrent peu à peu dans la délinquance.*

Ex. : the nation was drifting into a crisis.

drudgery (uncountable) : *une corvée*

to dub : *surnommer*

Ex. : the Lewinsky affair has been dubbed : Monicagate.

dubious : *douteux, sceptique*

Ex. : the media are rather dubious about the policeman's explanations.

to embezzle : *détourner des fonds*

embezzlement : *détournement de fonds*

to embrace : *embrasser.* To embrace a cause : *épouser une cause* (fig.)

He embraced the Muslim religion

an all-embracing review : *une revue d'ensemble*

to endow with : *doter de*

Ex. : he is endowed with a bright intelligence.

to be engulfed in : *sombrer dans, être submergé par.* Some African countries are still engulfed in debts (fig.).

an entanglement : *un enchevêtrement, un imbroglio* (fig.)

to enrol : *s'inscrire, inscrire*

Ex. : ENA enrols 30 foreign students every year.

Ex. : it is difficult to enrol in the prestigious American Ivy League universities.

to entice : *encourager, inciter*

Ex. : the French army is trying hard to entice young people to enlist : *l'armée essaie à tout prix d'inciter les jeunes à s'enrôler.*

an entrepreneur : *un entrepreneur*

entrepreneurial : *dynamique*

Ex. : an entrepreneurial junior executive : *un jeune cadre dynamique*

erratic : *irrégulier, changeant, fantasque*

Ex. : the weather this summer is rather erratic. To make erratic progress.

to exact : *exiger, obtenir*

Ex. : the Filipino terrorists have exacted a huge amount of money before they let their hostages free.

to exert : *exercer.* To exert force, pressure

to exert oneself : *se dépenser, se donner du mal*

exposure : *l'exposition*

Ex. : exposure to radio-active fall-out can be lethal.

media exposure : *la couverture médiatique* : political sleaze (*la corruption*) receives a wide amount of exposure on television.

faint : slight : *léger* : a faint noise, a faint smile. I haven't the faintest idea about it! : *je n'en ai pas la moindre idée.*

the fare : *le prix du transport*

Ex. : French air fares are edging down thanks to competitors from small companies such as Air Liberté.

fast-track : *ultra rapide, expéditif*

Ex. : his career was on the fast track : *il progressait rapidement dans sa carrière.* Fast-track streamlining of the company : *une restructuration accélérée de l'entreprise*

feasible : *faisable, réalisable*

Ex. : the project seems to be feasible at first sight.

a feat : *un exploit*

Ex. : the French team's victory was an unquestionable feat.

a fee : *un honoraire.* Medical fees : *les honoraires du médecin.* School fees : *l'écolage*

to fell : to fell a tree : to cut down : *abattre.* To fell an opponent : *assommer* (fig.)

to fend for oneself : *se débrouiller tout seul*

Ex. : the American Health System leaves the poor to fend for themselves.

01 42 50 91 81

to fend off a blow, an attack : *repousser, écarter*

a fertilizer : *un engrais*

a feud : *une querelle, un conflit (entre deux familles)*

Ex. : West Side Story features a feud between two rival gangs.

a fiend : *un démon, un monstre.* A tennis-fiend/a football-fiend : *un fou/un mordu de tennis*

fiendish : *infernal, diabolique.* A fiendish look. A fiendish despot

This maths problem is fiendishly difficult : *abominablement difficile*

He is fiendishly intelligent : *d'une intelligence redoutable*

a file: *un dossier*

filthy : *crasseux*

a fine : *une amende*

flabbergasted : *bouche-bée, sidéré*

Ex. : I was flabbergasted when she told me the price.

to flare up : *éclater, flamber*

Ex. : violence has flared up once more in Ulster.

flimsy : *fragile*

Ex. : this is a flimsy peace-agreement.

flippant : *désinvolte*

Ex. : he gave me a flippant answer.

Grammaire : les modaux

- **Les auxiliaires modaux ont une conjugaison incomplète**, certaines formes leur font défaut (c'est pourquoi on les appelle également « verbes défectifs »). Can, may, shall et will, par exemple, n'ont que deux formes : un présent et un prétérite : on ne pourra donc pas les employer lorsque l'infinitif ou le participe est nécessaire. Dans ce cas, **il faut remplacer le modal par une forme verbale dont le sens est voisin.** On notera cependant qu'aucun des verbes dits « de remplacement » n'a de nuance modale.
- **Les auxiliaires modaux ne prennent pas d'S à la 3e personne du singulier** et ils **se conjuguent sans l'auxiliaire DO/DID** à la forme interrogative et négative.

> **N.B. : CANNOT s'écrit en un mot.**
>
> Faute très fréquente dans les copies.

- Ils servent à conjuguer d'autres verbes **qui sont à l'infinitif sans to** (base verbale).

- Les prétérites COULD, MIGHT, SHOULD et WOULD **ont tantôt la valeur d'un passé, tantôt celle d'un conditionnel**.

- Les auxiliaires modaux **servent à nuancer l'expression de l'ÉNONCIATEUR**, à moduler son point de vue par rapport à l'idée énoncée (LE PRÉDICAT). Relisez ce qui a été déjà dit sur la modalité à propos de l'emploi du présent.

Le choix du modal exprime le degré d'objectivité ou de subjectivité de l'énonciation de même que le degré de certitude de l'énonciateur par rapport à la réalisation de son énoncé. Ainsi :

- **He may come** tonight : exprime que l'énonciateur de la phrase estime que cette venue est de l'ordre du possible.

- **He might come** tonight : implique un doute croissant dans l'esprit de l'énonciateur par rapport à la phrase précédente. La venue est plus vraisemblable dans le premier cas que dans le second.

- **He will come** tonight : ne contient aucune nuance de modalité : l'énonciateur est sûr de la venue : le futur ordinaire annonce la réalisation certaine d'un événement : l'attitude de l'énonciateur par rapport à l'événement n'est aucunement impliquée.

Tableau des auxiliaires par ordre décroissant du degré de certitude de l'énonciateur
must : *c'est presque certain* Ex. : she must find it difficult to bring up her children. *(elle doit avoir des difficultés à élever ses enfants)*
will : (il ne s'agit pas du futur ici) : *c'est fort probable...* Ex. : she will find it difficult to bring up her children.
should : il s'agit d'une conjecture de la part de l'énonciateur Ex. : she should find it difficult to... : à mon avis, elle devrait avoir des difficultés...
may : *il se peut que... (il y autant de chances que ce soit oui que non)* Ex. : she may find it difficult... : *il se peut que...*
might : *Ce serait possible, on pourrait imaginer que... mais il y a peu de chances que ce soit vrai* Ex. : she might find it difficult...
can't : *c'est presque certain qu'il n'en est rien* Ex. : she can't find it difficult... : *elle ne peut guère avoir de difficultés à élever ses enfants.*

Les mots qui vont par paire

– **the advantages and drawbacks** : *les avantages et les désavantages*

– **alive and well** : *bien en vie* : **alive and kicking** : *en pleine forme*

assets and liabilities : *l'actif et le passif*

back and forth : to go back and forth : *faire des allées et venues*

in bits and pieces : *en menus morceaux*

to get board and lodging : *être nourri et logé*

to keep **body and soul** together : *survivre.* To belong to somebody **body and soul**

– **it's raining cats and dogs** : *il pleut des cordes*

from the cradle to the grave : *du berceau à la tombe*

– **dead and gone** : *mort et enterré*

– to be **down and out** : *être au tapis/être sur le pavé*

to be **down at heel** : *être sur le pavé*

in dribs and drabs : *petit à petit.* To pay in dribs and drabs : *payer au compte-goutte*

from dusk to dawn : *du soir au matin*

Ex. : a dusk-to-dawn curfew : un couvre-feu qui dure toute la nuit.

the ebb and flow : *le flux et le reflux*

fair and square : *honnête et franc.*

Ex. : he hit me fair and square in the face : *tout droit...*

in fits and starts : *par à-coups*

– **through fire and water, through thick and thin** : *contre vents et marées*

– **the flora and fauna** : *la flore et la faune*

– **the goodies and the baddies** : (familier) : *les bons et les méchants* (cf. dans les Westerns...)

happy-go-lucky : *insouciant.* A happy-go-lucky arrangement : *au petit bonheur-la-chance*

– **heads or tails** : *pile ou face*

– **the haves and the have-nots** : *les riches et les pauvres*

– **by hook or by crook** : *coûte que coûte, par tous les moyens*

the hustle and bustle of city life : *le tourbillon de la vie citadine*

– **under lock and key** : *sous les verrous*

null and void : *nul et non avenu*

odds and ends : *des petits objets sans valeur*

part and parcel of... : to be part and parcel of : *faire partie intégrante de...*

– **the peaks and troughs of the economy** : *les hauts et les bas*

profits and losses : *pertes et profits*

the pros and cons : *le pour et le contre*

tit-for-tat : *un prêté pour un rendu*

topsy-turvy : *sens dessus dessous*

a touch-and-go situation : *dont l'issue est incertaine*

to pick and choose : *se montrer difficile*

safe and sound : *sain et sauf*

supply and demand : *l'offre et la demande*

ways and means : *différents moyens*

wheeling and dealing : péjoratif : *des magouilles en affaires*/**a wheeler-dealer** : *un affairiste*

with might and main : *avec force, de toutes ses forces*

prendre la mer : to put out to sea.

Étape 39

Vocabulaire général

a flock : *un troupeau,une foule*

to flock in/out : *entrer/sortir en foule*

Ex. : the crowd of fans flocked into the stadium.

to flunk an exam, a test : to fail : *rater*

a flurry : *1. une rafale de vent. 2.* **a flurry of protest** : *une tempête de protestations*

forensic : *médico-légal.* Forensic medicine : *la médecine légale.* A forensic expert : *un expert légiste*

a fortnight : *quinze jours* (uniquement en anglais britannique)

frantic : *frénétique/***frenzy** : *frénésie* (Attention au changement d'orthographe !)

a freak : *un monstre*

Ex. : Elephant-man was a famous freak.

to frown : *froncer les sourcils*

to frown upon : *voir d'un mauvais œil*

Ex. : the Russians frowned upon the American intervention in Iraq.

fudge : *caramel. Des échappatoires, des faux-fuyants* (fig.)

to fudge figures/accounts : to massage : *truquer, falsifier*

to fudge a question : *esquiver*

fully-fledged : *à part entière* (fig.). A fully-fledged engineer : *un ingénieur diplômé*

a fledgling : sens propre : *un oisillon.* Sens figuré : *un novice, un débutant*

to gag : *baillonner* (sens propre et figuré)

Ex. : recent events bear out the fact that journalists are definitely gagged in Tunisia.

to gall : to irritate, to exasperate. Gall : *la bile, le fiel*

She had the gall to say that… : *elle a eu le culot de dire que…*

gaudy : *criard* (couleurs)

gear : *un équipement*

Ex. : fishing gear : *du matériel de pêche.*

the gears : *les vitesses* (*voiture*). To change gears : *changer de vitesse. Recommencer une nouvelle vie* (fig.)

to gear : *équiper, adapter*

Ex. : the factory was geared to increased production.

gerrymandering : *des manipulations électorales :* to divide an area for election purposes so as to give one group or party an unfair advantage over the others.

a gimmick : *un truc, un gadget.* An election gimmick : *un procédé pour gagner des voix*

ginger : *du gingembre*

a ginger group : (polit.) : *un groupe de pression*

the gist : *l'essentiel.* The gist of the conversation/of the article

Ex. : give me the gist of what he said : *résumez-moi en deux mots ce qu'il a dit.*

glamour : *charme, séduction, prestige*

glamourous : *séduisant, prestigieux*

Ex. : HEC is the most glamorous French business school.

glaring : *évident, qui saute aux yeux*

Ex. : this painting was a glaring forgery.

glee : uncountable : *joie, jubilation*

Ex. : the French victory was greeted with glee.

gleeful : *joyeux, heureux*

Ex. : the fans gleefully welcomed their idol.

glitzy : *criard, tapageur, kitsch*

Ex. : Europeans are not very keen on glitzy American cars such as Cadillacs, Pontiacs and the like…

a glut : *une surabondance*

Ex. : there was a glut of tomatoes in the south of France, so the farmers dumped them by the tonne onto the roads : … *les ont déversées à la tonne sur les routes.*

to grapple with : to cope with : *lutter avec, se débattre avec*

Ex. : the company is grappling with quite a few financial hurdles.

the grass roots : *la base*

Ex. : the problems of education can only be solved at grass-roots level, in the classrooms.

greed : *l'avidité.* **Greedy** : *gourmand, vorace. Cupide* (fig.). Greedy for gain : *âpre au gain*

grim : *sombre, lugubre*

Ex. : grim prospects, a grim outlook :*de sombres perspectives.*

the grim reality : *la dure réalité.* A grim fact : *un fait brutal*

grubby : *sale, sordide*

Ex. : they live in grubby slums. : *des taudis sordides.*

a guinea pig : *un cobaye*

gullible : *crédule*

Ex. : consumers are all too often considered gullible buyers.

gusto : uncountable : *enthousiasme, vigueur*

Ex. : he started working with great gusto.

a hacker : *un pirate (informatique)*. **Hacking** : *le piratage informatique*

a hallmark : *le poinçon, la marque*

Ex. : this bomb attack bears the hallmark of the IRA (fig.).

to harness : *harnacher*. To harness energy, resources : *exploiter* (fig.)

haphazard : *fantaisiste, n'importe comment, au petit bonheur*

Ex. : multiple Choice Questionaires often give rise to haphazard answers.

Ex. : this town grew in a haphazard way : *cette ville s'est étendue de façon anarchique.*

hectic : *trépidant*

Ex. : the new start-ups are working at a hectic pace : *à un rythme trépidant.*

to heed : *tenir compte de, faire attention à*

Ex. : he takes no heed of what I say : *il ne fait pas attention à ce que je dis.*

Ex. : he didn't heed my warning : *il n'a pas écouté ma mise en garde.*

pay no heed to these rumours : *n'écoutez pas ces rumeurs*

heedless : *étourdi, insouciant*

Ex. : he was heedless of the danger : *il ne se souciait pas du danger.*

a heel : *un talon*. **To be hot on somebody's heels** : *être sur les talons de quelqu'un*

to show a clean pair of heels : *déguerpir*. **Under the heel of...** : *sous la botte de* (fig.)

hefty : *gros, lourd* (fig.)

Ex. : the defendant had to pay a hefty fine : *une lourde amende*

Grammaire : les modaux : *can/could*

Can/could exprime l'idée de capacité, de possibilité et de permission.

➔ Capacité, incapacité

Ex. : he can speak Spanish.

Ex. : my gandmother could dance the tango perfectly well, but she couldn't cook.

➔ Possibilité, impossibilité

Ex. : who's this? it can't be the postman at this time of the day.

Ex. : he can't have forgotten our wedding anniversary, can he?

Ex. : a pitbull can have unexpected reactions.

➔ Permission, non permission

Ceci surtout dans un registre familier (on préferera MAY, dans un registre plus élevé).

Ex. : can I open the window please, it's hot in here!

Ex. : I can't go out tonight, my parents won't let me.

➔ Can s'emploie très fréquemment devant les verbes de perception

Ex. : he could see the beach from his window.

Ex. : I can smell the lovely perfume of honeysuckle (*chèvrefeuille*).

Ex. : he could feel an insect crawling along his thigh (*cuisse*).

➔ Verbe de remplacement : to be able to...

Au futur

Ex. : he will not be able to pass this exam.

Aux temps composés

Ex. : he has been able to phone thanks to his mobile phone.

➔ Différence entre could et was/were able to...

Could indique qu'une action était possible, mais **ne précise pas si elle a été réalisée ou non**.

Ex. : we knew we could count on you : Nous savions que nous pouvions compter sur vous.

was/were able to : indique que **l'action a été tentée et réussie**.

Ex. : it was pouring with rain but they were able to shelter under a tree : *il pleuvait à verse mais ils ont pu s'abriter sous un arbre.*

Quelques proverbes

every cloud has a silver lining (mot à mot : *chaque nuage est doublé d'argent*) : *à quelque chose malheur est bon.*

don't count your chickens before they're hatched (mot à mot : *ne comptez pas vos poussins avant qu'ils ne soient couvés*) : *ne vendez pas la peau de l'ours avant de l'avoir tué.*

– **a bird in the hand is worth two in the bush** (mot à mot : *un oiseau dans la main en vaut deux dans le buisson*) : *un tiens vaut mieux que deux tu l'auras.*

you cannot have your cake and eat it : *on ne peut pas avoir le beurre et l'argent du beurre.*

– **once bitten, twice shy** (mot à mot : *une fois mordu on est deux fois plus peureux*) : *chat échaudé craint l'eau froide.*

– **better safe than sorry** : *deux précautions en valent mieux qu'une.*

where there's a will there's a way (allemd. : wer will der kann) : *qui veut, peut…*

– **a stitch in time saves nine** : (*un point à temps en vaut cent*) : *mieux vaut prévenir que guérir.*

birds of a feather flock together : *qui se ressemble s'assemble.*

– **what can't be cured must be endured** : (*ce qui ne peut être guéri doit être enduré*) : *il faut savoir accepter l'inévitable.*

the cure can be worse than the disease : *le remède est pire que le mal.*

– **the end justifies the means**

– **the early bird catches the worm** : *le monde appartient à celui qui se lève tôt.*

– **early to bed and early to rise keeps a man healthy, wealthy and wise** : *même sens…*

– **the grass is always greener on the other side of the hill** : *c'est toujours mieux chez le voisin.*

too many cooks spoil the broth : *trop de marmitons gâtent le bouillon.*

– **it's no use crying over spilt milk** : (*rien ne sert de pleurer sur du lait renversé*) : *ce qui est fait est fait.*

– **nothing ventured nothing gained** : *qui ne risque rien n'a rien*

a drawning man will clutch at a straw : *un homme qui se noie s'accroche à une paille.*

– **God helps those that help themselves** : *aide-toi, le ciel t'aidera.*

a rolling stone gathers no moss : *pierre qui roule n'amasse pas mousse.*

the proof of the pudding is in the eating : *la qualité se révèle à l'usage.*

there is none so blind as them that won't see : *il n'est pire aveugle que celui qui ne veut pas voir.*

– **you can't make a silk purse out of a sow's ear** : (mot à mot : *vous ne pouvez pas faire un sac en soie avec l'oreille d'une truie*) : on ne peut pas arriver à un excellent *résultat sans de bonnes bases.*

– **old habits die hard** : *les mauvaises habitudes ont la vie dure.*

– **out of sight, out of mind** : *loin des yeux, loin du cœur.*

let sleeping dogs lie : *il ne faut pas réveiller le chat qui dort.*

– **all's fair in love and war** : *tout est permis en amour comme à la guerre.*

Étape 40

Vocabulaire général

an heir : *un héritier.* The heir to the throne

Ex. : he fell heir to a tremendous fortune : *il a hérité d'une immense fortune.*

the helm : *la barre.* To be at the helm of... *être à la barre, être aux commandes* (fig.)

to take over the helm : *prendre la direction, prendre les commandes*

a henchman : *un acolyte*

Ex. : Hitler and his henchmen.

a herd : *1. un troupeau.* To follow the herd : fig : *suivre le troupeau.* The herd instinct : *l'instinct grégaire. 2. une foule*

High Court : (en Angleterre) : **The Supreme Court** : aux USA : *la Cour suprême : correspond à la cour d'appel, c'est-à-dire la dernière instance judiciaire.*

a High School : (US) : *un lycée*

a high-rise block : *une tour, un immeuble élevé*

a highjacker : *un pirate de l'air.* A highjacking. To highjack

a hoax : *un canular*

holy : *saint, sacré*

horrendous : *épouvantable*

Ex. : street violence has shot up horrendously.

idle : *oisif*

Ex. : idle youngsters are loitering in the streets (*traînent dans les rues*).

to lie idle : *ne pas tourner*

Ex. : this factory has lain idle for ages : ... *est arrêtée depuis une éternité*

to impede : *empêcher, entraver*

Ex. : nothing can seemingly be done to impede the Americanization of the whole world.

impetus : *élan*

Ex. : the Euro is expected to give a new impetus to the European market.

incumbent : *en exercice.* The incumbent president : *le président en exercice*

an inmate : *un détenu*

Ex. : many inmates in Texan prisons are on death row (*dans le couloir de la mort*).

inner cities : *les ghettos des grandes villes, les quartiers pauvres.*

US : **downtown**

inside information : *renseignements confidentiels*

insider dealing/insider trading : *délit d'initié*

insolvent : *insolvable/en faillite*

jam : *de la confiture.* **A traffic-jam** : *un embouteillage*

to jettison : *jeter par-dessus bord, abandonner* (fig.)

Ex. : the company will have to jettison its outmoded practises so as to remain competitive.

a Jew : *un juif*

Ex. : anti-jewish feelings are rampant among extreme-right groups.

to kindle : *allumer, attiser* (propre et fig.)

a knack : *un don pour*

Ex. : she has an incredible knack for convincing the customers. (*elle a le don de convaincre les clients*). I've lost the knack : *j'ai perdu le tour de main.*

kudos : *prestige, honneur*

Ex. : you gain a lot of kudos when you can say that you are a graduate from ENA.

to lambast/to lambast : to castigate : *fustiger, critiquer sévèremnt*

lame : *boiteux.* He is the cabinet's **lame duck** : *le canard boiteux.* **A lame excuse** : *une piètre excuse*

laudatory : *élogieux.* A laudatory speech/article…

lavish : *généreux*

Ex. : the government is dishing out lavish grants for this scheme. The Stade de France is a lavish stadium : *somptueux*

lead : *le plomb.* Lead-free petrol, unleaded petrol : *essence sans plomb*

a lease : *un bail*

a lecture : *un cours magistral, une conférence.* A lecturer : *un maître de conférences*

leftovers : *des vestiges ; des restes* (*repas*)

a legacy : *un héritage* (souvent sens figuré)

Ex. : the legacy of the 2nd World War.

to levy taxes : *prélever des taxes, des impôts*

a limb : *un membre* (anatomie). He broke his four limbs in the accident

to be out on a limb : *être isolé, se trouver dans une situation difficile*

Grammaire : *may/might/must*

➔ MAY/MIGHT

May/might, exprime l'idée de possibilité, d'incertitude, de permission et de souhait.

Possibilité, éventualité, incertitude présente ou future

- Ce modal correspond à la tournure impersonnelle française : *il se peut que*

  Ex. : he doesn't answer : he may be asleep : *il se peut qu'il dorme…*

  Ex. : he might not want to be disturbed : *il se pourrait qu'il ne veuille pas être dérangé.*

- Éventualité future :

  Ex. : AIDS may be eradicated once and for all thanks to this new medicine.

N.B. : **Ne confondez pas MAY BE et MAYBE (faute très fréquente !)**

Ex. : he may be right : *il se peut qu'il ait raison.*

Ex. : maybe he is right : *peut-être a-t-il raison.*

Éventualité, incertitude passée

Dans ce cas MAY/MIGHT sont suivis de l'infinitif passé : HAVE + -ed

Ex. : he might have missed the train : *il se peut qu'il ait raté le train.*

Ex. : they might have had an accident : *il se pourrait qu'ils aient eu un accident.*

Permission : souvent utilisé dans les demandes polies

Ex. : may I ask you who you are? : *Puis-je vous demander qui vous êtes ?*

Ex. : I'm afraid you may not swim in the pool without a bathing-cap : *Je crains que vous ne puissiez nager dans cette piscine sans bonnet de bain.*

N.B. : Lorsque MAY/MIGHT exprime l'idée de permission, son verbe de remplacement est TO BE ALLOWED TO.

Ex. : you won't be allowed to smoke in this part of the restaurant.

Le souhait, le voeu : (May est toujours en tête de phrase)

Ex. : may you be right! : *puissiez-vous avoir raison !*

Ex. : may the Lord hear my prayer! : *que le Seigneur entende ma prière !*

Ex. : may you be happy for a thousand and one years! : *puissiez-vous être heureux à jamais !*

➔ MUST

Must n'existe qu'au présent. Il exprime l'idée d'obligation, d'interdiction et de forte probabilité.

➘ L'obligation

Ex. : I must finish this job : *il faut que je finisse ce travail*

Ex. : must you leave so soon? : *faut-il que vous partiez si tôt.*

Verbe de remplacement : TO HAVE TO

Ex. : next week you'll have to work hard : *il faudra que vous travailliez…*

Différence entre Must et Have to : (reprise)

Must exprime une obligation « subjective », c'est-à-dire que l'on s'impose personnellement.

Ex. : I must write this letter to my parents.

Ex. : I must make an effort.

À l'inverse, on dira : you have to be 18 if you want to vote : obligation « objective », qui m'est imposée de l'extérieur.

Ex. : I have to pass this exam if I want to go to University.

➔ MUST NOT : interdiction

Ex. : you must not smoke in here : *vous n'avez pas le droit de fumer…*

➘ Absence d'obligation : DON'T HAVE TO

Ex. : you don't have to take your umbrella : it's not raining : *tu n'as pas besoin de…*

N.B. : **Ne pas confondre interdiction et absence d'obligation.**

➘ Forte probabilité

Ex. : he must be dead : he hasn't turned up for ages : *il doit être mort : on ne l'a plus vu depuis une éternité.*

Ex. : you are dripping wet : you must have been washing the car.

Liste de quelques faux-amis

REMARQUE

Il est indispensable de connaître la liste des principaux faux-amis pour éviter de se laisser piéger sur le sens d'un mot que ce soit à l'écrit, dans une version ou une contraction de texte, ou que ce soit à l'oral, dans la compréhension d'un article de presse. Je vous indique, pour chaque mot, la traduction anglaise du mot français qui prête à confusion.

to abuse :

1. *maltraiter*

   Ex. : child-abuse : *mauvais traitement à enfant*

2. *injurier, insulter*
3. *abuser de* (privilege, authority)
4. *tromper*

   Ex. : many people were abused by her innocent look.

   Abuser de quelqu'un : to take advantage of, to exploit someone

   Se laisser abuser par de belles paroles : to be misled by fine words

   Abuser de médicaments : to overuse medicine

   Abuser de l'alcool : to drink excessively, to drink to excess

an academic :

1. *universitaire*
2. *scolaire* : academic progress : *progrès scolaires*
3. *théorique* : an academic debate : *une discussion toute théorique*
4. an academic : *un universitaire*

to accommodate :

1. *loger.* I can accommodate you in the guest-room.

This car can accommodate five people : *il y a de la place pour cinq personnes dans cette voiture.*

2. *informatique* : *accepter*. This programme can accommodate hundreds of variables : ce programme peut accepter des centaines de variables.

   Accommoder : to prepare, to arrange

to achieve : *réaliser, mener à bien, atteindre :* to achieve a goal

To achieve one's ambition

A great achievement : *une grande réussite*

Achever : to finish, to complete

Ex. : he has completed his studies.

actual : *réel, véritable, effectif*

Ex. : we are waiting for an actual face-to-face debate between the candidates.

Ex. : no one knows what is actually taking place in Russia : … *ce qui se passe en fait en Russie.*

Actuel, actuellement : present, current, presently, currently

to address : *prendre la parole :* he addressed the meeting : *il prit la parole devant l'assemblée.*

an address : *1. une adresse. 2. un discours*

an advertisement : *1. une publicité. 2. une petite annonce*

un avertissement : a warning

to advise : *conseiller*

advice : *des conseils* : this is sound advice : *c'est un conseil avisé*

aviser : to inform, to notify

affluence : *richesse, abondance,* **affluent** : *riche, aisé*

Ex. : the Republicans are conspicuously white and affluent : *les républicains sont ostensiblement blancs et aisés.* The affluent society : *la société d'abondance*

une affluence : a crowd, a throng. *Un affluent (d'un fleuve) :* a tributary

agenda : *un programme, un ordre du jour*

Ex. : unemployment is at the top of the government's agenda : *le chômage est une priorité pour le gouvernement.*

Un agenda : a diary

agony : *angoisse, supplice.* To be in an agony of impatience : *mourir d'impatience*

Agonie : slow death

Étape 41

Vocabulaire général

to linger : *s'attarder, traîner.* A lingering memory : *un souvenir persistant.* Lingering doubts.A lingering hope : *un faible espoir*

a litmus test : *un test décisif*

Ex. : the coming polls will be a litmus test for the present government.

a loan : *un prêt, un emprunt*

to loathe : *détester, avoir en horreur*

to loiter : to loaf, to idle : *traîner*

a loophole : *une faille, une lacune, un défaut*

Ex. : he got through (*s'en sortir*) thanks to a loophole in the legislation.

to loot : to plunder : *piller.* **A looting** : *un pillage.* **A looter** : *un pilleur*

a lout : *un loubard, un voyou*. A lager lout : *un voyou qui se saoule à la bière*

Ex. : most of these British hooligans were lager-louts.

ludicrous : *ridicule, risible*

a lump : *un gros morceau/une masse.* To have a lump in one's throat : *avoir la gorge serrée* (fig.). A lump of sugar : *un morceau de sucre*

lunatic : *fou, dément, aliéné.* A lunatic asylum : *un asile d'aliénés*

to lure : *attirer* (par la ruse). The lure of fame : *l'attrait de la gloire.* Advertisers lure consumers into buying things. To lure into a trap : *attirer dans un piège*

the maiden-voyage : (pour un bateau) : *le voyage inaugural*

Ex. : the Titanic sank on her (féminin) maiden-voyage

makeshift : *de fortune*

Ex. : the refugees had to sleep in makeshift tents, without blankets (*couvertures*) or running water.

a mall : *un centre commercial*

manure : *fumier*

to massage figures : *manipuler, truquer des chiffres*

Ex. : the government is likely to have massaged the figures of cancer cases that occurred in the aftermath of Chernobyl.

a masterpiece : *un chef-d'œuvre*

a maverick : *un dissident, un non-conformiste*

mayhem : *pagaille, désordre*

Ex. : the lion's escape caused incredible mayhem all over the town.

mercy : *la miséricorde*

Ex. : the jury showed no mercy to the accused : *le jury fut impitoyable envers l'accusé.*

Ex. : the boat was at the mercy of the storm : *à la merci de la tempête.*

merciful/merciless : *clément, impitoyable*

Ex. : a merciless condemnation of terrorism.

to mesmerize : *hypnotiser, fasciner*

Ex. : some children are mesmerized by video-games.

mickey mouse (adjectif) : *sans valeur*. Overnight the rouble has become mickey mouse money : *de la monnaie de singe*

mild : *doux*. Mild weather. A mild smile

a miscellany : a medley : *un mélange hétéroclite, un pêle-mêle*

miscellanious people : *des gens variés ;* a miscellanious collection : *hétéroclite*

a modicum : *un tant soit peu*

Ex. : if you had a modicum of common sense, you would not do that.

to molest : *agresser physiquement* (*voire sexuellement*)

Ex. : he is accused of molesting his children

to moonlight : *travailler au noir*

Ex. : many illegal Asians are still moonlighting in Paris.

to mortgage : *hypothéquer*

a mortgage : *une hypothèque*

motley : *hétéroclite, disparate :* (*péjoratif*) The millionnaire had purchased a motley collection of so-called objets d'art. What a motley crew! : *quelle belle équipe ! (iron.)*

mundane : (faux-ami) : *banal, terre-à-terre*

Ex. : some famous writers actually led very mundane lives.

murky : *trouble, sombre*

Ex. : it is hard to know anything about her murky past in Africa.

Muslims (also : **Moslems**) : *les musulmans*

to muster : *rassembler*

Ex. : to muster courage

Ex. : French television managed to muster several million francs thanks to the Telethon. *(est arrivée à réunir...)*

naught : *zéro*/**to come to naught** : *échouer*. He cares naught for... : *il fait peu de cas de...*

nerve-racking : *angoissant*. A nerve-racking horror film

a nickname : *un surnom*

niggling : *persistant, qui vous ronge*. A niggling feeling. A niggling doubt

to nip (something) **in the bud** : *tuer dans l'œuf, faire avorter*

Ex. : Clinton's Healthcare reform was nipped in the bud by the Republicans.

Ex. : her plans were nipped in the bud by her father's death.

to nod : *faire un signe affirmatif de la tête*

Ex. : he nodded his approval.

no-holds-barred : adj. : *où tous les coups sont permis*

Ex. : the presidential campaign is likely to turn into a no-holds-barred fight.

a noose : *un noeud coulant.* To put one's head in the noose : *se jeter dans la gueule du loup* (fig.)

To tighten the noose : *resserrer l'étau* (fig.)

to notch up a victory : *marquer une victoire.* **A notch** : *une encoche, une entaille*

notorious : *notoire*

Ex. : a notorious drug baron

obnoxious : *odieux, détestable*

off-peak hours : *les heures creuses* (cf. **the rush hours** : *les heures de pointe*)

offshore : an offshore platform : *une plate-forme offshore.* Offshore investments : *des investissements extra-territoriaux*

offspring : *la progéniture.* Some Arab emirs are known to have a numerous offspring.

an ombudsman : *un médiateur*

an omen : *présage, augure.* **Of good omen** : *de bon augure*

ominous : *de mauvais augure*

the onus : *la responsabilité* : The onus is on the UNO Security Council to make sure peace is respected.

to outsmart : to outfox, to outwit : *se montrer plus rusé que…*

a pack : *un paquet* : a pack of cigarettes. A pack of hooligans (*une bande : péjoratif*). A pack of lies : *un tissu de mensonges.* A pack of wolves : *une meute de loups*

Grammaire : *should/ought to*

Expriment le conseil, l'obligation morale et aussi la probabilité.

➔ Conseil et obligation morale

Ex. : you really should wash your car, it's filthy!! : *tu devrais vraiment laver ta voiture : elle est crasseuse* !!

Ex. : you ought to be more respectful to your teachers! : *tu devrais avoir plus de respect envers tes professeurs !*

Au passé (idée de reproche)

Ex. : you ought to have written/you should have written! : *tu aurais dû écrire !*

Ex. : Mum, you shouldn't have worried/you oughtn't to have worried : *tu n'aurais pas dû t'en faire !*

➔ Probabilité

Ex. : your paper shouldn't be so difficult after all! : *ton inter. ne devrait pas être trop difficile après tout !*

Ex. : he should have arrived by now/he ought to have arrived by now : *il devrait être là à l'heure qu'il est !*

➘ Should avec valeur de subjonctif

Exprime une forte modalité : l'énonciateur a du mal à croire que l'action soit réalisable.

Ex. : (dans la chanson…) : « It's wonderful… it's marvellous… that you should care for me » : *c'est merveilleux… qu'il soit seulement possible que tu m'aimes…*

Ex. : it's amazing that she should get married : *c'est étonnant qu'elle se marie.*

Ex. : if anything should happen, please let me know : *si quelque chose devait arriver, préviens-moi.*

N.B. : **SHOULD s'emploie également après beaucoup de verbes exprimant la contrainte, la persuasion ou la détermination.**

Ex. : the teacher insists that we should learn our lessons : *le professeur tient à ce que nous apprenions nos leçons.*

Ex. : my parents maintained that I should be back at midnight : *mes parents ont insisté pour que je sois de retour à minuit.*

N.B. : SHOULD s'emploie dans les locutions qui impliquent **une faible probabilité** :

Ex. : she locked the door for fear that she should be raped (ou : for fear she might be raped) : *elle ferma la porte à clé de peur qu'on ne la viole.*

Dans un registre plus **formel** : avec **LEST**

Ex. : she inspected the wardrobe lest someone should be hiding in it : *elle inspecta l'armoire de peur que quelqu'un ne s'y soit caché.*

Faux-amis (suite)

amenity : (souvent pluriel : amenities) : *agréments, politesses, civilités*

Équipements collectifs

Ex. : basic services and amenities : *services et équipements de base.*

A high-amenity county : *un comté très agréable à vivre*

Aménité : affability, amiability

an alley : *une ruelle*

Une allée : a path, a lane

allure : *le charme, l'attrait*

to allure : *attirer, séduire*

L'allure : 1. the speed, the pace. 2. the look

anxious : *impatient, désireux de*

Ex. : I'm anxious to meet him : *je suis impatient de le connaître.*

Anxieux : worried, anxious, nervous

apology : *excuses*

Faire l'apologie : to praise

application : *1. application. 2. demande, requête, candidature*

Ex. : an application for political asylum : *une demande d'asile politique.*

Application d'une loi : implementation.

appointment : *1. rendez-vous. 2. nomination*

Ex. : he was appointed Prime Minister.

Appointements : salary

apt : *1. susceptible de, enclin à. 2. pertinent* : an apt comparison

apte à : capable of, able to

argument : *1. argument. 2. débat, discussion. 3. querelle*

articulate : *qui parle bien, qui s'exprime avec aisance*

Ex. : to be articulate in English.

Articulé : articulated

art *: 1. art. 2. ruse, artifice*

arts : *lettres, sciences humaines.* **To study arts** : *étudier les lettres*

audience : *assistance, l'auditoire*

Une audience (procès) : a hearing

a ballot : *bulletin de vote, tour de scrutin*

Un ballot : a bundle

a band : *une fanfare, un « groupe », un orchestre*

Une bande : a gang, a party, a group

barracks : *une caserne*

Une baraque : a hut, a shed

a benefit : *un avantage, une prestation, une allocation*

Un bénéfice : a profit

a bachelor : un célibataire

a bias : *1. un penchant. 2. un préjugé, un parti pris, partialité.* Sex bias : *discrimination sexuelle*

Un biais : a means, an expedient, a device

Une ligne oblique : a slant. En biais : slantwise

bigoted, bigotry : *fanatique, sectaire.* Racial bigotry : *racisme exacerbé*

Bigot : over-pious

to bless : *bénir*

Blesser : to hurt, to injure

a billion : *un milliard*

Billion : a billion billions

a bribe : *un pot-de-vin.* To bribe : *suborner*

Une bribe : a bit, a scrap

a cabin : *1. hutte, case, cabane. 2. cabine de bateau*

a cabinet : *1. meuble de rangement. 2. gouvernement*

Étape 42

Vocabulaire général

par : equality of value : **to be on a par with** : *à égalité avec*

Ex. : an environmental disaster on a par with Chernobyl : *comparable à…*

parole : *liberté conditionnelle :* **To be on parole** : *être en liberté conditionnelle*

to peddle : *colporter.* To peddle gossip : *colporter des ragots.* To peddle ideas : *propager.* To peddle drugs : *faire du trafic de drogue.*

a peddlar : *un colporteur, un camelot*

a peer : *un pair*

Ex. : the scientist was warmly congratulated by his peers.

a perk : a non-wage benefit : *un avantage en nature* (Ex. : a car, free air-fares, etc.)

a pet : *un animal familier.* The Labrador is the most popular pet in Britain.

petty : *mineur, insignifiant.* Petty jobs : *des petits boulots.* A petty offense : *un délit mineur*

the pill : *la pillule* (*contraceptive*) To be on the pill. To go on the pill (*commencer à prendre la pillule*)

a PIN number : *un numéro de code personnel* (Personal Identification Number)

pipeline : **to be in the pipeline** : to be under way : *être en route, être en attente*

Ex. : some tax reforms are now in the pipeline.

a plea : *un appel* : **To enter a plea of guilty** : *plaider coupable*

a plea for mercy : *une demande de grâce*

a ploy : *un stratagème*

to poach : *braconner.* A poacher : *un braconnier*

to pore over : *étudier de près.* To pore over a book : *être absorbé par…*

posh : *chic, bon chic bon genre.* The London docks have become a very posh residential area.

a predicament : *une situation difficile.* **To be in a predicament**

the premises : *les locaux.* The Headmaster lives **on** the premises of the school : *le proviseur vit dans les locaux du lycée.*

Ex. : the premises of the American Embassy were occupied by the rebels.

preposterous : *absurde*

a prescription : *une ordonnance*

a prey : *une proie*

to probe into : *sonder, fouiller* : Prince Charles understandably resents having his private affairs probed into by the gutter press.

a probe : *une sonde* : A space probe : *une sonde spatiale*

to prosecute : *poursuivre en justice.* **A prosecutor** : *un procureur*

a witness for the prosecution : *un témoin à charge*

to prop up : *soutenir, étayer*

Ex. : it is unthinkable that we should prop up corrupt regimes.

to protract : *faire traîner en longueur*

proxy : *procuration.* To vote by proxy

a publisher : *un éditeur.* A publishing company : *une maison d'édition*

a pundit : *un expert, un spécialiste.* A board of pundits : *un comité d'experts*

a puppet : *une marionnette* (sens propre et figuré)

to purport to be… : *se faire passer pour*

Ex. : this article purports to be unbiassed *: se veut objectif.*

to puzzle : *rendre perplexe.* **To puzzle over something** : *essayer de comprendre*

a puzzle : *une énigme, un casse-tête.* **Puzzling** : *bizarre, étonnant, troublant*

a quack : *un charlatan*

a quagmire : *un bourbier* (sens propre et figuré)

a quandary : *un dilemme*

Ex. : the President was in a quandary as to what he should tell the Grand Jury.

a quarter : *un trimestre (civil).* **A term** : *un trimestre scolaire ou universitaire*

at close quarters : *de très près.*

Ex. : the detective followed him at close quarters.

to quash : *annuler, écraser*

Ex. : the rebellion was quashed by the army.

questionable : *contestable* : a questionable argument

queer : *étrange, louche, suspect*

Ex. : the police noticed the queer behaviour of some onlookers.

to quibble : *ergoter*

Ex. : the representatives were quibbling over minor points instead of focusing on the essential.

ramshackle : *délabré, qui tombe en ruine*

Ex. : these ramshackle old houses should be pulled down.

to ransack : *saccager, piller*

a ransom : *une rançon*

to rape : *violer (une personne).* To violate the law : *violer la loi*

rape : *1. un viol. 2. du colza*

the rat race : *la course à la réussite, la foire d'empoigne*

the rear : *l'arrière.* The rear legs : *les pattes arrière.* The rear of the car. The rear wheels

to fight a rearguard action : *mener un combat d'arrière-garde*

to rebuke : to take to task : *réprimander*

Ex. : the boss rebuked him for failing to do the deal.

red tape : *la paperasserie administrative*

remedial courses, lessons : *des cours de rattrapage*

a reprieve : *un sursis, une remise d'exécution*

Ex. : inmates on death row are sometimes granted several reprieves before they are finally executed.

to reshuffle : *faire un remaniement ministériel*

Ex. : the Cabinet has been reshuffled.

a reshuffle : *un remaniement ministériel*

to revamp : *retaper.* To revamp a dilapidated house : *retaper une maison délabrée*

to revamp a company : to streamline : *réorganiser*

Grammaire : *need/dare*

Ces deux verbes sont un cas à part dans la liste des auxiliaires modaux, puisqu'il **peuvent SOIT fonctionner comme un verbe ordinaire, SOIT comme un modal**.

- **Les verbes ordinaires TO NEED** (*avoir besoin de*) **et TO DARE** (*oser*) **se construisent exactement comme tout autre verbe ordinaire** :

  Ex. : do I need a dictionary to translate this?

  Ex. : he would not dare to speak to her.

  Ex. : you won't need to bring your lunch.

- **À la forme interrogative et négative, ces verbes sont souvent employés comme des auxiliaires** :

  Ex. : you needn't come if you don't want to : *tu n'as pas besoin de venir…*

  Ex. : he daren't say a word when she is around : *il n'ose pas ouvrir la bouche quand elle est là.*

  Ex. : how dare you phone at this time of the night? *comment oses-tu téléphoner à cette heure de la nuit ?*

  Ex. : you needn't have bought me flowers : *tu n'avais pas besoin de m'acheter des fleurs.*

  N.B. : **Avec need au passé : deux tournures sont possibles, mais elles n'ont pas le même sens.**

- **We didn't need to wait**, the taxi was on time : (= we didn't have to wait) : **exprime l'absence d'obligation** : *il n'était pas nécessaire d'attendre, le taxi était à l'heure...* **L'action n'a pas eu lieu**.

- **We needn't have waited**, they did not come : exprime une opinion sur **l'inutilité d'une action passée**. *Nous avons attendu en vain, ils ne sont pas venus.* **L'action a eu lieu**.

➔ Autres expressions de la modalité

En dehors des modaux à proprement parler, l'anglais dispose de toute une série d'expressions qui permettent de nuancer la pensée de l'énonciateur. La liste que je vous propose (étape 42 et 43) est loin d'être exhaustive.

- **to be likely to** : indique qu'une action ou un fait va vraisemblablement avoir lieu.

  Ex. : the bus is likely to be late today because of the bad weather : *le bus aura vraisemblablement du retard...*

  Ex. : they are likely to be waiting for us : *il y a de fortes chances qu'ils soient en train de nous attendre.*

  Ex. : the war in Chechnya is likely to last for long. *La guerre en Tchétchénie va certainement durer longtemps.*

- **to be sure to** : implique une très forte probabilité, avec un sens futur.

  Ex. : if you go on working like that, you are sure to succed : *si tu continues de travailler autant, tu vas certainement réussir.*

  Ex. : he is sure to come tomorrow : *il viendra sûrement demain.*

- **to be bound to** : même fort degré de certitude que le précédent.

  Ex. : in a group as big as this, you are bound to get occasional disagreements.

  Ex. : you are drinking too much : you are bound to have a hangover tomorrow morning! *tu bois trop : tu vas certainement avoir la gueule de bois demain matin !*

- **to be liable to** : exprime un risque permanent.

  Ex. : this river is liable to flood in winter.

  Ex. : he is always liable to have an accident : he drives when he is drunk. *Il est toujours exposé à un accident : il conduit quand il a bu.*

  Ex. : children brought up by single parents are more liable to become offenders than others : *les enfants élevés dans des familles monoparentales ont plus de risques de devenir des délinquants que les autres.*

- **to be apt to/to tend to/to be inclined to** : sens très proche du précédent : exprime une tendance.

  Ex. : my son is apt to lose his keys : *mon fils a tendance à oublier ses clés.*

  Ex. : he tends to be late on Monday mornings : *il a tendance à venir en retard le lundi matin.*

  Ex. : he is inclined to lose his temper in difficult situations : *il a tendance à perdre ses nerfs dans des situations difficiles.*

Les faux-amis (suite)

candid, candour : *franc, sincère/franchise, sincérité*

Candide : naive

a case : *une caisse, une mallette, une affaire, une cause, des arguments*

casual : *désinvolte.* **A casual meeting** : *une rencontre décontactée*

a casual remark : *une remarque faite en passant*

a cave : *une grotte, une caverne*

Une cave : a cellar

chance : *1. le hasard, une occasion.* **To take a chance** *: prendre un risque*

by chance : *par hasard*

Une chance : an opportunity. To have a good chance of V-ing : avoir de bonnes chances de…

La chance : luck. *Par chance :* fortunately

a change : *un changement*

change : *de la petite monnaie*

to charge : *1. accuser. 2. faire payer*

Ex. : how much do you charge? : *combien demandez-vous ?*

Charger : to load

a chemist : *1. un chimiste. 2. un pharmacien*

a coin : *une pièce de monnaie*

Un coin : a corner

a collaborator : *un collabo (pendant la guerre)*

Un collaborateur : a colleague, a contributor

college : *institut universitaire, faculté, une université*

Collège : secondary school (brit.) : junior high school (am.)

comfort : *1. réconfort, consolation. 2. confort*

a commodity : *une matière première, un produit*

La commodité : convenience

comprehensive : *exhaustif, complet, global*

Compréhensif : understanding

Étape 43

Vocabulaire général

a rift : *un désaccord*

Ex. : there was a rift between the two ministers.

to rig : *truquer*

Ex. : French courts are investigating a case of rigged elections in Paris.

a rig : an oil-rig : *une plate-forme pétrolière*

a roadblock : *un barrage routier*

to rot : *pourrir*

roundabout : *détourné*

Ex. : it's a roundabout way to do things : *une manière détournée…*

to round up : *faire une rafle, rassembler*

Ex. : during the Occupation all Jews were rounded up by the Vichy police and deported to death camps.

a rout : *une débandade, une débâcle*

Ex. : the latest elections were a rout for the French right wing.

rubble (uncountable) : *des décombres*

Ex. : a survivor was unexpetedly found under the rubble.

to rubber stamp : *avaliser, approuver sans discussion*

a rut : *une ornière* (sens propre et figuré). This reform is in a rut : *est en train de s'embourber*

to sail : bateau : *prendre la mer.* **A sailor** : *un marin*

savvy : *calé.* **Computer-savvy students** : *qui s'y connaissent en informatique*

to salvage : *sauver.* A British crew tried to salvage the Russian submarine in the Barents Sea. The General Manager tried to salvage his reputation by all means (fig.).

to scan : to examine closely : *scruter, regarder attentivement.* To scan the horizon/ the newspapers

a scramble : *une ruée*

Ex. : there is a real scramble for dollars in Moscow : *une ruée vers le dollar.*

a scrap of paper : *un bout de papier*

Ex. : I overheard a few scraps of the conversation : *des bribes…*

there isn't a scrap of truth in what he says : *pas un brin de vérité*

to scrap : *1. se chamailler* (to bicker, to squabble). *2. jeter, bazarder* (to dump)

Ex. : numerous Russian missiles have been scrapped at random. A scrapped car : *envoyé à la casse*

to scrap a project : *abandonner*

a scrap yard : *une décharge, un cimetière de voitures*

secondhand : *d'occasion.* A secondhand car

sewer : *un égout*/**sewage** : *les eaux usées.* A sewage works : *une station d'épuration*

shabby : *miteux, usé* : Shabby clothes. A shabby trick/action : *un sale tour*

shallow : water : *peu profond.* A shallow person, shallow feelings : *superficiel.* A shallow argument

a shambles : *une pagaille* (toujours au singulier)

Ex. : the Russian economy is in a complete shambles

Ex. : after the party, the house was in a shambles.

a shark : *un requin*

sharp : *coupant, pointu. Vif, brusque.* A sharp remark. A sharp rise

a shell : *un obus. Un coquillage*

to shield : *protéger* (a shield : *un bouclier*)

shipwreck : *un naufrage*

shoddy : *de mauvaise qualité, de la camelote*

Ex. : these shoddy buildings won't last long.

shrewd : *astucieux, habile.* A shrewd decision, a shrewd move, a shrewd politician

to shun : *éviter, fuir*

Ex. : to shun publicity, to shun responsibilities, temptations.

Ex. : the American example must be shunned at all costs.

to shun work : *esquiver, éviter le travail*

shy : *timide*

to shy away from… : *répugner à.*

Ex. : he is shying away from going to the doctor's.

slack : *mou.* The slack season : *la saison creuse.* A slack (sluggish) market : *stagnant*

to slacken (off) : *ralentir, se relâcher*

Ex. : the general commitment in favour of illegal immigrants seems to have slackened off.

a sleeve : *une manche.*

Ex. : he's got something up his sleeve : *il nous réserve une surprise* (fig.).

sleight of hand : *un tour de passe-passe.* **By sleight of hand** : *par un tour de passe-passe* (fig.)

slender/slim : *mince*

Ex. : a model (mannequin) is expected to have a slender figure.

Ex. : there is a slim/slender chance of success (fig.).

slick : efficient, skilful : a slick operation : *une opération rondement menée*

a slick excuse : *facile.* He always has a slick answer : *il a toujours réponse à tout*

a slog : : *un travail pénible*

Ex. : we are slogging away at our exams : *nous trimons pour nos examens.*

sloppy : *négligé, relâché*

sloppiness : carelessness : *négligence*

a slot machine : *une machine à sous*

a slump : *une forte baisse, une dépression (écon.)*

to slump : *s'effondrer.* The 1929 slump

sly : *rusé, fine mouche.* **On the sly** : *en douce…*

to smack :

1. taper, frapper

Ex. : stop being a pain in the neck or I'll smack your bottom! : *tu auras la fessée.*

2. avoir un goût de…

Ex. : the government's decision smacks of expediency : *la décision du gouvernement sent l'opportunisme* (fig.).

smart :

1. intelligent, futé

Ex. : we now live with smart machines (*des machines intelligentes*). A smart move : *une décision sensée.*

2. élégant

a smart card : *une carte à puce*

Grammaire

➔ Autres expressions de la modalité (suite)

had better, would better, had rather, would rather

Ces expressions n'existent qu'au preterite modal, mais ont TOUJOURS un sens PRÉSENT.

Elles se construisent avec la BASE VERBALE (Infinitif sans to).

HAD et WOULD s'emploient indifféremment dans les deux cas.

- **had better** : exprime un conseil, un jugement de valeur : *je* (*tu…*) *ferais mieux de…*

  Ex. : you'd better phone her right now : *tu ferais mieux de lui téléphoner tout-de-suite.*

Ex. : I'd better hurry up now if I want to catch my plane : *je ferais mieux de me dépêcher si je veux attraper mon avion.*

- **had rather, would rather** : exprime une préférence : *j'aimerais mieux…*

  Ex. : I'd rather stay at home than go out : *j'aimerais mieux rester chez moi que de sortir.*

  Ex. : I'd rather not go out with him : *j'aimerais mieux ne pas sortir avec lui.*

  AU PASSÉ : + INFINITIF PASSÉ

  Ex. : I'd rather have done it myself : *j'aurais préféré le faire moi-même.*

  Ex. : you'd better have phoned the police : *tu aurais mieux fait d'appeler la police.*

  AUTRE CONSTRUCTION POSSIBLE

  Ex. : I'd rather you didn't phone any more : *je préférerais que tu ne m'appelles plus.*

  Ex. : he'd rather his wife didn't work : *il préfererait que sa femme ne travaille pas.*

- **to be due to** : exprime qu'une action doit se produire avec certitude

  Ex. : the baby is due to be born in early December : *le bébé doit naître début décembre.*

  Ex. : the plane is due to land presently : *l'avion doit atterrir sous peu.*

- **to be to…** : peut avoir plusieurs sens

- exprime **une action prévue, convenue** : (sens futur)

  Ex. : we are to spend Christmas in New York : *nous allons passer Noël à New York.*

  Ex. : he is to be appointed Chairman next month : *il va être nommé président le mois prochain.*

- au passé, cette construction exprime **souvent le destin**

  Ex. : Napoleon was to die at St Helena : *Napoléon devait mourir à Ste Hélène.*

  Ex. : they were never to meet again : *ils ne devaient jamais plus se revoir.*

- exprime **une action qu'il convient de faire**

  Ex. : what am I to to answer in such a case? *que dois-je répondre dans ce cas ?*

  Ex. : she is to be congratulated on her success : *il faut la féliciter pour son succès.*

- exprime un **ordre sévère**

  Ex. : you are to go and see the boss at once : *tu dois aller voir le patron immédiatement.*

  Ex. : you are not to talk during a test : *vous ne devez pas parler pendant un test.*

Les faux-amis (suite)

concrete : *du béton*

a conductor : *1. un chef d'orchestre. 2. un receveur d'autobus*

Un conducteur : a driver

concurrent : *adj. coïncidant, simultané*

Un concurrent : a competitor

confidence : *1. la confiance. 2. confidence*

conservation : *protection de la nature/***conservationists** : *les écologistes*

consistent : *logique, cohérent, uniforme, compatible*

Consistant : solid, substantial

to contemplate : *1. regarder avec attention. 2. envisager, prévoir*

a contest : *1. concours. 2. rencontre sportive*

the Presidential contest : *la course à la présidence*

Contester : to protest, to dispute

convenient : *commode*

Convenable : suitable, proper, decent

conviction : *condamnation, conviction*

Convaincre : to convince, to persuade

a corpse : *un cadavre*

Un corps : a body

credit :*1. le mérite. 2. le crédit*

a critic : *un critique, un censeur*

Une critique : a criticism

to cry : *1. pleurer. 2. crier, s'écrier*

a cure : *un remède*

current : *actuel, en cours*. Current events : *l'actualité*

Courant : standard, ordinary, fluent

date : *une date, un rendez-vous, la personne avec qui on sort*

Ex. : she's my son's date.

decade : *une décennie*

Une décade : ten days

to deceive : *tromper, duper, abuser.* **Deception** : *tromperie*

Décevoir : to disappoint

decent : *honnête, convenable, brave.* He is a decent bloke : *c'est un brave type*

Étape 44

Vocabulaire général

to smear : *souiller la réputation de quelqu'un, calomnier*

Ex. : her reputation was smeared by the gutter press.

to sneak : *dénote toujours une action faite de manière furtive*

Ex. : he sneaked into the room : il est entré à pas de loup/en catimini.

Ex. : the government has sneaked through new labour laws : *a fait voter en douce de nouvelles lois sur le travail.*

soap : *du savon*. A soap opera, a soap : *un feuilleton*

Ex. : Dallas is the most popular soap in the world.

to soar : *monter en flèche*

sobering : *qui donne à réflechir.*

Ex. : some sobering news is coming from Iraq.

solvent : *solvable.*

Ex. : this company is not solvent.

to spew : *cracher, déverser*

Ex. : day after day, these industries spew noxious fumes into the atmosphere.

spill : an oil spill, spillage : *une marée noire*

a spin-off : *un produit dérivé, un avantage inattendu*

Ex. : the spin-offs from computer technology into medical research.

Ex. : this film is a spin-off from the famous novel : *est tiré de…*

to spin out : to prolong : *faire durer, faire traîner*

to sponge off someone : *vivre aux crochets de…* (a sponge : une éponge)

Ex. : the unemployed are sometimes accused of sponging off the taxpayers.

a sponger : *un parasite*

to spur to stimulate : *aiguillonner, encourager*

Ex. : this good result will be a spur to further improvement.

spurious : *faux, fallacieux.*

Ex. : he displayed a spurious interest : *un intérêt feint*

a squabble : *une querelle*

to squeeze : *compresser ; pressurer.*

Ex. : the government is trying to squeeze more money out of taxpayers : … *essaie de pressurer encore les contribuables* (fig.).

a squeeze : *un manque de place, une cohue.*

Ex. : there was a real squeeze in the underground.

to stab : *poignarder*

Ex. : this was a real stab in the back (fig.).

to stagger : *tituber, chanceler*

stamina : *énergie, endurance*

a stampede : *une débâcle, une déroute, un sauve-qui-peut*

staunch : dependable, loyal : *dévoué, loyal*

Ex. : a staunch friend : *un ami dévoué.*

a staunch supporter of democracy : *un ardent défenseur de la démocratie*

staunchness : *loyauté, fermeté*

stiff : *raide.* to keep a stiff upper lip : *garder son flegme, rester impassible*

to be bored stiff : *s'ennuyer à mourir.* **To be scared stiff** : *mourir de trouille*

to strangle : *étrangler. maintenir dans un étau* (fig.) : to strangle free speech : to muzzle (*museler*) : *étouffer*

to have a stranglehold on the market : *dominer le marché*

to stroll : *flâner*

Ex. : idle youngsters are strolling down Main Street.

to stumble : to stagger : *trébucher.* **A stumbling block** : *une pierre d'achoppement*

a stunt : *une cascade ;* a stuntman : *un cascadeur* ; a publicity stunt : *un coup de pub*

to be stymied : *être dans l'impasse.*

a sunrise industry : *une industrie d'avenir.* **A sunset industry** : *une industrie sur le déclin*

supercilious : *hautain, méprisant*

surreptitious : on the sly : *furtif, en douce.* A surreptitious look/smile

Ex. : the Prime Minister is surrepticiously trying to implement this unpopular measure : *le premier ministre essaie d'appliquer en douce cette mesure impopulaire.*

surrogate : *substitut.* A surrogate mother : *une mère porteuse*

to swap : *échanger ; troquer*

a swap : *un échange, un troc*

sweet : *doux, sucré.* To smell sweet : *sentir bon*

to sweeten : *adoucir* (sens propre et figuré)

Ex. : to sweeten somebody's task : *adoucir la tâche de…*

to tamper (with) : souvent péjoratif : *toucher à, mettre son nez dans, trafiquer.*

Ex. : scientists should not tamper with nature.

to tape : *enregistrer sur bande ou vidéo.* **A tape-recorder** : *un magnétophone*

to tease : *taquiner*

tedious : boring : *ennuyeux* : a tedious conference/a tedious job/a tedious task…

to teem : *grouiller*

Ex. : after the French team's victory, the streets were teeming with overjoyed people.

tenuous : *ténu.* A tenuous link : *un lien ténu.* A tenuous position : *fragile*

to have a tenuous hold on something : *avoir peu d'emprise sur…*

a think tank : *un groupe de réflexion*

thrifty : *économe.* Thriftless : *dépensier*

the throes : *les affres.* **To be in the throes of death** : *être à l'agonie.* In the throes of childbirth : *dans les douleurs de l'enfantement*

to tilt : *pencher.* He has tilted his hat over his eyes.

to tinker with : to tamper with : *bricoler*

to topple : *renverser*

Ex. : to topple a government. To topple over : tomber, s'effondrer

Grammaire : la forme interrogative

Toutes les formes interrogatives se construisent sur le schéma :

AUXILIAIRE + SUJET + VERBE… ?

Ex. : are you coming to the party?

Ex. : can your secretary speak English?

Ex. : will Peter come to visit us?

Ex. : do your parents live in Paris?

Ex. : did you understand what I said?

➔ L'inversion

En anglais **l'inversion est obligatoire à la forme interrogative**, alors que vous trouvez souvent, en français, des questions qui sont de simples formes affirmatives :

Ex. : *tu viens ?*

Ex. : *tu habites ici ?* etc.

Attention ! Souvent des candidats étourdis traduisent ce genre de questions en gardant l'ordre des mots du français : c'est IMPOSSIBLE. Il faudra donc dire :

Are you coming (et non « you come? ») et

Do you live here? (et non « you live here? »)

Cette remarque est d'autant plus essentielle que les concours comportent assez souvent des traductions de dialogues.

- **Le sujet n'est jamais répété**

  Là encore, méfiez-vous du modèle français :

  Ex. : *vos parents sont-ils chez eux ?* : are your parents at home?

  Ex. : *ton frère joue-t-il au tennis ?* : does your brother play tennis?

- **Si la phrase commence par un terme interrogatif servant de SUJET au verbe, celui-ci se met à la forme affirmative.**

  Ex. : who wrote this article? (et non « did write »)

  Ex. : which of the two buses goes to Trafalgar Square? (et non « does go »)

- **Si la phrase commence par un terme interrogatif qui est COMPLÉMENT, le verbe se met à la forme interrogative, comme en français.**

  Ex. : what did he write?

  Ex. : how do you know?

  Ex. : where do you sleep? etc.

- **Exception**

  Notez l'expression familière : « How come » (*comment se fait-il*) qui se construit sans auxiliaire.

  Ex. : « how come you haven't taken your car? » : *comment se fait-il que tu n'aies pas pris ta voiture ?*

- **Différence entre "why" et "what for"**

  « What for » est utilisé familièrement pour interroger sur le but ou la finalié d'une action.

  Ex. : what have you redecorated your room for? : *pourquoi as-tu retapissé ta chambre ?*

  Ex. : what did you say that for? : *dans quel but as-tu dit cela ?*

  « Why » interroge plutôt sur la cause d'une action.

  Ex. : why did you say that : *pourquoi as-tu dit cela ?*

  Ex. : why are you laughing?

  … mais en fin de compte la différence est minime, et l'un est souvent utilisé à la place de l'autre.

Les faux-amis

to defile : *salir, souiller, profaner*

Défiler : to march, to parade

diminutive : *minuscule, tout petit*

Un diminutif : a short name

a director : *un directeur. Un metteur en scène*

to discharge : *renvoyer, licencier, libérer, démobiliser*

Décharger un véhicule : to unload

discretion : *1. discrétion, retenue. 2. liberté d'action. 3. discernement, prudence*

disgrace : *honte, déshonneur*

Disgrâce : disfavour

definitely : *certainement.* **Definitely not** : *absolument pas*

Définitivement : definitively, permanently

a degree : *un diplôme, un degré*

to delay : *retarder, différer*

Délayer : to mix

to deliver : *1. livrer, distribuer. 2. délivrer, sauver. 3. prononcer (discours). 4. accoucher*

to demand : *exiger, réclamer*

Demander : to ask

to demonstrate : *expliquer, manifester (dans la rue)*
a demonstrator : *un manifestant*

a deputy : *un adjoint, un remplaçant.* **The Deputy-Head** : *le proviseur-adjoint*

Un député : Brit. : an M.P. (member of Parliament), US : a representative

to deride : *tourner en dérision, tourner en ridicule*

Dérider : to cheer up (a person)

to deserve : *mériter*

Desservir : to clear (table), to harm, to go against

to deter : *dissuader, décourager*

Déterrer : to dig up, to uproot

a device : *1. un appareil. 2. un procédé, un stratagème*

Un devis : an estimate

to devise : *imaginer, inventer, concevoir*

Deviser : to talk, to converse

dilapidated : *délabré*

Ex. : there are lots of dilapidated houses in those slums (*bidonvilles*).

Dilapider : to waste, to squander (money)

to dispose of : *se débarrasser de.* Waste disposal : *l'enlèvement des ordures*
a disposable razor : *un rasoir jetable*

a dispute : *discussion, débat, conflit, différent*

Une dispute : a quarrel, an argument

Étape 45

Vocabulaire général

to toss : *jeter, lancer.* To toss a coin : *jouer à pile ou face*

to trample : *piétiner,* (sens propre et figuré) *bafouer*

Ex. : human rights are being openly trampled on in China

transient : *passager, éphémère*

to trespass : *entrer sans permission.* To trespass **on** somebody's estate/land : *s'intoduire sans permission dans la propriété/sur les terres de quelqu'un*

« No trespassing » : *entrée interdite.* **To trespass on somebody's rights** : to infringe on… : *s'ingérer, empiéter sur* (fig.)

a trigger : *une gachette* (gun). **To press/to pull the trigger** : *appuyer sur la gachette/sur la détente*

Ex. : **he is fast on the trigger** : *il réagit vite* (fig.)

to trigger off : *déclencher, amorcer, entraîner*

Ex. : the catastrophe of the Russian submarine triggered off a wave of protest : *la catastrophe du sous-marin russe a provoqué une vague de protestation.*

trigger-happy : *à la gachette facile*

Ex. : trigger-happy terrorists. A trigger-happy nation : *une nation prête à déclencher la guerre pour un rien.*

trim : neat : *bien tenu, propret*

Ex. : a trim haircut : *une coupe soignée*

Ex. : a trim little garden : *un petit jardin bien soigné*

to be in good trim : *être en bon état*

Ex. : the athlete is in good trim/in fighting trim : … *en bonne forme*

to get into trim : *se mettre en forme*

to get things into trim : *mettre les choses en ordre*

to trim :

1. couper, tailler. To trim the garden hedge : *tailler la haie du jardin*

2. réduire (fig.). To trim costs : *réduire les coûts.* To trim the workforce : *réduire la main-d'œuvre*

3. décorer. To trim the Christmas tree

trite : *galvaudé, facile, éculé* : A trite remark. A trite expression

a trip : *un voyage, une excursion.* A business trip : *un voyage d'affaires*

to trip over something : *trébucher*

trivial : *sans intérêt, insignifiant.* A trivial piece of news : *une nouvelle sans intérêt.* A trivial mistake : *une faute sans gravité*

a trough : *un creux, une dépression.* The peaks and troughs of the economy.

a truant : *un élève absentéiste.* **To play truant** : *sécher les cours, faire l'école buissonnière*

truthful : honest. A truthful statement : *une affirmation exacte*

trump card : *un atout, une carte-maîtresse* (sens propre et figuré)

Ex. : he has a trump in his sleeve : *il a un atout en réserve.*

Ex. : he was holding all the trumps : *il avait tous les atouts dans son jeu.*

tube : *un tube.* **A test-tube baby** : *un bébé-éprouvette*

the tube : brit. : *le métro.* US : *la télé*

a tug-of-war : a showdown : *une partie de bras-de-fer*

a tug-of-love : *une lutte acharnée entre des parents qui divorcent pour obtenir la garde des enfants* (cf. *Kramer vs. Kramer*)

to tussle : to struggle, to fight : *se battre.* To tussle over something : *se disputer quelque chose*

to twist : *entortiller.* Fig. : *fausser* : don't twist my words! : *ne déforme pas ce que je dis !*

a twist : *un rebondissement*

Ex. : the latest twist in this affair…

unanimous : *unanime.*

Ex. : the Russians were unanimous in condemning Putin for his aloofness when the Kursk was wrecked : *Les Russes ont unanimement condamné Poutine pour sa négligence lors du naufrage du Kursk.*

unashamed : *non déguisé*

Ex. : he gobbled up his cake with unashamed pleasure : *il a englouti son gâteau avec un plaisir non dissimulé.*

unawares : adverbe :

1. au dépourvu. You catch somebody unawares : *prendre quelqu'un au dépourvu.*

2. par mégarde

Ex. : I knocked down the vase unawares : *j'ai renversé le vase par mégarde.*

unbearable : *insupportable*

uncanny : *mysterieux, troublant*

Ex. : uncanny feelings about the possibilities of human cloning.

unchallenged : *incontesté*

Ex. : he is an unchallenged genius.

underfed : *sous-alimenté*

an underclass : *une classe très défavorisée*

to undercut : to sell cheaper : To undercut a competitor : *vendre moins cher qu'un concurrent.* to undermine, to reduce (fig.)

Ex. : inflation undercuts people's purchasing power : *l'inflation réduit le pouvoir d'achat.*

to underestimate : to underrate : *sous-estimer*

to be under way : (allemd. unterwegs) : *être en route*

Ex. : the reform is well under way/in the pipeline : *la réforme est bien en cours.*

unfettered : *sans entraves, incontrôlé*

Ex. : unfettered liberalism cannot provide all the answers.

unfit : *incapable...*

Ex. : he has drunk too much : he is unfit to drive : *il n'est pas en état de conduire.*

unfit for military service : *inapte au service militaire*

this house is **unfit to live in** : *inhabitable*

unfit for consumption : *impropre à la consommation.* These mushromms are unfit for consumption.

unflagging : *inlassable.* Unflagging enthusiasm : *inépuisable*

Ex. : she looks after these children with unflagging patience and devotion.

to unfold : *déployer.* To unfold a map : *déplier une carte.* To unfold one's plans : *révéler ses projets* (fig.)

unforgivable : *impardonnable*

Grammaire : la forme interrogative (suite)

➔ Questions avec « how »

Un très grand nombre de questions commencent avec HOW :

Ex. : how much cream would you like?

Ex. : how many foreign languages do you speak?

Ex. : how long does the film last?

Ex. : how often do you eat out?

Ex. : how far is to the bus-stop?

Ex. : how old is your daughter?

Ex. : how tall are you? (*combien mesurez-vous ?*)

Ex. : how heavy is this parcel? (*combien pèse ce paquet ?*) etc.

➔ Questions avec « what »

What introduit souvent des questions sur la nature des choses ou des notions (leur couleur, leur taille, leur nom, leur composition, etc.)

Ex. : what make is your car? *quelle est la marque de votre voiture ?*

Ex. : what age are your students? (= how old are they?)

Ex. : what size do you wear? (*quelle est votre taille de vêtements ?*)

Ex. : what's your sister called? (= what's her name?)

➔ Questions indirectes

N'oubliez pas que dans une question indirecte il **n'y a pas d'inversion de l'auxiliaire et du verbe** (contrairement au français).

Ex. : I wonder where my slippers are. (*Je me demande où sont mes pantoufles*)

Ex. : he asked me who my students were. (*il m'a demandé qui étaient mes étudiants*)

➔ Questions avec prépositions : on rejette la particule en fin de phrase

Ex. : what are you laughing about?

Ex. : who are you thinking of?

Ex. : whose telephone number are you looking for?

Ex. : what are you aiming at?

➔ Différence entre « how » et « what... like »

Je rencontre souvent des confusions entre ces deux questions.

Ex. : how is your sister? *comment va ta sœur ?*

Ex. : what's your sister like? *comment est ta sœur ? (à quoi ressemble-t-elle ?)*

Attention ! À la question : « How is your cat? », je réponds : « very well thank you ».

À la question : « What's your cat like? », je réponds : « she's grey and white and has a fat belly » (*un gros ventre*)

Les faux-amis

distraction : *inattention/affolement, folie*

Ex. : he loves her to distraction : *il l'aime à la folie*

Distraction : entertainment

domestic :

1. intérieur, national. Gross Domestic Product : le PIB

2. domestique, familial

dramatic : *spectaculaire, impressionnant*

Ex. : a dramatic landscape

Dramatique : tragic

editor : *rédacteur un chef*

Un éditeur : a publisher

eligible : An eligible voter : *un électeur potentiel.* An eligible young man : *un jeune homme à marier, un bon parti.* To be eligible for (a pension) ... : *avoir droit à...*

engaged : *1. fiancé. 2. occupé, retenu, pris*

Ex. : the line is engaged : la ligne est occupée.

Engagé : committed, involved

to evade : *esquiver, se dérober.* Tax evasion : *fraude fiscale*

s'évader : to escape

eventually : *finalement, en fin de compte*

Éventuellement : possibly

evidence : *preuve, témoignage*

Évidence : obviousness

exciting : *exaltant, passionnant*

Excitant : sexy

exhilarating : *grisant*

Hilarant : hilarious

experience : *expérience vécue, aventure*

Expérience scientifique : **experiment**

to expose : *1. démasquer, dénoncer. 2. exposer*

extravagant : *dépensier, prodigue, exagéré*

Extravagant : eccentric

evidence : *preuve, témoignage*

Évidence : obviousness

fabric : *1. étoffe, tissu. 2. structure*

Une fabrique : a manufacture

facilities : *installations, équipements*

Facilité : easiness. *Facilités :* talent

fantasy : *l'imagination. Un fantasme*

Une fantaisie (caprice) : a whim. Fancy, imagination

a fatality : *accident mortel.* **Fatal** : *mortel, funeste, néfaste*

Fatal : inevitable, deadly

a figure : *1. chiffre. 2. silhouette. 3. personnage*

La figure : the face

a file : *un dossier, un fichier, un classeur*

Une file : a queue (brit.), a line (US)

Étape 46

Vocabulaire général

unfortunate : *fâcheux, regrettable*

Ex. : he made an unfortunate blunder : *il a fait une gaffe regrettable*

unfortunately : *malheureusement*

unfounded : *sans fondement.* : unfounded allegations : *des rumeurs sans fondement.* Unfounded criticism *: une critique injustifiée*

unhampered/unhindered : *libre, aisé.* We have unhampered access to the museum : *un accès libre.* Trade unhampered by tax regulations : *commerce non entravé par la règlementation fiscale*

to work unhindered : *travailler sans être dérangé*

unmistakable : *caractéristique*

Ex. : this bomb attack bears the unmistakable stamp of the IRA : *cet attentat porte la marque indubitable de l'IRA.*

unlikely : *peu probable*

Ex : In the unlikely event of an accident : *au cas improbable où il y aurait un accident.* She is unlikely to be elected : *il y a peu de chances pour qu'elle soit élue.*

unpalatable : *désagréable, dur à avaler*

Ex. : we must admit the unpalatable truth of our defeat.

unprecedented : *sans précédent*

Ex. : an unprecedented heat-wave.

unprepared :

Ex. : we were unprepared for such a catatrophe : *nous n'étions pas préparés à une telle catastrophe.*

Ex. : we were unprepared for the news : *la nouvelle nous a pris au dépourvu.*

to catch somebody unprepared : *prendre quelqu'un au dépourvu*

unqualified : *non qualifié.* An unqualified teacher : *non diplômé*

Ex. : he is unqualified for the job : *il n'est pas qualifié pour ce travail.*

unrest : *de l'agitation.* **Social unrest** : *des troubles sociaux*

unresolved : *non résolu*

Ex. : the mystery of Stonehenge still remains unresolved.

unscathed : *indemne, sain et sauf*

Ex. : they miraculously escaped from the air crash unscathed.

unseemly : *inconvenant*

Ex. : it is unseemly for a teacher to swear in front of his students : *il est inconvenant pour un professeur de dire des gros mots devant ses élèves.*

unsettled : *instable.* The market is unsettled : *Le marché est instable.*

to feel unsettled : *être perturbé*

to leave matters unsettled : *laisser les choses en suspens*

unskilled : *sans qualifications* : an unskilled job : *un travail ne nécessitant pas de qualifications professionnelles*

unsound : unreliable : *douteux.* An unsound person : *un personnage douteux*

an unsound view : *un jugement mal fondé*

ethically unsound/politically unsound... : *contestable sur le plan éthique/ politique*

unsteady : *instable ; irrégulier*

unsuccessful : *infructueux*

Ex. : after many unsuccessful attempts, the scientsts finally managed to clone Dolly.

unsuitable : inappropriate : *qui ne convient pas, inopportun*

Ex. : he has been declared unsuitable for the post.

Ex. : this land is totally unsuitable for agriculture.

Ex. : these high-heeled shoes are unsuitable for walking in the fields.

unsurprisingly : *adverbe : comme il fallait s'y attendre...*

Ex. : unsurprisingly, there were no survivors in the wrecked plane.

unthinkable : *impensable*

Ex. : it is unthinkable that these terrorists should be left unpunished.

the untouchables : *la caste des intouchables en Inde.* To be treated as an untouchable : *être traité en paria*

unusual : *insolite, inhabituel*

Ex. : there was something unusual in that storm, right in the middle of winter.

unwitting : *involontaire.* **Unwittingly** : *sans le faire exprès*

an uproar : *un tumulte*

Ex. : the announcement of the plant's shut-down caused an uproar among the staff : *L'annonce de la fermeture de l'usine a provoqué une tempête de protestations parmi le personnel.*

the ups and downs : *les hauts et les bas*

up-to-date : *à jour, moderne, à la page*

utmost : greatest : this is **an issue of utmost importance** : *un problème de la plus haute importance*

a matter of utmost urgency : *une question de la plus extrême urgence*

to do one's utmost : *faire tout son possible*

to the utmost : *au plus haut degré*

at the utmost : *au maximum*

Ex. : he earns £1000 a month at the utmost.

utter : sheer, mere : *complet, véritable*

Ex. : this trip was an utter disaster : *ce voyage a été un véritable désastre.*

Ex. : he is an utter idiot.

Ex. : in utter despair, he tried to commit suicide.

the vanguard : *l'avant-garde.* **To be in the vanguard of progress** : *à la pointe du progrès*

valuable : *de grande valeur*

Ex. : the thieves stole some valuable masterpieces from the museum.

valuables : *des objets de valeur*

Ex. : she keeps all her valuables in a safe : *un coffre-fort.*

to veer : *changer de direction* (wind/ship). He veered round to my point of view : *il s'est rallié à mon point de vue* (fig.).

a veil : *un voile* : the Islamic veil : *le chador.* **To draw a veil over…** : *jeter un voile sur…* (fig.)

a vet (a veterinary surgeon) : *un vétérinaire*

a veteran : *un ancien combattant.* A Vietnam veteran

the vicinity : *le voisinage, les environs.* In the immediate vicinity of the town : *à proximité immédiate de la ville.*

Grammaire : questions sur la durée

Ce sont souvent des questions qui figurent parmi les questions-piège aux Q.C.M.des concours. Vous avez intérêt à bien les maîtriser.

How long : sert à interroger sur la **DURÉE d'une action ou d'un état**.

- **How long + prétérite : durée d'une action passée**

  Ex. : how long did you stay in England last year?

  Ex. : how long were they married?

- **How long + present perfect : durée d'une action qui a commencé dans le passé et qui dure toujours**

  Ex. : how long have you been learning (present perfect) English? *Depuis combien de temps apprends-tu (présent) l'anglais.*

- **How long + futur : durée d'une action à venir**

  Ex. : how long will it take to reach Mars?

- **how long peut se construire avec beaucoup d'autres temps**

- le présent simple : how long do courses last?

- le conditionnel présent : how long could a man survive under those conditions?
- au conditionnel passé : how long would you have waited if I had not given you a lift? etc.

- **How long peut aussi interroger sur la durée écoulée depuis la fin d'une action passée**

Voici quatre manières de poser la même question :

Ex. : how long is it since you last saw Bill? (preterit)

ou : how long haven't you seen Bill? (present perfect)

ou : Since when haven't you seen Bill? (present perfect)

ou encore : When did you last see Bill? (preterit)

N.B. : Les questions 1 et 4 se construisent avec le prétérit, puisqu'elles portent sur l'action passée de voir Bill.
Les questions 2 et 3 se construisent avec le présent perfect, puisqu'elles portent sur l'action passée et qui dure encore, de ne pas voir Bill.

Comparez ces deux phrases :

Ex. : I haven't seen Bill for two years. (Present perfect : verbe not to see)

Ex. : I last saw Bill two years ago. (Preterit : verbe to see : action passée)

Les faux-amis

to fix : *réparer*

Ex. : can you fix my engine (US)? : *pouvez-vous réparer mon moteur* ?

A quick fix : *un remède miracle*

Fixer : to fasten, to fix

a fool : *un idiot, un imbécile*

Un fou : a madman

to forge : *falsifier, contrefaire*

furniture : *le mobilier*

Fournitures : supplies

gas : US : *1. essence. 2. gaz.* Brit : *gas*

Essence : brit. : petrol

genial : *affable, chaleureux, sympathique*

Génial : fantastic, great

grade : US : *1. note, résultat scolaire. 2. classe* (*scolaire*)
Brit : *1.* a mark : *une note. 2.* a form : *une classe*

a graduate : *un diplômé*

a grape : *un raisin*
Grappe : a bunch

to gratify : *faire plaisir*
Gratifier : to favour, to honour

grief : *chagrin, peine*
Un grief : a grievance

to harass : *harceler, tracasser, tourmenter*
sexual harassment : *harcèlement* (*et non « harassement » !*) *sexuel*

a hazard : *un danger, un risque*
Le hasard : chance, fate, luck

to indulge… in : *s'adonner à, se permettre*
Être indulgent : to be lenient, indulgent

ingenuity : *ingéniosité.* **Ingenious** : *ingénieux*
Ingénuité : ingenuousness, naivety. Ingenuous *: ingénu*

inhabited : *habité*
Inhabité : uninhabited

to injure : *blesser, faire du tort*
Injurier : to abuse, to insult

intelligence : *1. intelligence. 2. renseignements, informations*

intoxicated : *ivre* (sens propre et figuré)
Intoxiqué : poisoned

to introduce : *présenter quelqu'un à quelqu'un d'autre*
Introduire : to insert

Vocabulaire général

to vie with : *rivaliser avec*

Ex. : no country in the world can vie with France when it comes to fashion (*mode*).

a villain : a scoundrel : *un vaurien, un bandit*

to violate : to disobey : *enfreindre, transgresser, violer un règlement*

virtual : near : *quasi.* This is a virtual certainty : *une quasi-certitude*

Ex. : this company holds a virtual monopoly : *cette société exerce un quasi-monopole.*

Ex. : the situation has come to a virtual standstill :... *à un arrêt presque complet.*

virtually : *pratiquement, quasiment*

Ex. : they have virtually lost the championship.

vocational training : *la formation professionnelle*

to vouch for : *se porter garant, répondre de*

to waive : to relinquish : *abandonner, renoncer à*

Ex. : to waive a claim, a right : *renoncer à un droit*

a walkabout : to go on a walkabout : *prendre un bain de foule*

to wander : (allemd. wandern) to loaf, to stroll : *aller sans but, flâner.* He wanders through the streets : *il erre dans les rues.* His thoughts are wandering : *il rêvasse* (fig.)

wanderings : *des pérégrinations*

a ward : *un service, un pavillon d'hôpital.* **The emergency ward** : *le service des urgences*

wary : *prudent, sur ses gardes*

a watchdog : *un chien de garde.* **A watchdog committee** : *un comité de surveillance*

wasteland : *des terres en friches.* En ville : *un terrain vague*

to waver : to dither, to falter, to hesitate : *hésiter, vaciller*

Ex. : he wavered in his resolution not to smoke.

a wedge : *une cale* (under a door or a wheel). To drive a wedge between two people : *brouiller* (fig.)

Ex. : their political differences drove a wedge between the two friends.

wedlock : *le mariage.* To be born **out of wedlock** : *être né hors mariage*

the whereabouts : *l'endroit où l'on se trouve*

Ex. : the whereabouts of some former Nazi criminals have remained unknown up to now.

to whip : *fouetter*

to whistle : *siffler.* To blow the whistle on something/someone : *dénoncer, tirer la sonnette d'alarme* (fig.)

a whizz kid : *un enfant surdoué*

windfall profits : *des profits inattendus, exceptionnels*

wise : *sage, prudent.* To grow wise with age…

Ex. : he was wise enough to refuse : *il a eu la sagesse de refuser.*

he is none the wiser for it : *il n'en est pas plus avancé*

wry : *ironique*

Ex. : a wry smile, a wry remark.

a yoke : *un joug* (sens propre et figuré)

Ex. : to come under the yoke of dictatorship.

⇒ Fin du vocabulaire général

Quelques emplois métonymiques

10 Downing Street : (*adresse de la résidence du 1er ministre*) ⇒ *désigne le Premier ministre britannique*

11 Downing Street : (*résidence du chancelier de l'Échiquier*) ⇒ *désigne ce dernier*

Downing Street : *désigne le Cabinet britannique dans son ensemble*

Buckingham : *désigne la Reine*

Westminster : *désigne le parlement britannique*

Whitehall : *est la rue où se trouvent la plupart des ministères* ⇒ *désigne l'ensemble des ministères*

the City : *désigne le quartier des affaires, y compris celui de la Bourse*

Fleet Street : *désigne l'ensemble de la presse britannique*

Scotland Yard : *désigne les services de police londoniens*

■ ■ ■

the White House : *désigne le président américain*

Capitol Hill : *désigne le Parlement américain*

Wall Street : *désigne la Bourse de New-York*

the Pentagon : *désigne le ministère de la Défense américain*

Broadway : *désigne le milieu du spectacle américain, surtout celui du théâtre et des comédies musicales*

Grammaire : la forme négative

➔ Généralités

La forme négative se construit sur le schéma suivant :

SUJET + AUXILIAIRE + NOT + VERBE

Ex. : I must not eat so much chocolate.

Ex. : he does not live here.

Ex. : Richard should not come.

N.B. : NOT <u>est incompatible</u> avec d'autres termes à sens négatif tels que : No, Never, nobody, hardly (presque pas), etc.
Une phrase négative ne peut comporter qu'un seul terme négatif, sinon on aboutit à une DOUBLE NÉGATION.

Ex. : he doesn't read **any** books.

Ex. : nobody has **ever** (et non pas « never ») seen him smiling.

Ex. : I can't find my keys **anywhere** (et pas « nowhere »).

Ex. : there was hardly **anybody** on the train (et pas « Nobody »).

De même :

Ex. : he hardly **ever** laughs/I hardly understood **any**thing/she had hardly **any** clothes on.

➔ Remarques

➘ Orthographe

La négation NOT se trouve souvent accolée à l'auxiliaire à la forme contractée. Attention, dans ce cas à l'orthographe : He can't swim, he needn't come.

Attention ! Beaucoup de candidats semblent ignorer que CANNOT s'écrit toujours en un seul mot.

Forme négative de « HAVE »

Si « Have » est auxiliaire, c'est-à-dire dans les temps composés, il se construit simplement en ajoutant NOT, comme tous les autres auxiliaires.

Ex. : I haven't got a dog/He hadn't seen the danger.

À l'inverse, si TO HAVE fonctionne comme un verbe ordinaire, dans le sens de « posséder », ou dans certaines locutions spécifiques, il se construit avec l'auxiliaire DO, à la forme interrogative et négative.

Ex. : she does not have any children/We do not have to work today.

Ex. : I do not have breakfast in bed./They do not have their lawn mown by the gardener.

Locution négative : NEITHER... NOR : (Ni... ni...)

Cette locution ne peut s'utiliser qu'avec un verbe affirmatif (pour éviter la double négation).

Ex. : he eats neither fruit nor vegetables./He can neither read nor write.

Infinitif et gérondif négatifs

À la forme négative, la négation NOT précède obligatoirement la forme en question.

Ex. : you must take an umbrella in order NOT to get wet.

Ex. : you had better use a dictionary in order NOT to make a mistake.

Ex. : he has been punished for NOT doing his job.

Impératif négatif

L'impératif peut revêtir plusieurs formes négatives :

- à la 2e personne : **DON'T + base verbale**

  Ex. : don't smoke in here!

- aux autres personnes : vous pourrez trouver deux formes :

  - à la première personne du pluriel : LET'S+ NOT + BASE VERBALE :

    Ex. : let's not stay here!

  - aux autres personnes : DON'T LET US + BASE VERBALE :

    Ex. : don't let us argue! *ne nous disputons pas !*

    Ex. : don't let her cry!/don't let them disturb us!

Les faux-amis (suite)

an issue : *1. question, problème. 2. parution, sortie, numéro (journal)*

Une issue : a way out, an exit, an outcome *(fig.)*

a journey : *un voyage, un trajet*

to labour : *travailler dur, peiner*

Labourer : to plough

a lecture : *1. une conférence, un cours. 2. une réprimande*

a library : *une bibliothèque*

Une librairie : a book shop

a location : *un emplacement, une situation*

Location : hiring, renting, bookin

lunatic : *fou, aliéné*

Lunatique : whimsical, temperamental

luxurious : *luxueux, somptueux.* **Luxury** : *le luxe*

La luxure : lust. *Luxuriant :* luxuriant, lush

malice : *méchanceté, malveillance.* **Malicious** : *malveillant, méchant, délictueux, criminel*

Malicieux : mischievous

manufacture : *la fabrication*

Une manufacture : a plant

material : *1. matière. 2. tissu, étoffe*

Matériel : equipment

medicine : *1. médecine. 2. médicament, remède*

minute : adjectif : *minuscule*

miserable : *déprimé, triste*

misérable : destitute, poverty-stricken

mundane : *ordinaire, banal, terre-à-terre*

nervous : *inquiet, anxieux*

Nerveux : nervy, tense, nervous

a novel : *un roman*

Une nouvelle : a short story

an occupation : *un emploi, une profession*

Une occupation : a pastime

an offence : *un délit, une infraction, une violation*

onerous : *lourd, pénible*

Onéreux : costly

to operate : *faire fonctionner, manœuvrer.* **To operate on somebody…** : *opérer quelqu'un*

an outrage : *un scandale, une atrocité. Une intense indignation*

Un outrage : insult

Étape 48

Vocabulaire spécifique : l'environnement

nature : *la nature* (sans article)
the wilderness : *la nature sauvage*
natural resources : *les ressources naturelles*
the environment : *l'environnement*
environmental : *écologique*
the environmentalists/the conservationists/the greens : *les écologistes, les verts*

the ecologists : *les scientifiques spécialistes de l'environnement ; les écologistes*

conservation/preservation : *la défense de l'environnement*
to conserve/to preserve : *préserver*
environment-friendly : *respectueux de l'environnement*

the natural balance : *l'équilibre naturel*
an ecosystem : *un écosystème*
to upset the natural balance : *rompre l'équilibre naturel*
the fauna and the flora : *la faune et la flore*
mankind : *le genre humain*

survival : *la survie*

to ban nuclear tests : *interdire les essais nucléaires*
a nuclear-free zone : *une zone dénucléarisée*
radioactivity : *la radioacticité*
depleted uranium : *uranium appauvri*
radioactive fallout : *les retombées radioactives*
acid rain (toujours au singulier) : *des pluies acides*

damage (toujours au singulier) : *les dégâts*

to preserve biodiversity
an endangered species : *une espèce en voie de disparition*
an extinct species : *une espèce disparue*. Plur. : species (*id.*)

to be at war with : *être en guerre contre*
to be threatened with : *être menacé de…*
to contaminate : *contaminer*
to be contaminated

to poison : *empoisonner*

to leak : *fuir* (*avoir une fuite*). **A radioactive leak** : *une fuite radioactive*
a nuclear power plant : *une centrale nucléaire*

to reject : *rejeter*
to dump : *déverser, jeter* (*ordures*)

to spew, to belch : *vomir, cracher* (*fumées, gaz toxiques*)

to recycle
waste disposal : *le traitement des déchets*

to ban : *interdire*
to cut out : *supprimer*/to cut down, to curb : *réduire*
to run out : *s'épuiser*

a shortage : *une pénurie*

to wreck : *détruire, démolir*
to endanger, to jeopardize, to threaten : *mettre en danger*
to wreak havoc on : *provoquer des ravages*
to doom : *condamner*
to loot/to plunder : *piller*

to waste/to squander : *gaspiller*
to guzzle : *consommer en quantités énormes*

harmful, noxious : *nocif, nuisible*
careless : *imprudent*
unpredictable : *imprévisible*

hazardous : *dangereux*

devastating : *dévastateur, catastrophique*

lethal, deadly : *mortel*

rampant : *incontrôlé, galopant*

scarce : *rare, peu abondant*
widespread : *répandu*

dramatic : *spectaculaire* (faux-ami)

biodegradable : *biodégradable*
disposable : *jetable*

drastically : *radicalement, sévèrement*

natural disasters ; **catastrophes** [kə'tæstrɔfi:z]

an oil slick : *une nappe de pétrole*
an oil spill : *une marée noire*
marine pollution.
a pollutant : *un produit polluant*

a sewer : *un égout*
sewage : *les eaux d'égout*
a stench : *une puanteur*

global warming : *le réchauffement de la planète*

the greenhouse effect : *l'effet de serre*
the ozone layer : *la couche d'ozone*
ozone-friendly : *qui préserve la couche d'ozone*
ozone depletion : *la diminution de la couche d'ozone*

CFCs : **greenhouse gases** : *les CFC (chlorofluocarbons), les gaz à effet de serre*
the possible aftermath of global warming : *les conséquences possibles du réchauffement planétaire*

Grammaire : la forme emphatique

La forme emphatique, **ou forme d'insistance**, permet d'insister sur la réalité de ce que l'on affirme.

Un certain nombre de procédés sont possibles pour atteindre ce but :

➔ DO et DID employés à la forme affirmative

Ex. : it does make a difference! : *ça change vraiment tout !*

Ex. : I did do by best to help her… : *j'ai vraiment fait mon possible…*

Ex. : we did have a good laugh! *Nous avons bien rigolé !*

DO peut aussi s'employer à l'impératif, avec une nuance d'insistance :

Ex. : do help yourself to some more cake! *Mais prenez donc encore du gâteau, je vous en prie !*

➔ Autres formes d'insistance

La forme que nous venons de voir peut être accentuée davantage : à l'écrit, en écrivant l'auxiliaire en italiques et à l'oral, en accentuant fortement l'auxiliaire.

Ce procédé est possible pour TOUS les auxiliaires :

Ex. : you *are* a pretty girl!

Ex. : you *must* see that play!

Il en est de même pour l'accentuation de NOT à la forme négative.

Ex. : you're *not* going to have another glass of whisky!

➔ Adverbes emphatiques

Comme en français, une phrase peut prendre du relief, si l'on ajoute un adverbe ou une locution.

Ex. : I don't like him **at all**. *Je ne l'aime pas du tout.*

Ex. : he's crazy **indeed!** *il est vraiment dingue !*

Ex. : you are **absolutely** right.

Ex. : "he is **quite** intelligent" – "yes, absolutely" (*très fréquent aux USA*)

Ex. : I am **definitely** going to leave her! *Je vais la larguer, c'est sûr !*

Ex. : what **on earth** are you doing? *Mais qu'est-ce-que tu fais donc ?*

Ex. : how did he **ever** manage to find such a pretty girl? *mais comment a-t-il bien pu dénicher une si belle fille ?*

Ex. : **what the devil** is wrong with my computer? *que diable se passe-t-il avec mon ordinateur ?*

➔ Constructions emphatiques

Dans un registre de langue relevé, surtout à l'écrit, on peut mettre en valeur un adverbe ou une expression emphatique placés en début de phrase, en les faisant suivre par une inversion.

Ex. : seldom have I met such a bright student.

Ex. : so unexpected was the information that nobody reacted.

Ex. : only when I am tired do I forget things.

Ex. : hardly had he caught sight of her when he fell in love with her.

Attention ! Les adverbes PERHAPS et MAYBE n'entraînent pas d'inversion.

Ex. : perhaps it was a mistake.

Faux-amis

a parcel : *un paquet, un colis*

Parcelle : fragment, bit, plot of land

partial : to be partial to… : *avoir un faible pour*

particular : *1. particulier, spécial. 2. minutieux, méticuleux*

to pass : an exam : *être reçu*

Passer un examen : to take an exam

a patron : *1. protecteur, mécène. 2. client, habitué*

Un patron : boss, manager

a performance : *1. représentation, spectacle. 2. exploit*

perverse : *obstiné, contrariant*

Pervers : perverted, depraved

petty : *1. insignifiant, sans importance. 2. mesquin, malveillant*

photograph : *une photographie*

Un photographe : a photographer

phrase : *une expression, une locution*

Une phrase : a sentence

a physician : *un médecin*

un physicien : a physicist

a place : *un endroit, un lieu*

Une place : a square. (cinéma) *: a seat.* Il y a de la place *: there is room*

a plant : *1. une plante. 2. une usine*

a platform : *1. une plateforme, une tribune. 2. un quai (gare). 3. un programme (parti)*

a position : *1. un poste, une fonction que l'on occupe. 2. un point de vue, une position*

a prejudice : *un préjugé*

Préjudice : damage, harm

premises : *1. des hypothèses. 2. les locaux, les lieux*

presently : *tout à l'heure, bientôt*

Présentement : at present, currently

a preservative : *un agent conservateur (preserves : confitures)*

Un préservatif : a condom

to pretend : *faire semblant, feindre*

Prétendre : to claim

the propriety : *la bienséance, les convenances*

Propriété : property

the provisions : *1. les dispositions (ex. : d'un projet de loi). 2. prestations*

Ex. : the provision of medical services : *la prestation d'actes médicaux*

Des provisions : supply, food, provisions

Étape 49

Vocabulaire spécifique : l'environnement (suite)

dramatic changes : *des changements spectaculaires*
a major shift : *un changement important*
climatic disruptions : *des perturbations climatiques*
to endanger : *mettre en danger*
a hazard : faux-ami : *un danger.* **Hazardous** : *dangereux, risqué*

a drought : *une sécheresse*
a flood : *une inondation/***to be flooded** : *être inondé*

a landslide : *un glissement de terrain*
an earthquake : *un tremblement de terre*
a hurricane : *un ouragan/***a storm** : *une tempête*
a hot spell : *une vague de chaleur*
the rising of sea-levels/the melting of glaciers and icebergs
the flooding of coastal land
the shifting of rainfall patterns

a pesticide : *un pesticide*
crop spraying : *la pulvérisation des cultures*

factory fumes, smoke : *les fumées industrielles*
asphixiation : *l'asphixie*
anti-pollution checks : *des contrôles anti-pollution*

traffic restrictions : *limitations de la circulation*
unbreathable : *irrespirable*
an exhaust pipe : *un pot d'échappement*
carbon monoxide : *le monoxyde de carbone*
carbon dioxide : *le dioxyde de carbone*

the countryside : *la campagne*
to disfigure : *défigurer*
spoilt : *abîmé, défiguré*

a landfill site : *un centre d'enfouissement des déchets*
a garbage dump, a refuse tip : *une décharge publique, un terrain de décharge*

deforestation : *le déboisement*
woodlands : *régions boisées*

to destroy : *détruire*
to devastate : *dévaster*
to wipe out, to obliterate, to eradicate : *effacer,supprimer*

to cut down forests : *abattre des forêts*
to raze a forest : *raser une forêt*
careless cutting : *coupes inconsidérées*
the torching of a forest : *la mise à feu délibérée de la forêt*
a forest fire : *un incendie de forêt*

Vocabulaire spécifique : l'économie

the Stock Exchange : *la Bourse*

the trend of the dollar : *la tendance*
a listed/quoted company : *une société cotée en Bourse*

a share/equities : *une action/ des actions*
stocks : *les actions*
stocks and shares : *valeurs mobilières*
a company's equity/share capital/total stock capital : *le capital d'une société*
a portfolio : *un portefeuille d'actions*

a shareholder : *un actionnaire*
a bearer : *un porteur*
private investors/small investors/small shareholders : *petits porteurs*
a stockbroker/a brokerage firm : *un agent de change*
securities (terme général) : *des titres*
government securities/treasury bills : *bons du Trésor*
bonds : *obligations*

a currency : *une monnaie*
the exchange rate : *le taux de change*

a floating currency *: flottante*
a fixed currency *: à parité fixe*

a dollar : familier : a buck/a greenback
a pound : familier : a quid
Ex. : can you lend me ten quid? *peux-tu me prêter cent balles ?*

to mint/to coin money : *frapper de la monnaie*
a bill (US) a banknote (brit.) : *un billet de banque*
change : *de la petite monnaie*
a coin : *une pièce de monnaie*

to trade on the Stock Market : *faire des transactions boursières*
the fluctuations of the market
the market can be : **firm** : *ferme/***brisk** : *animé/***buoyant** : *soutenu/***active**
or : **dull** *: terne/***sluggish** : *anémié* : (**a slug** : *une limace*)/**depressed** : *déprimé*)/
erratic : *irrégulier*

an ailing market : *mal en point*

to edge down : *fléchir légèrement*
to edge up *: monter légèrement*

to fall into the doldrums : *tomber dans le marasme*

the index : *l'indice*. Plur. : the indices

the F.T. index : the Financial Times index
the Dow Jones : *l'index de Wall Street* (*la Bourse de New York*)
the Nasdaq : *le marché et l'indice de la nouvelle économie américaine*

Grammaire : les tags

Très caractéristiques de l'anglais idiomatique, ce sont toujours des formes elliptiques contenant un auxiliaire, et qui font écho à une structure verbale qui vient d'être employée, soit par le locuteur, soit par un interlocuteur. Ils marquent une réponse ou une question, l'accord ou le désaccord, la confirmation, la surprise, etc.

➔ Réponse brève

Il est rare, en anglais, de trouver des réponses aussi laconiques que « yes » ou « no » : généralement on reprend l'auxiliaire de la question :

Ex. : "do you live in Paris?" – "Yes, I do"

E x. : "would you be worried if I did not write?" "Yes, I would"

Ex. : "have you understood this question?" "yes, I have"

➔ Les question-tags

Ce sont des petites questions posées à la fin de toutes sortes d'affirmations, dont le but est d'appeler une confirmation de la part de l'interlocuteur (*n'est-ce-pas ?*).

Elles reprennent toujours l'auxiliaire qui vient d'être employé dans la phrase déclarative, ou, lorsqu'il s'agit d'un verbe ordinaire, elles se construisent avec DO, DOES ou DID.

La reprise est négative après une déclaration affirmative, et affirmative après une déclaration négative.

Ex. : she looks pretty with her hair down, doesn't she?

Ex. : they once lived in Connecticut, didn't they?

Ex. : it can't be the postman, can it?

Ex. : he will graduate in a couple of years, won't he?

Ex. : you should't smoke so much, should you?

Remarque

→ À la première personne du singulier, le tag est « aren't I »

Ex. : I'm a genius, aren't I?
Ex. : "I'm late, aren't I"

Pas de problème pour une phrase négative : I'm not late, am I?

→ Si la phrase comporte « There is » « There are » « there was » « there were » :

There is a cafeteria in your school, isn't there?
There wasn't a pause, was there?

→ Si la phrase comporte un mot comme « everybody », « somebody », « no one », qui sont pourtant tous suivis du singulier, le pronom utilisé dans le tag est <u>THEY</u> (donc le pluriel).

Ex. : everybody has forgotten their books, haven't they?
Ex. : nobody said a word, did they?

➔ Les répliques de conformité (agreement tags)

Elles expriment l'accord ou la conformité avec ce qui vient d'être énoncé par un interlocuteur. Elles correspondent aux réponses « moi aussi » ou « moi non plus », ou « mon père aussi », « les anglais non plus », etc.

Phrase affirmative

Ex. : "Peter loves Greece" – "So do I".

Ex. : "the English are against the Maastricht Treaty" – "So are the Norwegians".

Phrase négative

Ex. : "I don't like soap operas" – "Neither do I" ou "Nor do I"

Ex. : "the English don't eat snails" – "Neither (ou NOR) do the Americans".

➔ Les répliques de surprise

Dans le sens de : « C'est vrai ? » ou « Ah bon ? », ou « Pas possible ? »

Ex. : "Carol has passed her exam" "oh, has she?"

Ex. : "Bill missed his plane to New-York" "Oh,did he?"

Ex. : "I have lost my keys again!" – "oh, have you?".

➔ Les répliques impératives

Elles sont utilisées après un impératif, pour rendre l'ordre moins tranchant, par souci de politesse.

Ex. : open the door, will you?

Ex. : give me a cigarette, will you?

Les faux-amis (suite)

qualifications (with) : *avec des réserves, sous certaines conditions*

Qualifier : to describe, to call, to label, to dub

to qualify : *1. obtenir un diplôme, se qualifier. 2. émettre des réserves, atténuer, nuancer. 3. habiliter, donner qualité à*

rampant : *largement répandu, qui sévit* (*violence, épidémie*)

Rampant : crawling, creeping

a recipient : *un destinataire, un bénéficiaire*

Récipient : a container

to record : *1. consigner, inscrire, enregistrer. 2. relater, décrire*

redundant : *1. superflu, redondant. 2. au chômage*

refuse : *les déchets, les ordures*

regard : *attention, considération, estime.* With regard to… : *pour ce qui est de…, concernant…*

Un regard : a glance, a look, an expression

to rehabilitate : *renover* (old houses). *Réinsérer* (prisoners)

a relation : *1. parent, parenté. 2. relation*

relief : *soulagement, amélioration, assistance.* Humanitarian relief : *l'aide humanitaire*

a report : *1. rapport, récit. 2. rumeur. 3. réputation. 4. détonation*

Un report : a postponement

resort : *1.* (to) : *avoir recours. 2.* a resort : *lieu de vacances, station balnéaire.*

Un ressort : a spring. *Énergie :* stamina, energy. *Compétence :* competence

rest : *1. repos. 2. le reste*

Les restes : the leftovers (repas), the remains

to resume : *reprendre, recommencer*

Résumer : to sum up, to summarize

a resumé : *un curriculum vitae*

Un résumé : a summary

rude : *impoli, grossier*

Rude : harsh, rough, tough

sanguine : *optimiste, encourageant*

saucy : *impertinent*

a scheme : *1. plan, projet. 2. complot, machination*

Schéma : sketch, blueprint

a scholar : *1. un étudiant. 2. un érudit*

a score : *une vingtaine. Une partition* (*musique*). *Un score*

sensible : *sensé, raisonnable*

Sensible : sensitive

Étape 50

Vocabulaire spécifique : l'économie (suite)

➔ Going down : la baisse

financial exposure : *les risques financiers*

A BEAR : *un spéculateur à la baisse*
a bear market/a bearish market : *un marché baissier*
to go abear : *spéculer à la baisse*

a weak market/a falling market : *en baisse*
a downturn : *un repli*

to ease/to drift : *baisser légèrement*
a plunging market : *en chute libre*

a jittery/jumpy/restive market : *nerveux*

a crash/a collapse/a smash/a free fall : *un effondrement*
a debacle/a rout : *une déroute*
a slump/a recession : *marasme*

to be in deep water : *dans une situation difficile*
to plummet/to take a nosedive : *plonger*

to drop/to collapse/to tumble down/to plunge : idem

to trigger a crash : *provoquer un effondrement*

to suffer heavy losses : *subir de lourdes pertes*
to be wiped out : *être ruiné*

to dump one's shares : to sell at any price
to hit an all-time low : *atteindre le niveau le plus bas jamais enregistré*

➔ Going up : la hausse

A BULL : *un investisseur optimiste (qui joue le marché à la hausse)*
to go abull/to bull the market : *spéculer à la hausse*
the market is bullish/a bullish tendency : *une tendance à la hausse*

a rising market/a soaring market : *à la hausse*
a hot market : *fébrile*
a volatile market : *erratique*

to hit an all-time high : *atteindre le niveau le plus haut jamais enregistré*
to spurt : *monter soudainement*
a boom : *un essor*
a turnabout : *un revirement (dans les deux sens)*

a tax-haven : *un paradis fiscal*
to yield a profit : *produire un bénéfice*

a takeover : *prise de contrôle (d'une société par une autre).* **A takeover bid** : *une O.P.A.*
a merger : *une fusion*
to launch a bid : *lancer une offre*
to snatch a company : *faire main-basse sur*
to sink : *couler*

a corporation : *un organisme/une société par actions*
corporate profit : *les bénéfices des entreprises*

to build an empire
to amass a fortune
to fatten one's wallet : *s'en mettre plein les poches* (mot à mot : *engraisser son portefeuille)*
to rake in billions : *ratisser des milliards*
to produce handsome returns : *procurer un rendement comfortable*
a billionaire : *un millionnaire*
to boost domestic consumption : *stimuler la consommation des ménages*
to entice people to invest : *encourager*
to go private : *se privatiser/***a privatization**
a joint-venture : *une société en participation/une joint-venture*
to go to the market : *s'introduire en bourse*
to go global : *se mondialiser*

a private limited company : *une S.A.R.L.*
a real-estate company : *une société immobilière*
a building company : *une entreprise de construction*
an airline company : *une compagnie aérienne*
a shipping company : *une compagnie de navigation*
an insurance company : *une compagnie d'assurances*
a mail-order firm : *une société de vente par correspondance*

➔ The new economy

the high-tech sector : *le secteur des hautes technologies*
high-tech economic growth : *la croissance économique des hautes technologies*
a start-up : *une start-up*
a web-site : *un site sur le web*
to launch a start-up : *lancer une start-up*
a dotcom : *une « dotcom » ; une « pointcom. »*
an incubator : *un incubateur*

➔ Going global

a multinational : *une multinationale*
a conglomerate : *un conglomérat*
a consortium : *un consortium*
a trust : *un trust*
a concern : *une entreprise*
a firm/a company : *une société*

a branch : *une succursale*
a subsidiary : *une filiale*
the headquarters, the Head Office : *le siège d'une société*
a Hong Kong-based company : *une société qui a son siège à Hong Kong*

Grammaire : le passif

➔ Généralités

Le passif est bien plus fréquent en anglais qu'en français. Il se construit de la même manière :

BE + PARTICIPE PASSÉ

Le passif traduit souvent la tournure française avec « ON » :

Ex. : *on l'a vu* : he has been seen.

➔ Construction

Le complément de la forme active devient sujet de la forme passive :

Actif : the students welcomed the teacher/Passif : the teacher was welcomed by the students.

Le passif s'emploie à tous les temps, également à la forme simple et continue, mais la forme continue ne s'emploie **qu'au présent et au prétérite**.

Ex. : I am given information/I am being given information.

Ex. : he was scolded/he was being scolded.

Ex. : she has been sent to hospital/she will be sent to hospital/she would be sent to hospital, etc.

Pour les verbes à particules, la préposition est rejetée en fin de phrase.

Ex. : she was being looked at/this news item has been much talked about.

➔ Traduction de la forme impersonnelle avec « ON... »

Ex. : *on rapporte que le président a eu des dizaines de maîtresses* : the president is reported to have had scores of mistresses.

Ex. : *on s'attend à ce que ce candidat remporte les élections* : this candidate is expected to win the election.

Ex. : *on m'a conseillé de passer un trimestre dans un campus américain* : I have been advised to spend a term on an American campus.

➔ Les verbes d'attribution

Ce sont des verbes à double complément. Contrairement au français, la forme idiomatique anglaise consiste à mettre comme sujet de la phrase passive le complément d'attribution (c'est-à-dire, le complément indirect).

Ex. : someone has sent flowers to my mother : Passif : my mother has been sent flowers.

Ex. : my parents have given me a new car : Passif : I have been given a new car (et non pas : *a new car has been given to me*, qui est beaucoup moins idiomatique, quoique possible).

Les faux-amis (suite et fin)

spirits : *1. humeur, moral. 2. alcool, spiritueux*

sportive : *folâtre, badin*

Sportif : athletic

the stage : *la scène*

Un stage : a training course

status : *le statut. Le prestige, le standing*

a store : *1. des provisions, des réserves, un stock. 2. un grand magasin, un magasin*

Store : a blind, a shade

to supply : *fournir, livrer*

Supplier : to beseech, to beg

to support : *1. soutenir, encourager. 2. subvenir aux besoins de*

Supporter : to bear, to suffer, to stand, to put up with

a surname : *un nom de famille, un patronyme*

Surnom : nickname

to survey : *1. contempler. 2. examiner, enquêter*

Surveiller : to keep watch on…

sympathetic : *compréhensif, compatissant*

to sympathize : *plaindre, compatir*

Sympathique : nice, likeable, congenial

taxes :*1. les impôts. 2. les taxes*

tentative : adj. : *provisoire, hésitant*

Une tentative : an attempt

to trespass : *s'introduire sans autorisation*

Trépasser : to pass away

trivial : *banal, insignifiant*

Trivial : coarse, saucy

a trolley : *1. un chariot, un caddie. 2. un trolley-bus*

urbane : *courtois, raffiné*

a utility : *un service public* (*water, electricity, gas…*)

L'utilité : usefulness

with a vengeance : *pour de bon*

a vexed issue : *un problème controversé*

vicious : *brutal, méchant, violent.* A vicious dog

Vicieux : perverted, depraved, dissolute

a villain : *un scélérat, un vaurien, un bandit*

Vilain : ugly, nasty, wicked, naughty

virtually : *pratiquement*

Virtuellement : potentially

volatile : *1. instable, fluctuent. 2. versatile. 3. explosif* (fig.) : a volatile situation : *une situation explosive*

a voyage : *une traversée en mer*

Un voyage : a journey, a trip

a waggon : *un chariot*

Un wagon : a carriage

the West Indies : *les Antilles*

zest : *entrain, élan, entousiasme*

Un zeste : piece of orange/lemon peel

⇒ **Fin de la liste des faux-amis**

Étape 51

Vocabulaire spécifique : l'économie (suite)

➔ Financial straits : difficultés financières

a loss : *une perte*/**a dead loss** : *une perte sèche*

to incur losses : *subir de pertes*
to run up losses : *accumuler des pertes*
to cut one's losses : *limiter ses pertes*
to sell at a loss : *vendre à perte*
to sell at cost price : *à prix coûtant*

an indebted firm/a leveraged firm : *une société endettée*

insolvency : *insolvabilité*/**insolvent** : *insolvable*
solvent/solvency : *solvabilité*
an ailing company : *en difficulté*

to suffer a setback : *subir un revers*

surging costs : *augmentation rapide des coûts*
collapsing profits : *bénéfices en chute libre*

to battle for survival : *lutter pour sa survie*
to run a company into the ground : *laisser péricliter*
to go bankrupt/to go bust/to go broke : *faire faillite*
a bankrupt company : **a bust company** : *une société qui a fait faillite*

➔ L'organisation de l'entreprise

company management : *la gestion d'entreprise*
to run a company : *diriger une entreprise*/**to be at the head of…** : *être à la tête de…*

a decision-maker : *un décideur*

the top management/the top executives : *les cadres supérieurs.*
the senior staff : *idem*

the chairman : *le président*
the chief executive officer : **(CEO)** : *le PDG*
the general manager : *le directeur général*
the board of directors/the company board : *le conseil d'administration*

the assistant-manager : **the deputy-manager** : *le directeur adjoint*
a general secretary
an executive secretary : *secrétaire de direction*
a regional manager/a district manager : *directeur régional*
a department manager : *un chef de service*
a sales manager : *directeur des ventes*

to chair a meeting : *présider une réunion/un conseil*
to hold a meeting : *tenir une réunion/un conseil*

to pass a motion : *adopter une motion*
to reject a motion : *rejeter…*

the agenda : *l'ordre du jour*
an item on the agenda : *un point à l'ordre du jour*

the staff : *le personnel*
the payroll : *la masse salariale*

a clerk : *un employé de bureau*
an employee : *un employé*
an accountant : *un comptable*

a trainee : *un stagiaire*
a store-keeper : *un magasinier*
a chief clerk : *un chef de bureau*

clerical work : *le travail de bureau*

to look ahead : *regarder l'avenir en face*

to display managerial skills : *montrer des qualités de gestion*
to stake one's career : *mettre sa carrière en jeu*
to be dedicated to : *être dévoué à*

to be fit for... : *avoir le profil pour...*

an ability : *une aptitude*
qualifications : *des qualifications, les diplômes*

skills : *les compétences*

work experience : *l'expérience professionnelle*
expertise : *la compétence*

know-how : *le savoir-faire*
well-trained : *bien formé*
efficient : *efficace*
to be overworked : *être surmené*
a workaholic : *un bourreau de travail*
to be hardworking : *travailler dur*
painstaking : *appliqué*
authoritarian : *autoritaire*
ruthless, merciless : *impitoyable*

to be workshy : *être paresseux*
a loafer : *un paresseux, un tire-au-flanc*
a scrounger/a sponger : *un parasite*

to offer a wage incentive : *offrir une incitation salariale*
job satisfaction : *la satisfaction professionnelle*

the social ladder : *l'échelle sociale*
a two-tier society : *une société à deux vitesses*
the rat race : *la course à la réussite, la foire d'empoigne*
to go from rags to riches : *faire fortune en partant de rien, être nouveau riche* (rags : *haillons*)

social mobility : *la mobilité sociale*

Grammaire : la forme causale

➔ Généralités

On parle de forme causale lorsqu'une action est accomplie ou subie à cause d'un tiers. Cela correspond en français à la tournure « Faire… faire ».

Alors qu'en français on a toujours recours à la forme « Faire + Infinitif », l'anglais distingue divers cas.

➔ Sens actif et sens passif

Comparez les deux phrases suivantes :

1. Je fais travailler mes élèves/**2.** Je fais laver ma voiture

Dans le premier cas, l'infinitif a un sens actif, mes élèves travaillent.

Dans le deuxième cas, l'infinitif a un sens passif, ce n'est pas ma voiture qui lave !, elle est lavée.

Selon que la phrase ait un sens actif ou passif, la traduction est totalement différente.

1. actif : to make + complément + base verbale (infinitif incomplet)

2. passif : to have + complément + participe passé

Ex. : 1. I make my students work.

Ex. : 2. I have my car washed.

La forme causale peut fonctionner **à tous les temps, à la forme simple et continue**.

Ex. : our neighbour is having his front door painted.

Ex. : next week I will have my car repaired.

Ex. : I would make my sons wash my car if they lived here.

Ex. : this film has made me roar with laughter (*hurler de rire*).

Remarque

À la forme active, la forme make + compl + base verbale peut être remplacée (surtout en anglais américain) par **to have + compl + base verbale**.

Ex. : I always have a student clean the board.

Ex. : I would have my sons wash my car if they were here.

➔ Autre construction active possible (plus familière)

<u>to get somebody to</u> do something

Ex. : I'll get Mark to paint my greenhouse (*serre*).

Ex. : I could not get my students to learn their lessons.

Autre construction passive possible : <u>to get something done</u>.

Ex. : I must get my car repaired as soon as possible.

Ex. : Peter will get his hair cut next week.

Constructions idiomatiques à sens causal

to keep someone waiting : *faire attendre quelqu'un*

to call someone in, to call for someone, to send for someone : *faire venir quelqu'un*

Quelques sigles à connaître

BBC : (British Broadcasting Corporation)

BSE : (bovine spongiform encephalopathy)

CIA : (Central Intelligence Agency) : la CIA

the EEC : (European Economic Community) : la CEE

the EU : (the European Union)

FAO : (Food and Agriculture Organization) : la FAO

FBI : (Federal Bureau of Investigation) : le FBI

GATT : (General Agreement on Tariffs and Trade) : le GATT

a GMO : (a genetically modified organism) : un OGM

GOP : (the Grand Old Party) : désigne les Républicains aux USA

a GP : (a General Practitioner) : un médecin généraliste, un médecin de famille

IMF : (the International Monetary Fund) : le FMI

IOC : (International Olympic Committee)

an IOU : (an I Owe You) : une reconnaissance de dette

IRA : (the Irish Republican Army) : l'IRA

an MP : (a Member of Parliament) : un député britannique

MEP : (Member of the European Parliament), or **Euro MP**

MIT : (Massachussetts Institute of Technology) : « la Mecque » mondiale des ingénieurs…

NATO : (the North Atlantic Treaty Organization) : l'OTAN

an NGO : (a non governmental organization) *:* une ONG

NHS : (the National Health Service) : le système de santé britannique

OECD : (Organization for Economic Cooperation and Development) : l'OCDE

OPEC : (Organization of Petroleum Exporting Countries) : l'OPEP

RSPCA : (the Royal Society for the Prevention of Cruelty to Animals) : l'équivalent de la SPA

the UN : (the United Nations) : les Nations-Unies

UNCF : (United Nations Children's Fund) : l'UNICEF

VAT : (Value Added Tax) : la TVA

WASP : (a white anglo-saxon protestant)

WHO : (the World Health Organization) : l'OMS

WWF : World Wide Fund for Nature

WTO : (the World Trade Organization) : l'OMC

YMCA : (Young Men's Christian Association) : foyers britanniques pour jeunes gens

YWCA : (Young Women's Christian Association) : foyers britanniques pour jeunes filles

Étape 52

Vocabulaire spécifique : le monde de l'emploi

the affluent society : *la société d'abondance*
to be well-off : *vivre dans l'aisance*
the ruling class : *la classe dirigeante*
the upper classes : *les classes supérieures*

the middle class : *la classe moyenne*
the working class : *la classe ouvrière*

a widening gap between rich and poor : *un écart grandissant entre les riches et les pauvres*
Fam. : **the haves and the have-nots**

high-income groups/bracket : *les tranches de revenus élevés*
low-income groups/bracket : *les tranches de revenus faibles*
the working population : *la population active*

the labour market/the job market : *le marché du travail*
the primary sector : *le secteur primaire*
the secondary sector : *le service secondaire*
the service-sector : *le tertiaire*

a job : *un emploi, un poste, un travail*
work : *du travail*
a work : *une œuvre. Faux ami : ce mot ne désigne jamais un travail !*

a craft : *un métier, une profession*
a craftsman : *un artisan*
craftsmanship : *la compétence/l'art de l'artisan*

employment : *l'emploi*

to look for work, to look for a job : *chercher un emploi*
to be job-hunting : Fam. *chercher un emploi*

a job application : *une demande d'emploi/une candidature à un emploi*
to apply for a job, for a post : *poser sa candidature*

a vacant post, position, job : *un poste vacant*
a job offer : *une offre d'emploi*

a CV : a curriculum vitae (US : a resumé)

an employment agency, a recruitment agency : *une agence de placement*
a headhunter : *un chasseur de têtes*

to screen applicants : *sélectionner les candidats*
to recruit somebody, to take on, to hire : *recruter, embaucher*

to handpick applicants : *choisir les candidats avec grand soin*
to appoint somebody to a post : *nommer quelqu'un*

he has been appointed manager : *il a été nommé directeur*

a work contract : *un contrat de travail*
a term contract : *un contrat à durée déterminée*

the black economy, the underground economy : *l'économie parallèle*
to moonlight : *travailler au noir*

working time : *le temps de travail*
a working day/a workday : *un jour ouvrable*

part-time work : *travail à temps partiel*
half-time work : *à mi-temps*

the working week : *la semaine de travail/***the 35-hour working week**

to work flexitime : *avoir un horaire flexible*
work sharing : *le partage du travail*
to work overtime : *faire des heures supplémentaires*

shiftwork, to work in shifts : *travail par roulement*
a team : *une équipe*

to make a living/to earn one's living : *gagner sa vie*
the livelihood : *le gagne-pain*
to be well-paid : *être bien payé*
to be ill-paid/to be underpaid : *être mal payé/sous-payé*

gross income : *le revenu brut*
net income : *le revenu net*

a breadwinner : *un soutien de famille*

pay : *la paie*
wages : *un salaire* (*hebdomadaire*) *: ouvriers*
a salary : *un salaire* (*mensuel, annuel*) *: employés*
fees : *des honoraires (professions libérales).*

to create jobs : *créer des emplois*
job opportunities : *des débouchés*
an outlet : *un débouché*

a probationary period, a trial period : *une période d'essai*
to promote someone, to upgrade someone : *promouvoir*
to demote, to downgrade : *rétrograder*

to transfer : *muter*

to move to a new job, to change jobs, to switch jobs, to churn jobs : *changer d'emploi*

vocational training : *la formation professionnelle*
in-service training : *formation continue* (*en entreprise*)
a training course : *un stage*

to retrain : *se recycler* (*pour un nouveau métier*)
to go to a refresher course : *se recycler* (*pour se perfectionner*)

to be in work, to have a job, to be in employment : *avoir un emploi*

Grammaire : le gérondif

➔ Généralités

Le gérondif fonctionne comme un **NOM VERBAL**. Il se construit avec la **base verbale + ing**. Il correspond le plus souvent à un infinitif en français.

Il s'utilise après toute préposition et verbe prépositionnel.
Il est complément de certains verbes définis.
Il peut prendre les marques du nom (article, possessif, quantificateur)

➔ Constructions verbales suivies du gérondif

Les verbes de sentiment

Ex. : I like swimming.

Ex. : I hate doing the washing-up.

Autres verbes suivis du gérondif

To enjoy, to love, to dislike, to resent, to loathe, etc.

Tournures idiomatiques avec le gérondif.

Ex. : do you **mind opening** the window?

Ex. : **there is no point in insisting.**

Ex. : **it isn't worth visiting** this town.

Ex. : this film **is worth seeing**.

N.B. : L'anglais **met une forme active** là où le français met le passif (ce film vaut la peine d'être vu).
Ex. : ce restaurant vaut la peine d'être essayé : **this restaurant is worth trying**.

Verbes marquant les différentes phases d'une action

Ex. : don't start shouting!

Ex. : he hasn't finished eating his sandwich.

Ex. : stop fidgetting! *arrête de gigoter !*

Autres verbes : to go on, to continue, to keep, to carry on, to give up, etc.

N.B. : Certains de ces verbes peuvent également être suivis d'un infinitif complet :

Ex. : it began raining/it began to rain.

Ex. : I can't bear hearing that noise/I can't bear to hear that noise.

Autres verbes suivis du gérondif

Ex. : you must **avoid** driving when you are drunk.

Ex. : this job **involves** travelling abroad quite often.

Ex. : this shirt **needs** ironing.

Ex. : your hair **wants** washing : *tes cheveux ont besoin d'être lavés.*

Éléments de civilisation britannique

➔ Mise au point capitale

<u>Confusions à éviter</u> : Les candidats confondent souvent **l'Angleterre (England)** avec la **Grande Bretagne (Great Britain)**. Dans l'esprit de beaucoup de Français, l'Angleterre désigne toute l'île et les Anglais sont les habitants des îles britanniques. Il s'agit de mettre les choses au point lorsque vous vous exprimez en anglais, sous peine d'aboutir à de graves contre-sens.

Rappelez-vous que **l'Angleterre <u>n'est qu'une partie</u> de la Grande Bretagne,** qui comprend **3 pays : l'Angleterre (England), l'Écosse (Scotland) et le Pays de Galles (Wales)**.

Le Royaume-Uni (the United Kingdom/the U.K.) comprend en outre l'Irlande du Nord (Northern Ireland or Ulster).

➔ En résumé

Great Britain is the large Island, composed of : England, Wales and Scotland.

The United Kingdom/or U.K., is the large island **plus** Northern Ireland/or Ulster (capital : Belfast).

The Irish Republic/or Eire is independent. Its capital is Dublin.

➔ Vocabulaire utile

England : l'Angleterre

N.B. : On dit : the Queen of England, même si elle règne sur tout le Royaume-Uni.

English : la langue anglaise, qui désigne également la langue parlée aux États-Unis (American English)ou au Canada (Canadian English).

English : adjectif.

Ex. : English gardens, an English accent.

The English, Englishmen, English people : les Anglais (et non les Britanniques…)

An Englishman, an Englishwoman : un Anglais, une Anglaise.

Scotland : l'Écosse (Capital : Edinburgh)

Scottish : langue celtique parlée en Écosse. Gaelic : langue celtique également parlée en Irlande.

Scottish : adjectif. On trouve également : Scotch (Ex. : Scotch Whisky)

The Scottish people, the Scots, Scotsmen : les Écossais
A Scot, a Scotsman, a Scotswoman : un Écossais, une Écossaise

Wales : le pays de Galles (Capital : Cardiff)
Welsh : la langue galloise
Welsh : adjectif
The Welsh, Welsh people, Welshmen : les Gallois
A Welshman, a Welshwoman : un Gallois, une Galloise

Great Britain : la Grande-Bretagne
British : adjectif : britannique
The British, the British people, the Britons (formal) : *les Britanniques*. Familier : the Brits
A British citizen : un citoyen britannique

Conseil

N'oubliez jamais les majuscules en anglais !

Étape 53

Vocabulaire spécifique : le monde de l'emploi (suite)

➔ Le chômage : Unemployment

a labour surplus : *un excédent de main-d'œuvre*
a labour shortage : *une pénurie de main-d'œuvre*

a shrinkage of employment : *une diminution de l'emploi*

overmanning : *les sureffectifs*
staff reductions : *compression de personnel*
a redundancy plan : *un plan de réduction du personnel*
a slimming down programme : *un programme de réduction du personnel*

➔ Réduire la main-d'œuvre, le personnel : au choix

to eliminate jobs
to axe jobs
to shed jobs
to slash the workforce
to downsize the workforce

a cutback in the workforce
a cut in manpower
a cut in the worforce
to streamline : *rationaliser la production*
to lay off workers : *mettre des employés au chômage technique*
to dismiss somebody : *renvoyer*
to sack, to fire : (familier) : *virer*
to get the sack, to be sacked, to be fired : *être viré*
to lose one's job : *perdre son travail*

jobless, unemployed : *au chômage*

➔ Workers and working conditions

a worker : *un travailleur*
a workman : *un ouvrier*
a female worker : *une ouvrière*
a factory worker, a factory hand : *un ouvrier*
a workshop : *un atelier*
to work on a production line : *travailler à la chaîne*

labour, the workforce, manpower : *la main d'œuvre*
a labourer : *un manœuvre (Attention : faux-ami)*
a seasonal worker : *un travailleur saisonnier*
a blue collar worker : *un col bleu*/**a white collar worker** : *un col blanc*
an unskilled worker : *un ouvrier non qualifié*
a semi-skilled worker : *... spécialisé*
a skilled worker : *... qualifié*
a temporary worker (a temp) : *un intérimaire*
an immigrant worker : *un travailleur immigré*

odd jobs : **des** *petits boulots*
a steady job : *un emploi stable*

a pay hike/a pay rise : *une augmentation de salaire*
a bonus : *une prime*

the minimum wage : *le SMIC*
a wage freeze : *un blocage des salaires*

benefits/perks : *les avantages en nature*

a civil servant : *un fonctionnaire*
a senior civil servant/a top civil servant : *un haut fonctionnaire*
a professional : *un membre d'une profession libérale*
a YUPPIE : (Young Urban Professional) : *un jeune cadre dynamique*
a golden boy : *un golden boy*
a go-getter : *un ambitieux*

➔ Les syndicats

the unions/the trade unions/the labour unions : *les syndicats*
a union member/a trade-unionist : *un syndiqué*
a union official : *un responsable syndical*
a union representative : *un délégué syndical*

a works council : *un comité d'entreprise*

political clout : *l'influence politique*

labour unrest/social discontent : *l'agitation sociale*
labour strife : *les conflits du travail*
industrial upheavals : *conflits sociaux*
a grievance : *une doléance*
a wage claim/a wage demand : *une revendication salariale*

industrial action : *action syndicale*
a wave of strikes : *une vague de grèves*
to call a strike : *lancer un mot d'ordre de grève*
to call off a strike : *annuler un mot d'ordre de grève*

to strike : *faire grève*
a striker : *un gréviste*
to go on strike : *se mettre en grève*
an all-out strike : *une grève générale*
a wild cat strike : *une grève sauvage*
a lightning strike : *une grève surprise*
a walk-out : *un débrayage*
to down tools : *arrêter le travail*
a strike breaker : **a blackleg** *un briseur de grève*

a showdown/a tug-of-war : *une épreuve de force*
a stalemate/a deadlock : *une impasse*
to be stymied : *être dans l'impasse*
to come to a standstill : *s'arrêter*

to come to a compromise : *arriver à un compromis*
to come to terms/to reach an agreement : *arriver à s'entendre/arriver à un accord*
to strike a deal : *conclure un accord*

Grammaire : le gérondif (suite)

N.B. : **Différence de sens de certaines constuctions doubles.**

Selon que certains verbes se construisent avec le gérondif ou avec l'infinitif, ils ont un sens différent.

Ex. : I must remember **to post** that letter : *je dois me rappeler que je dois…* **(l'action n'a pas été accomplie)**.

Ex. : I remember **posting** that letter : *je me rappelle l'avoir postée.* **(l'action a été accomplie)**.

Ex. : I'd like **to go** abroad. **(cas particulier)**

Ex. : I like **going** abroad. **(cas général)**

Ex. : I'd prefer to watch the disaster film. **(cas particulier)**

Ex. : I prefer watching disaster films to science fiction films. **(cas général)**

Ex. : he stopped listening : *il a cessé d'écouter.*

Ex. : he stopped to listen : *il s'est arrêté pour écouter.*

➔ Gérondif après toutes les prépositions (sauf except et but)

Ex. : that goes without saying.

Ex. : he should work instead of idling about.

Ex. : I am not afraid of surfing.

Ex. : he was charged with battering his wife.

Ex. : I am used to getting up early. (Ne pas confondre avec la forme fréquentative !)

Ex. : you will be fined for speeding : *tu auras une amende pour excès de vitesse.*

Ex. : I am looking forward to skiing : *je me réjouis d'aller skier.*

N.B. : Cette liste est loin d'être exhaustive…

➔ Gérondif avec les marques d'un nom

Ex. : do you mind my smoking? (possessif)

N.B. : Ceci est d'un niveau de langue assez élévé ; on dira plus couramment : do you mind if I smoke.

Ex. : all this shouting and yelling makes me crazy (démonstratif)

Ex. : it takes some practising : cela demande de la pratique (quantificateur)

Ex. : I am looking forward to Peter's coming (possessif)

Étape 54

Vocabulaire spécifique : violence et criminalité

the escalation of violence : *l'escalade de la violence*
to be prone to violence : *être enclin à la violence*

a crime : *un crime*
a criminal : *un criminel*
an offender/a delinquent/a law-breaker : *un délinquant*
a second offence : *une récidive.* **To commit a second offence** : *récidiver*
recidivism : *le récidivisme*

a riot : *une émeute*
a fight : *une bagarre*
havoc (toujours au sing.) : *des dégats*
to wreak havoc : *causer d'importants dégats*

to sack : *mettre à sac*
to loot/to plunder : *piller*
to rob a bank : *dévaliser une banque*
a hold up : *un braquage*
to break in : *entrer par effraction*

an offence : *un délit*
an assault : *une agression*
assault and battery : *coups et blessures*
racket/a racketeer : *le racket/un racketeur*

an accomplice : *un complice*

arson : *incendie volontaire*
an arsonist : *un pyromane*

a thug : *un voyou, un loubard*
a crook, a conman, a swindler : *un escroc*
a smuggler : *un contrebandier*

a mugger : *un agresseur*
to mug : *agresser*/**a mugging** : *une agression*
pickpocketing
vandalism/a vandal/to vandalize

a rapist : *un violeur*/**to rape** : *violer*
burglary : *cambriolage à domicile*/**to burglarize, a burglar**
theft : *le vol*/**a thief** : *un voleur*
theft and handling : vol et recel
robbery : *vol qualifié*
larceny : *vol simple*
shoplifting : *vol à l'étalage*
petty larceny : *larcin*

a kidnapping/an abduction : *un enlèvement*
a ransom : *une rançon*
to blackmail : *faire du chantage*
to take somebody hostage : *prendre en otage*
hostage taking : *la prise d'otage*
retaliation : *des représailles*

fraud : *fraude*
forgery : *faux et usage de faux*
a forger : *un faussaire*
to embezzle : *détourner des fonds*
a crook/a swindler : *un escroc*
to con : *escroquer*/**a conman** : *un escroc*

juvenile delinquency, a juvenile delinquent
to skip school, to cut classes : *sécher les cours*
to drop out of school : *abandonner ses études*
a dropout : *un jeune qui a abandonné l'école*

a serial killer : *un tueur en série*
a murder : *un meurtre*/**a murderer/to murder**
to assassinate : (*lorsqu'il s'agit de quelqu'un de connu*)

a homicide : *un homicide*
an infanticide : *un infanticide*

to slay/to slaughter : *massacrer*

a massacre, a slaughter, a bloodbath, a mass killing : *une tuerie*

to stab : *poignarder*

to cosh/to club : *matraquer*

to strangle : *étrangler*

to smother : *étouffer*

to lynch : *lyncher*

to poison : *empoisonner*

to drown : *noyer, se noyer*

to batter : *martyriser*

a battered child, a battered woman : *un enfant/une femme battu(e)*

to molest : *malmener*

sexual molesting : *attentat à la pudeur*

child abuse : *violences sur enfant (souvent sexuelles)*

to arrest somebody *: arrêter quelqu'un*

an arrest : *une arrestation.*

to be kept in custody : *être en garde à vue*

a criminal record : *un casier judiciaire*

to be tried for murder : *être jugé pour meurtre*

to go to jail : to go to prison : to get jailed

a defendant : *JUR. un prévenu, un accusé*

the prosecution : *l'accusation*

a witness : *un témoin*

to give evidence : *témoigner*

to gather evidence : *rassembler des preuves*

to return a verdict : *rendre un verdict*

to convict someone/to find someone guilty : *Jur. rendre un verdict de culpabilité*

Grammaire : le style indirect

➔ Généralités

N.B. : Le style indirect fonctionne globalement en anglais comme il fonctionne en français.

Le passage du style direct au style indirect se fait **selon les mêmes règles de concordance des temps** qu'en français, c'est-à-dire avec le même décalage du présent vers le passé. Tout comme en français, il faut également penser à **changer les pronoms personnels et les possessifs** en fonction de l'identité du locuteur, de l'interlocuteur et des autres personnes concernées.

Le verbe d'introduction, ou verbe-amorce est **nécessairement au prétérit** puisque le locuteur cite le moment passé où les paroles ont été prononcées. Il faut également veiller à changer les indications de temps. **N'oubliez pas non plus de changer « THIS » en « THAT ».**

Ex. : "I don't like **this** car" she said.

She said she did not like **that** car.

➔ Transformation des indications de temps

- ago : **before**

  Ex. : "I bought a new car 2 months ago" ⇒ he said he had bought a car 2 months before.

- today : **that day**

  Ex. : "I have met my Prince Charming today" ⇒ she declared she had met her Prince Charming that day.

- yesterday : **the day before**

  Ex. : "the article was published yesterday" ⇒ he maintained the article had been published the day before.

- tomorrow : **the day after, the next day, the following day**

  Ex. : "the hostages will be released tomorrow" ⇒ the rebels said the hostages would be released the day after.

- this week : **that week**

  Ex. : "It has been pouring with rain this week" ⇒ they wrote it had been pouring with rain that week.

- last month, year, etc. : **the month/year before, the previous month/year...**

  Ex. : "the unemployment figures significantly dropped last year" ⇒ the government announced that the unemployment figures had considerably dropped the previous year.

- next year : **the next year, the following year**

  Ex. : "our wedding will take place next year" ⇒ they declared that their wedding would take place the following year.

- now : **then, at that time**

  Ex. : "the status of women has definitely improved now" ⇒ they agreed that the status of women had definitely improved then.

- up to now : **up to then**

  Ex. : "I haven't noticed any change up to now" ⇒ she admitted that she hadn't noticed any change up to then.

Étape 55

Vocabulaire spécifique : le crime organisé

organized crime : *le grand banditisme*
the mafia
the syndicate : *la mafia* (ne pas confondre avec « a union » : *un syndicat* !)
a crime syndicate : *un syndicat du crime*
the mob : *la pègre, le milieu*
a mobster : *un truand*
a godfather : *un parrain*

arms trafficking : *le trafic d'armes*
to bootleg : *faire de la contrebande d'alcool*

the underworld : *la pègre, le milieu*
a hit man : *un tueur à gages*
a hit squad : *un groupe de tueurs*
to make a hit : *remplir un contrat.*
a murder contract : *un meurtre sur commande*
racketeering : *le racket*
prostitution, a prostitute : *une prostituée*
a pimp : *un souteneur*

Vocabulaire spécifique : la drogue

soft drugs : *drogues douces*
hard drugs : *drogues dures*
marijuana/shit
hash/LSD/opium/cocain/crack/heroin
methadone

to inject oneself with... : *se faire une injection à l'aide de...*
a syringe : *une seringue*
a crack seizure : *une saisie de crack*

a drug addict, a drug taker, a dope fiend, a junky (fam.) : *un drogué*
the drug habit : *l'accoutumance*
dependence : *la dépendance*
to be on drugs : *se droguer*
a drug-ridden society : *une société envahie par la drogue*

widespread : *répandu/étendu*
pervasive : *envahissant*
far-reaching : *d'une grande portée*

rampant : *qui sévit de plus en plus*

drug-trafficking : *le trafic de drogue*
to push drugs, to deal in drugs : *revendre de la drogue*
a drug dealer, a drug pusher, a supplier, a peddler, a drug trader = *synonymes*
a drug lord, a drug baron : *un seigneur, un baron de la drogue*
a drug thug : *un mafieux*
the drug mafia, the drug underworld : *le milieu, la pègre de la drogue*
a drug connection, a drug network : *un réseau de drogue*

a shipment, a load : *une cargaison*

to yield coca : *produire du coca*
to meet the demand : *répondre à la demande*
a source of supply : *une source d'approvisionnement*
a substitute for : *une produit de substitution*

drug money : *narco-dollars*
the drug business : *le commerce de la drogue*
the drug revenues
to rake in profits : *ramasser des bénéfices à la pelle*
highly profitable : *très rentable*
a booming trade : *un commerce florissant*
money laundering : *le blanchiment de l'argent*
dirty money
drug-related corruption : *la corruption liée à la drogue*
to bribe : *soudoyer*/**a bribe** : *un pot-de-vin*

➔ The war on drugs

the DEA (Drug Enforcement Administration) : *l'office américain de répression de la drogue*

a drug squad : *une brigade des stupéfiants*

to confront the drug threat : *faire face à la menace de la drogue*

to take a strong stand against… : *adopter une attitude ferme face à…*

to tackle the problem : *s'attaquer au problème*

to give the drug war high priority : *donner la priorité…*

to launch a crusade against : *lancer une croisade contre*

to declare war on… : *déclarer la guerre à…*

to fight the drug scourge : *s'attaquer au fléau de la drogue*

a national drug-control policy : *une politique de lutte anti-drogue*

to set up a drug-education programme : *mettre sur pied un programme d'information*

to pass anti-drug legislation : *faire voter des lois contre les stupéfiants*

to be arrested on narcotics charges : *être arrêté pour détention de drogue*

to be on probation : *être à l'épreuve*

detoxification : *la désintoxication*/**to detoxify**

to cut drug use : *réduire sa consommation de drogue*

to keep drug-free : *ne plus toucher à la drogue*

a drug clinic : *un centre pour toxicomanes*

to score a victory : *remporter une victoire*

a cure (faux-ami) : *un remède*

to undergo drug therapy : *entreprendre une cure de désintoxication*

to be monitored : *être contrôlé*

to relapse, to slip back into : *rechuter*

to legalize/to liberalize : *légaliser*

to decriminalize : *dépénaliser*

permissiveness : *la permissivité, laxisme*

a plague/a scourge/an evil : *un fléau*

a controversial social issue

to pose a threat to life : *représenter une menace*

to undermine ones' health : *miner sa santé*

Grammaire : le style indirect (suite)

➔ Tableau des transformations les plus courantes : Style direct/Indirect

↘ Présent simple : prétérit

Peter said : "I like France better than Italy".

Peter said he liked France better than Italy.

↘ Présent continu : prétérit continu

Jane said : "I am going to finish my work today"

Jane said she was going to finish her work that day.

↘ Preterite simple : past perfect simple (pluperfect simple)

The policeman asked Miss Black : "Why didn't you come to the police-station last night?".

The policeman asked Miss Black why she had not come to the police-station the night before.

↘ Preterite continu : past perfect continu

Jane said : "At this time yesterday, I was flying across the Atlantic"

Jane said at that time the day before, she had been flying over the Atlantic.

↘ Present perfect simple : past perfect simple

Peter said : "I have moved to Switzerland"

Peter said he had moved to Switzerland.

↘ Present perfect continu : past perfect continu

John said : "I have been practising the whole week"

John said he had been practising the whole week.

➘ Past perfect : past perfect

Christopher said : "I had spent too much money on that old car"
Christopher said he had spent too much money on that old car.

➘ Futur simple : would

I asked Anthony : "Will you visit me next month?"
I asked Anthony if he would visit me the following month.

➘ Futur continu : would+be+V-ing

I asked Antonia : "will you be dancing in the next musical?"
I asked Antonia if she would be dancing in the next musical.

➘ Conditionnel/would : conditionnel/would

Antonia said : "I would let you know if I did"
Antonia said she would let me know if she did.

Étape 56

Vocabulaire spécifique : problèmes sociaux

to live below the poverty line : *vivre en dessous du seuil de pauvreté*
to live from hand to mouth : *vivre au jour le jour*

to be in straitened circumstances : *être dans la gêne*
to be destitute : *être nécessiteux*
to be in need : *dans le besoin*
to be penniless, to be broke (fam.) : *être sans le sou*
to find it difficult to make ends meet : *avoir du mal à joindre les deux bouts*
to have a low income : *avoir un petit revenu*

the dregs/the scum of society : *la lie de la société*

poverty-stricken : *misérable*

to live in poverty
to be in dire straits : *être dans une misère noire*
to be strapped for cash : *être sur la paille*
to have slender means : *avoir de petits moyens*

to tighten one's belt : *se serrer la ceinture*
the bare necessities : *le strict minimum*
the cost of living : *le coût de la vie*
poor housing : *des logements misérables*

to be pauperized : *être réduit à l'indigence*
grinding poverty : *la misère noire*

a vicious circle : *un cercle vicieux*

to run up enormous debts : *accumuler d'énormes dettes*

a beggar, to beg : *un mendiant, mendier*
the street people, the homeless : *les sans-logis*
the urban poor : *les pauvres des villes*

urban evils : *les problèmes urbains*
slums : *des taudis*
shantytowns : *des bidonvilles*
violence-prone areas : *des quartiers où règne la violence*
the inner-city areas : *les quartiers pauvres des centre villes*
to be trapped in a ghetto : *être prisonnier d'un ghetto*
to be left behind : *être laissé pour compte*
to breed violence : *engendrer la violence*
a racial conflict : *un conflit racial*
to spark clashes : *provoquer des heurts*
to harass : *harceler*
to terrorize : *terroriser*
to molest : *brutaliser*

a vagrant, vagrancy : *un vagabond, vagabondage*
a tramp, a hobo (US) : *un clochard*
a bag lady : *une clocharde* (*elle transporte ses biens dans des sacs*)
to beg/to panhandle (US) : *mendier*

to live on the fringe of society : *vivre en marge de la société*
to go busking : *faire la manche* (*en jouant de la musique dans la rue*)

an economic status : *un statut économique*
to be uprooted : *être déraciné*
to be pushed under the poverty line
the working poor : *les travailleurs pauvres*

a poverty program : *un programme de lutte contre la pauvreté*

a shelter : *un asile, un foyer d'accueil*

welfare services : *les services d'assistance sociale*
a relief bureau, a welfare agency : *une bureau d'aide sociale*

social security benefits : *les prestations sociales*
the Welfare State : *l'État-providence* (*la sécurité sociale et autres avantages sociaux*)

a social worker, a welfare worker : *un* (*une*) *assistant*(*e*) *sociale*

Social Security : *l'aide sociale*
to be on social security, to be on welfare : *bénéficier de l'aide sociale*
to get public assistance : *recevoir l'aide publique*

to refund : *rembourser*

to relieve/to alleviate : *soulager*

an allowance : *une allocation*

a subsidy : *une subvention*

a grant : *une aide, une allocation*

benefits : *des prestations*

unemployment benefit : *allocation chômage*

to be on the dole : *toucher l'allocation chômage*

income support : *complément de revenu*

sickness benefit : *assurance-maladie*

a maternity allowance : *allocation de maternité*/**maternity leave** : *congé de maternité*

family allowances : *allocations familiales*

housing benefit : *allocation logement*

family breakdown : *l'éclatement de la famille*

a broken family : *une famille éclatée*

a single-parent family : *une famille monoparentale*

a foster home : *une famille d'accueil*

to put a child into care : *confier un enfant à une famille d'accueil*

an old age pension : *pension de vieillesse*

retirement pension : *pension de retraite*

retirement, to be retired : *la retraite, être retraité*

a retiree (US), a pensioner, an old age pensioner (OAP) : *un retraité*

senior citizens : *les personnes du 3e âge*

a retirement home, an old people's home : *une maison de retraite*

Grammaire : le style indirect (suite)

➔ Différence entre « Say » et « Tell »

Au discours indirect beaucoup d'erreurs proviennent de la confusion entre ces deux verbes.

- **Say** : **est employé pour rapporter les paroles d'un locuteur**, sans intervention aucune d'un interlocuteur : en d'autres termes **on rapporte les paroles qui sont dites**, mais **on ne sait pas <u>à qui</u> elles s'adressent**.

  Ainsi « say » s'emploie devant une phrase au style direct ou indirect, du moment qu'il n'y a pas de complément.

  Ex. : Peter said : "I will be late"

  Ex. : Peter said he would be late. (on ne mentionne pas l'interlocuteur)

  Si l'interlocuteur est mentionné, « Say » est obligatoirement suivi de « TO ».

  Ex. : Peter said to his wife : "I will be late"

  Ex. : Peter said to his wife that he would be late.

- **Tell** : **est utilisé lorsque l'interlocuteur est mentionné. Il exprime également l'action de raconter, d'expliquer**.

  Ex. : Peter told his wife that he would be late. (interlocuteur mentionné)

➘ Expressions idiomatiques avec « Tell »

To tell a story/to tell lies (*mentir*)

To tell the truth/to tell the time

To tell somebody's fortune : *prédire l'avenir de quelqu'un*

To tell somebody how to… : *expliquer à quelqu'un comment…*

To tell somebody about… : *parler à quelqu'un de…*

Ex. : James told us not to phone

Ex. : Peter told his wife how he had had an accident

Ex. : she told me about her thoughtless engagement.

➘ Autres verbes-amorces du style indirect (en dehors de to say)

To remark, to explain, to ask,to reply,
to wonder, to insist, to remind, to deny, to suggest,
to claim, to announce, to promise,
to repeat, to add, to hint, to mention,
to assume, to gather, to expect,
to guess, to fear, to realize, etc.

Étape 57

Vocabulaire spécifique : l'immigration

an immigrant : *un immigré*
an illegal immigrant : *un immigré clandestin*
an alien : un ressortissant étranger
a national : *un ressortissant*
a native : *un autochtone*

to go through the customs : *passer la douane*
to check documents : *vérifier les papiers*
to issue a visa : *délivrer un visa*
a temporary visa : *un visa à durée déterminée*

a host country : *un pays d'accueil*

a migratory movement : *un mouvement migratoire*
mass migration : *migration massive*

to grant citizenship : *accorder la citoyenneté*
to grant political asylum : *accorder l'asile politique*
to naturalize : *naturaliser*

to seek employment : *chercher du travail*

to be spurred by a sense of desperation : *être poussé par un sentiment de désespoir*
to be pushed by poverty : *être poussé par la misère*
overpopulation : *la surpopulation*
to flee from : *fuir*
to escape famine : *échapper à la famine*

the brain drain : *la fuite de cerveaux*

a relative : *un parent* (*membre de la famille*)
to join one's family : *rejoindre sa famille*

to pull up one's roots... : *rompre avec...*
to cut oneself off from one's roots : *se couper de ses racines*
to break with the past : *rompre avec le passé*
to forsake : *abandonner*

to flee troubles : *fuir les conflits*
a leap towards freedom : *un saut vers la liberté*
to be displaced : *être déraciné*
to flee a dictatorship : *fuir une dictature*

to cope with : *affronter*
to overcome : *surmonter*
to endure hardships : *supporter des privations*

a language barrier : *une barrière linguistique*

hazardous (faux-ami) : *dangereux*
precarious : *précaire*
exhausting : *épuisant*

to be deprived of : *être privé de*

a surge of immigrants : *une vague d'immigrants*
a flood : *un déferlement*
an exodus : *un exode*

to be overwhelmed : *être envahi*

to let in : *laisser entrer*
to take in : *absorber*
to open one's borders : *ouvrir ses frontières*
to stream across the border : *traverser la frontière en masse*
to curb the flow (the flood) : *limiter l'afflux*

a barrier : *une barrière*

a reluctant host country : *un pays d'accueil malgré lui*
the quota system : *le système des quotas*
a restrictive policy : *une politique restrictive*

to relax (to slacken) restrictions : *assouplir des restrictions*
to tighten : *renforcer*
to soften : *adoucir*
to pass laws against : *promulger des lois contre*

to tighten visa requirements : *renforcer les conditions d'obtention des visas*
to prohibit : *interdire*
to ban automatic citizenship : *interdire la citoyenneté d'office*

to favour : *être partisan de*

to screen out : *sélectionner*
to be turned back : *être refoulé*

a harsh policy : *une politique dure*
arbitrary : *arbitraire*
inhumane : *inhumain*

to violate laws : *violer les lois*
to set up a network : *installer un réseau*
a border guard : *un garde-frontière*
an undocumented worker (US) : *un travailleur clandestin*
to overstay : *dépasser la durée de son droit de séjour*
bogus documents : *des faux papiers*
forged, fake, counterfeit : *falsifié*

a non-registered immigrant : *un immigré en situation irrégulière*
a human cargo : *une cargaison humaine*

to smuggle in : *faire entrer illégalement*
a smuggling ring : *un réseau de passeurs*
a smuggler : *un passeur.*

Vocabulaire spécifique : les droits de l'homme

Human Rights : *les droits de l'homme*
civil rights : *les droits civiques*
equality of rights : *l'égalité des droits*

the Universal Declaration of Human Rights

to fight for one's rights : *se battre pour…*
the observance of human rights : *le respect des droits de l'homme*
a human rights activist : *un militant des droits de l'homme*

freedom of speech : *la liberté de parole*
freedom of worship/of conscience : *la liberté de culte/de conscience*

freedom of the press
freedom of expression
freedom of thought : *la liberté de pensée*
freedom of opinion

human rights abuses : *les violations des droits de l'homme*
to oppress : *opprimer*
to deny a right : *refuser un droit*
to persecute/a persecution/to terrorize
to violate human rights

a repressive regime : *un régime répressif*
a dictatorship : *une dictature*
to outlaw/to ban : *interdire*
censorship : *la censure*

to isolate : *isoler*
to silence : *réduire au silence*
to send into exile/to deport
a concentration camp/a gulag
a labour camp : *un camp de travail*
to be reported missing : *être porté disparu*
a death squad : *un escadron de la mort*

to torture/to commit atrocities
barbaric : *barbare/***inhuman**
to ill-treat : *maltraiter*
to mutilate
a genocide/mass killing/extermination
a mass grave : *un charnier*
to slaughter : *massacrer*

the European Court of Human Rights
Amnesty International

a charter : *une charte/***a convention**

an application : *un recours*
a crime against humanity
worldwide support : *le soutien international*

Étape 58

Vocabulaire spécifique : le tiers-monde

the third world : *le tiers monde* (**the first world** : *les pays industrialisés*)
the less developed countries : *les pays les moins avancés*
developing countries : *les pays en voie de développement*

the North-South dialogue : *le dialogue Nord-Sud*

a charity : *une organisation caritative*
relief : (toujours au singulier) : *les secours, l'aide*
humanitarian relief
a relief organization : *un organisme de secours*
to mount a relief operation : *monter une opération de secours*
to come to the rescue of… : *venir au secours de…*

to cooperate : *coopérer*
relief workers : *des équipes de secours*
volunteer workers : *des bénévoles*
a refugee camp : *un camp de réfugiés*
a relief camp : *un camp de secours*
a makeshift camp : *un campement de fortune*

famine/starvation : *la famine*
malnutrition
to die of starvation : *mourir de faim*
infant mortality : *la mortalité infantile*

AIDS : *le sida*
HIV positive : *séropositif*
a country overwhlemed by AIDS : *un pays envahi par le sida*
to spread unchecked : *se propager librement*
a vaccine : *un vaccin*

a drought : *une sécheresse*
a well : *un puits*/**to dig a well** : *creuser un puits*
to irrigate : *irriguer*
unproductive soil : *sol pauvre*

to give priority to : *donner la priorité*
to close a gap/to bridge a gap : *combler un écart*
to eradicate hunger, illness, poverty : *faire disparaître la faim…*
a project/a scheme : *un programme*
food supplies : *des vivres*

a shanty town : *un bidonville*
a swollen city : *une explosion démographique urbaine*
a megacity : *une ville géante*
squalid lodgings : *logements sordides*
illiteracy : *l'illettrisme*
literacy : *haut degré d'alphabétisation*

Vocabulaire spécifique : l'agriculture et l'élevage

the countryside : *la campagne*
a farmer : *un agriculteur*
farming : *l'agriculture*
a landowner : *un propriétaire terrien*
an agri-business operator : *un gros exploitant agricole*
a small farmer : *un petit cultivateur*
a farm worker/a farm labourer : *un ouvrier agricole*
a peasant : *un paysan*

to run a farm : *diriger une ferme*
to live off the land : *vivre du produit de la terre*

farming methods : *les méthodes d'agriculture*
cereal farming : *l'agriculture céréalière*
poultry farming : *l'aviculture*
stock farming : *l'élevage du bétail*
dairy farming : *l'industrie laitière*
organic farming : *l'agriculture biologique*

a producer : *un producteur*
the agribusiness : *l'industrie agro-alimentaire*
the food business : *l'industrie alimentaire*

a staple product : *un produit principal*
a by-product : *un produit dérivé*

to increase crop yields : *augmenter le rendement des cultures*
biological engineering : *des manipulations biologiques*
G.M. **crops** : *des cultures génétiquement modifiées*
G.M. **maize** : *du maïs génétiquement modifié*
G.M. **rape** : *du colza génétiquement modifié*
G.M. **soy/soya** : *du soja génétiquement modifié*

the harvest : *la moisson*

the soil : *la terre, le sol*
to overuse : *surexploiter*
a crop : *une récolte*
single-crop farming : *la monoculture*
to spray crops : *pulvériser les cultures*
a plant disease : *une maladie des plantes*
a pesticide : *un pesticide*

the yield : *le rendement*
pest-resistent crops : *des récoltes résistantes aux parasites*
to apply chemicals : *utiliser des produits chimiques*

to breed cattle/to raise cattle : *élever du bétail*
stock : *le cheptel*
animal feed : *de la nourriture pour animaux*
a poultry farm : *un élevage de volailles*

epidemic : *épidémie*
an infected animal : *un animal atteint d'une maladie*
the mad cow disease : *la maladie de la vache folle*
BSE : bovine spongiform encephalopathy
bone meal : *farines animales*
foot and mouth disease : *fièvre aphteuse*
swine fever : *la peste porcine*

Vocabulaire spécifique : l'électronique et l'informatique

technological advance : *les progrès de la technologie*
information society : *la société de l'Information*
communication technology : *la technologie des télécommunications*
cyberspace : *l'espace cybernétique*
I.T. (Information Technology) : *les technologies de l'information*

electronics : *l'électronique*
telematics : *la télématique*
interactive technology : *la technologie interactive*
the Internet computer network : *le réseau Internet*
home-shopping/teleshopping : *le télé-achat*
information superhighways : *les autoroutes de l'information*

computing : *l'informatique (pratique)*
computer science : *l'informatique*
a computer scientist : *un informaticien*

hardware : *le matériel informatique, le hardware*
a computer : *un ordinateur*
a laptop : *un PC portable*
a palmtop a PDA (personal digital assistant) : *un ordinateur de poche*
a pocket calculator : *une calculatrice de poche*
a CD-ROM player : *un lecteur CD-ROM*
a software library : *une bibliothèque de logiciels*

a hard disk : *un disque dur*
a floppy disk : *une disquette*
a chip : *une puce*
a printer : *une imprimante*
a mouse : *une souris*
a teleprinter : *un télécopieur*
a fax machine : *un fax*

computerizing : *l'informatisation*
data : *les données*
data-processing : *le traitement des données*
a database : *une base de données*
software : *le logiciel*

a fiber-optic cable : *un câble de fibres optiques*

a mobile phone : *un téléphone portable*

a cellular phone : *un téléphone cellulaire*

a remote control : *une télécommande*

a voice synthesizer : *un synthétiseur vocal*

digital sound recording : *enregistrement numérique du son*

a file : *un fichier*

to open/to close a file : *ouvrir/fermer un fichier*

to delete/to erase : *effacer*

a virus : *un virus*/**a bug** : *un bogue*

a hacker : *un pirate informatique*/**hacking** : *le piratage*

virtual reality : *la réalité virtuelle*/**digital** : *numérique*

innovative : *innovant*/**state-of-the-art** : *dernier cri, à la pointe du progrès*

top-of-the-line : *haut de gamme*/**sophisticated** : *perfectionné*

user-friendly : *facile d'utilisation*/**elaborate** : *compliqué*

time-consuming : *qui prend beaucoup de temps*/**time-saving** : *qui fait gagner du temps*

ubiquitous : *omniprésent*

Étape 59

Vocabulaire spécifique : La bioéthique

bioethics : *la bioéthique*
a code of ethics : *un code de déontologie*
a controversial issue : *une question controversée*
contentious, polemical : *litigieux*

to raise a number of issues : *soulever une série de problèmes*
to face an issue : *regarder un problème en face*
a thorny, tricky problem : *épineux, délicat*
a dilemma : *un dilemme*

a matter of conscience : *une question de conscience*
to be morally inadmissible : *être moralement inadmissible*
to find the middle ground : *trouver un terrain d'entente*

to condone : *fermer les yeux sur*
to ban experiments on : *interdire les expériences*
to be wary of : *se méfier de*
to misuse a technique : *détourner une technique*

genetics : *la génétique*
genetic engineering/genetic manipulations : *les manipulations génétiques*
genetic advances : *les progrès de la génétique*

reproductive manipulation : *aide à la procréation*
reproductive technology : *technologie de la procréation*
baby-making technology : *procréation médicalement assistée* (*PMA*)
a test-tube baby : *un bébé-éprouvette*
lab experiments : *des expériences de laboratoire*

IVF : in vitro fertilization
artificial insemination

a surrogate mother : *une mère porteuse*
a sperm bank, an embryo bank

antenatal diagnosis : *diagnostic prénatal*
the status of the embryo : *le statut de l'embryon*

cloning : *le clonage*/**a clone** : *un clone*

eugenics : *l'eugénisme*
to create a master race : *créer une race de surhommes*
to change the course of heredity : *changer le cours de l'hérédité*
to foster genetic uniformity : *favoriser l'uniformité génétique*

respect <u>for</u> life : *le respect de la vie*
an ethics committee : *un comité d'éthique*

an organ black market
to draw the line : *fixer une limite*
to denounce a practice : *s'élever contre une pratique*
to halt the use of cloning : *mettre fin au clonage*

➔ L'avortement

to get an abortion : *se faire avorter*
to perform an abortion : *pratiquer un avortement*
to end a pregnancy : *mettre fin à une grossesse*
to induce an abortion : *provoquer un avortement*
to resort to an abortion : *avoir recours à…*
an abortion center/clinic : *un centre/une clinique qui pratique l'avortement*
a backstreet abortionist : *une faiseuse d'anges*

to be pro-life : *être contre l'avortement*/**a pro-lifer** : *un adversaire de l'avortement*
an antiabortionist : *un adversaire de l'avortement*
the anti abortion cause : *le parti des adversaires de l'avortement*

the right to life : *le droit à la vie*/**a right-to-life movement** : *un mouvement contre l'avortement*

the Christian Coalition : *mouvement américain de l'extrême droite chrétienne*
to disapprove of abortion
to outlaw/to ban abortion : *interdire l'avortement*

to be tantamount to murder : *être équivalent à un meurtre*
baby killing : *infanticide*
a criminal act : *un acte criminel*

traditional family values : *les valeurs traditionnelles de la famille*

an abortion-rights activist : *un militant pour le droit à l'avortement*
a pro-choice activist/a pro-choicer : *un partisan du droit à l'avortement*
to control one's life : *être maître de son existence*

➔ La peine capitale

capital punishment : *la peine capitale*
a death sentence : *une condamnation à mort*

to be on death row : *être dans le couloir de la mort*
to carry out a death penalty : *exécuter la peine de mort*
to execute : *exécuter*

to retain capital punishment : *conserver la peine capitale*
to restore capital punishment : *rétablir la peine capitale*

to enforce the death penalty : *appliquer la peine de mort*
to abolish/abolition

an advocate/a proponent : *un partisan*
an opponent of… : *un adversaire*

to appeal against a death sentence : *faire appel d'une condamnation à mort*
to review a death sentence : *examiner une condamnation à mort*

to reverse a sentence : *casser une condamnation*
to reject a petition : *rejeter une requête*

a reprieve : *un délai de grâce*
to win a reprieve : *obtenir un délai de grâce*

to grant… : *accorder*
a stay of execution : *un sursis à l'exécution d'un jugement*
to pardon : *grâcier*

the electric chair : *la chaise électrique*
to inject/an injection : *faire une injection*
a lethal dose : *une dose mortelle*

to hang : *pendre*/**to be hanged** : *être pendu*
death by hanging : *la mort par pendaison*

the firing squad : *le peloton d'exécution*
to shoot dead : *tuer par balles*

to deter : *dIssuader*
a deterrent : *une mesure de dissuasion*
to act as a deterrent : *exercer un effet dissuasif*
to commit a second offence : *récidiver*

a primitive attitude
a miscarriage of justice : *une erreur judiciaire*
to cheapen the value of human life : *faire peu de cas de la vie humaine*

➔ La religion

faith : *la foi*
a creed, a belief : *une croyance*
piety : *la piété*
pious : *pieux*

to convert to : *se convertir à…*

Christianity : *le christianisme*
Catholicism ; **a Roman catholic**
Protestantism ; **a protestant**
Church of England : *anglican*
Presbytarianism ; **a Presbytarian**
Methodism ; **a Methodist**
a Mormon
Orthodox : *orthodoxe*

a churchgoer : *un pratiquant*
a parish : *une paroisse*
a clergyman : *un ecclésiastique*
a priest : *un prêtre*
a catholic priest : *un curé*
a vicar : *un pasteur anglican*

a bishop : *un évêque*
a cardinal
the Pope : *le pape*

a service : *un service, un office*
a ceremony
mass : *la messe*

to pray : *prier/***a prayer** : *une prière*
to worship : *adorer*

Christmas Day : *le jour de Noël/***Christmas Eve** : *le soir de Noël*
New Year's Day : *le jour de l'An*
New Year's Eve : *la St Sylvestre*
Easter : *Pâques*
Good Friday : *le Vendredi Saint*
Whitsun : *la Pentecôte*

lay : *laïque*
laity : *les laïques*
an unbeliever/a non-believer : *un incroyant*
a free-thinker : *un libre-penseur*
freemasonry : *la franc-maçonnerie*

a denomination (faux-ami) : *une confession*
a sect : *une secte*

Buddhism ; a Buddhist : *le bouddhisme*
Hinduism ; a Hindu : *l'hindouisme*
animism : *l'animisme*
Islam/Islamic
a Moslem/a Muslim : *un musulman*

Judaism/a Jew, a Jewess

a mosque : *une mosquée*
a synagogue
a church

the Church : *l'Église catholique*
the Bible : *la Bible*
heaven : *le paradis*

to practise : *pratiquer*
to abide by : *se conformer à*

deeply religious : *profondément religieux*
religious fanaticism

Islamism : *l'islamisme*
to islamicize : *islamiser*
fundamentalism : *l'intégrisme* ; **a fundamentalist**

a chador/a head scarf : *un foulard*
to wear out of choice : *porter par choix*
to keep one's head covered : *garder la tête couverte*
a dress code : *un code vestimentaire*
to abide by a dress code : *se plier à un code vestimentaire*
to display one's religious convictions : *afficher ses croyances religieuses*
to be barred from class : *être renvoyé de l'école*
the Koran

Quelques différences entre l'anglais britannique et l'anglais américain

Anglais britannique	Anglais américain	
autumn	fall	*l'automne*
trousers	pants	*un pantalon*
pants	underpants	*un caleçon*
to be ill	to be sick	*être malade*
to be sick	to throw up	*vomir*
the television	the tube	*la télévision*
football	soccer	*le football*
a flat	an apartment	*un appartement*
a floor	a story	*un étage*
the ground floor	the first floor	*le rez-de-chaussée*
the basement	the ground floor	*le sous-sol*
a lift	an elevator	*un ascenceur*
a shop	a store	*un magasin*
to queue up	to stand in line	*faire la queue*
the underground/the tube	the subway	*le métro*

a chemist's	**a drugstore**	*une pharmacie*
a cupboard	**a closet**	*un placard*
rubbish	**trash/garbage**	*des ordures*
a dustbin/a rubbish bin	**a trash can/a garbage can**	*une poubelle*
a tap	**a faucet**	*un robinet*
sweets	**candy**	*des bonbons*
a tin	**a can**	*boite de conserves*
petrol	**gas**	*de l'essence*
a motorway	**a superhighway/a freeway**	*une autoroute*
a pavement	**a sidewalk**	*un trottoir*
a taxi	**a cab**	*un taxi*
a lorry	**a truck**	*un camion*
a car park	**a parking lot**	*un parking*
holidays	**vacation**	*des vacances*
a cinema	**a movie-theater**	*un cinéma*
a secondary school	**a high school**	*un lycée*
a pupil	**a student**	*un élève*
a form	**a grade**	*une classe (école)*
the fifth form	**the tenth grade**	*la classe de 2de*
the lower sixth form	**the junior grade**	*la classe de 1re*
the upper sixth form	**the senior grade**	*la classe de terminale*
a sixth-former	**a senior student**	*un élève de terminale*
a mark	**a grade**	*une note (école)*
a mark-sheet	**a grade sheet**	*un relevé de notes*
the headmaster	**the principal**	*le proviseur/principal*
a university	**a college**	*une université*
a first-year student/a fresher	**a freshman**	*un étudiant de 1re année*
a second-year undergraduate	**a sophomore**	*un étudiant de 2e année*
a postgraduate student	**a graduate student**	*un étudiant de 3e cycle*
got	**gotten**	*participe passé de « get »*

Étape 60

Vocabulaire spécifique : pays et nationalités

Africa, African, the Africans
America, American, the Americans
Europe, European, the Europeans
Asia, Asian, the Asians
Australia, Australian, the Australians

Russia, Russian, the Russians/The former USSR
Ukraine, Ukrainian, the Ukrainians
Bosnia, Bosnian, the Bosnians
Croatia, Croatian, the Croatians, the Croats
Serbia, Serbian, The Serbs
Chechnya, Chechnyan, the Chechnyans
Kosovo, Kosovar, the Kosovars

Hungary, Hungarian, the Hungarians
Poland, Polish, the Poles
Rumania, Rumanian, the Rumanians
Yugoslavia, Yugoslavian, the Yugoslavs
Former Czechoslovakia, Czechoslovakian, the Czechs
Bulgaria, Bulgarian, the Bulgarians

The Baltic States
Latvia (*la Lettonie*), **Latvian/Lett/Lettish/the Latvians/the Letts**
Lituania : **Lithuanian/the Lituanians**

France, French, the French
Brittany, Breton, the Bretons : *la Bretagne*
Alsace, Alsatian, the Alsatians : *les Alsaciens* (*an Alsatian : désigne aussi un berger allemand*)
Corsica, Corsican, the Corsicans
the Basque country *le Pays basque,* **Basque, the Basques**

Germany, German, the Germans/The former East Germany
Italy, Italian, the Italians
Spain, Spanish, the Spaniards
Portugal, Portuguese, the Portuguese
Austria (*l'Autriche*), **Austrian, the Austrians**
Greece, Greek, the Greeks
Switzerland, Swiss, the Swiss
Belgium, Belgian, the Belgians
The Netherlands (Holland), Dutch, the Dutch : *les Pays-Bas, la Hollande, hollandais…*
Sweden, Swedish, the Swedes : *la Suède*
Norway, Norwegian, the Norwegians
Denmark, Danish, the Danes
Finland, Finnish, the Finns
Iceland, Icelandic, the Icelanders : *l'Islande*

India, Indian, the Indians
Thailand, Thai, the Thai : *La Thaïlande, thaïlandais, les Thaïlandais*
Bengladesh, Bengladeshi, the Bengladeshi
China, Chinese, the Chinese
Japan, Japanese, the Japanese

Palestine, Palestinian, the Palestinians
The West Bank : *la Cisjordanie*
The Gaza Strip : *la bande de Gaza*

The United Arab Emirates, Arabian, the Arabs
Saudi Arabia, Saudi, the Saudis
Israel, Israeli, the Israelis
Iran, Iranian, the Iranians
Iraq, Iraqi, the Iraqis
Lebanon, Lebanese, the Lebanese
Syria, Syrian, the Syrians

Algeria, Algerian, the Algerians
Tunisia, Tunisian, the Tunisians
Morocco, Moroccan, the Moroccans

Egypt, Egyptian, the Egyptians
Turkey, Turkish, the Turks

Kurdistan, Kurdish, the Kurds
Afghanistan, Afghan, the Afghans

Somalia, Somali, the Somalis
Ethiopia, Ethiopian, the Ethiopians
(The) **Sudan, Sudanese, the Sudanese**
Congo, Congolese, the Congolese
Gabon, Gabonese, the Gabonese
Chad, Chadian, the Chadians
Senegal, Senegalese, the Senegalese
South Africa, South African, the South Africans
Sudan, Sudanese, the Sudanese

The United States, American, the Americans
The native Americans : *les Indiens*
The Afro-Americans, the Blacks : *les Afro-Américains, les Noirs*
The Hispanics : *les Latino-Américains*
The Chicanos : *les Mexicains-Américains*

Canada, Canadian, the Canadians

Mexico (*le Mexique*), **Mexican, the Mexicans (Capital : Mexico City)**
Argentina (*aussi* : **the Argentine**), **Argentinian, the Argentinians, the Argentines**
Brazil, Brazilian, the Brazilians
Chile, Chilean, the Chileans
Peru, Peruvian, the Peruvians
Ecuador, Ecuadorian, the Ecuadorians

Cuba, Cuban, the Cubans
Haiti, Haitian, the Haitians
New Zealand, New-Zealand, the New-Zealanders
The Philippines, Philippine/Filipino, the Filipinos

N.B. : La liste est loin d'être exhaustive, bien sûr. N'oubliez pas de mettre des **majuscules** à tous ces mots.

Révision finale : les verbes irréguliers

REMARQUE

Les verbes irréguliers devraient être maîtrisés dès le lycée. Malheureusement il s'avère que, d'année en année, les candidats révèlent de graves lacune dans ce domaine. Il en est de même, d'ailleurs, pour les verbes français, qui sont de plus en plus méconnus : le passé simple, par exemple est un temps très mal maîtrisé. Retenez la liste suivante.

Sachez qu'une faute sur les verbes irréguliers ne pardonne pas aux concours !

arise	**arose**	**arisen**	*survenir*
awake	**awoke**	**awoken**	*s'éveiller/éveiller*
be	**was**	**been**	*être*
bear	**bore**	**born (was born)**	*porter, supporter (naître)*
beat	**beat**	**beaten**	*battre*
become	**became**	**become**	*devenir*
begin	**began**	**begun**	*commencer*
bend	**bent**	**bent**	*courber, plier*
bet	**bet**	**bet**	*parier*
bid	**bid**	**bid**	*offrir (prix), proposer, ordonner*
bind	**bound**	**bound**	*lier, relier*
bite	**bit**	**bitten**	*mordre*
bleed	**bled**	**bled**	*saigner*
blow	**blew**	**blown**	*souffler*
break	**broke**	**broken**	*casser*
breed	**bred**	**bred**	*élever (enfants, animaux)*
bring	**brought**	**brought**	*apporter*
broadcast	**broadcast**	**broadcast**	*diffuser (radio/télé)*
build	**built**	**built**	*construire*
burn	**burnt (ed)**	**burnt (ed)**	*brûler*
burst	**burst**	**burst**	*éclater*
buy	**bought**	**bought**	*acheter*
cast	**cast**	**cast**	*jeter*
catch	**caught**	**caught**	*attraper*

choose	**chose**	**chosen**	*choisir*
cling	**clung**	**clung**	*s'accrocher*
come	**came**	**come**	*venir*
cost	**cost**	**cost**	*coûter*
creep	**crept**	**crept**	*ramper*
cut	**cut**	**cut**	*couper*
deal	**dealt**	**dealt**	*distribuer*
dig	**dug**	**dug**	*creuser*
do	**did**	**done**	*faire*
draw	**drew**	**drawn**	*tirer, dessiner*
dream	**dreamed (dreamt)**	**dreamed (dreamt)**	*rêver*
drink	**drank**	**drunk**	*boire*
drive	**drove**	**driven**	*conduire*
dwell	**dwelt**	**dwelt**	*demeurer, loger*
eat	**ate**	**eaten**	*manger*
fall	**fell**	**fallen**	*tomber*
feed	**fed**	**fed**	*nourrir, se nourrir*
feel	**felt**	**felt**	*sentir, se sentir*
fight	**fought**	**fought**	*se battre*
find	**found**	**found**	*trouver*
flee	**fled**	**fled**	*fuir*
fling	**flung**	**flung**	*jeter violemment*
fly	**flew**	**flown**	*voler (dans l'air)*
forbid	**forbade**	**forbidden**	*interdire*
forecast	**forecast**	**forecast**	*prévoir*
forget	**forgot**	**forgotten**	*oublier*
forgive	**forgave**	**forgiven**	*pardonner*
forsake	**forsook**	**forsaken**	*abandonner*
freeze	**froze**	**frozen**	*geler*
get	**got**	**got (améric. gotten)**	*devenir, obtenir*
give	**gave**	**given**	*donner*
go	**went**	**gone**	*aller*
grind	**ground**	**ground**	*moudre*
grow	**grew**	**grown**	*pousser, grandir*
hang	**hung**	**hung**	*suspendre*
	hanged	**hanged**	*pendre*
have	**had**	**had**	*avoir*
hear	**heard**	**heard**	*entendre*

hide	**hid**	**hidden**	*cacher, se cacher*
hit	**hit**	**hit**	*frapper*
hold	**held**	**held**	*tenir*
hurt	**hurt**	**hurt**	*faire mal, blesser*
keep	**kept**	**kept**	*garder*
kneel	**knelt**	**knelt**	*s'agenouiller*
knit	**knit**	**knit**	*tricoter*
know	**knew**	**known**	*savoir, connaître*
lay	**laid**	**laid**	*poser*
lead	**led**	**led**	*conduire*
lean	**leant (brit. -ed)**	**leant (brit. -ed)**	*se pencher*
leap	**leapt**	**leapt**	*bondir*
learn	**learned (learnt)**	**learned (learnt)**	*apprendre*
leave	**left**	**left**	*laisser, partir*
lend	**lent**	**lent**	*prêter*
let	**let**	**let**	*laisser, permettre*
lie	**lay**	**lain**	*être couché*
light	**lit (lighted)**	**lit (lighted)**	*allumer*
lose	**lost**	**lost**	*perdre*
make	**made**	**made**	*faire*
mean	**meant**	**meant**	*signifier, vouloir dire*
meet	**met**	**met**	*rencontrer*
mow	**mowed**	**mown**	*tondre, faucher*
pay	**paid**	**paid**	*payer*
put	**put**	**put**	*mettre, poser*
quit	**quit**	**quit**	*cesser, quitter*
read	**read**	**read**	*lire*
rid	**rid**	**rid**	*débarrasser*
ride	**rode**	**ridden**	*aller à cheval, à vélo...*
ring	**rang**	**rung**	*sonner*
rise	**rose**	**risen**	*se lever, s'élever*
run	**ran**	**run**	*courir*
say	**said**	**said**	*dire*
see	**saw**	**seen**	*voir*
seek	**sought**	**sought**	*chercher*
sell	**sold**	**sold**	*vendre*
send	**sent**	**sent**	*envoyer*

set	**set**	**set**	*fixer, mettre en place, établir*
sew	**sewed**	**sewn**	*coudre*
shake	**shook**	**shaken**	*secouer*
shed	**shed**	**shed**	*verser des larmes*
shine	**shone**	**shone**	*briller*
	shined	**shined**	*astiquer, faire briller*
shoot	**shot**	**shot**	*tirer*
show	**showed**	**shown**	*montrer*
shrink	**shrank**	**shrunk**	*rétrécir*
shut	**shut**	**shut**	*fermer*
sing	**sang**	**sung**	*chanter*
sink	**sank**	**sunk**	*sombrer, couler*
sit	**sat**	**sat**	*être assis*
sleep	**slept**	**slept**	*dormir*
slide	**slid**	**slid**	*glisser*
smell	**smelt (US : smelled)**	**smelt (US : smelled)**	*sentir, renifler*
speak	**spoke**	**spoken**	*parler*
speed	**sped**	**sped**	*aller vite, foncer*
spell	**spelt**	**spelt**	*épeler*
spend	**spent**	**spent**	*dépenser, passer le temps*
spill	**spilt**	**spilt**	*renverser (lait)*
spit	**spat**	**spat**	*cracher*
split	**split**	**split**	*fendre, couper en deux*
spoil	**spoilt (US : spoiled)**	**spoilt (US : spoiled)**	*gâter, gâcher*
spread	**spread**	**spread**	*étaler, étendre, s'étendre*
spring	**sprang**	**sprung (US : sprung)**	*bondir*
stand	**stood**	**stood**	*être debout*
steal	**stole**	**stolen**	*voler, dérober*
stick	**stuck**	**stuck**	*coller*
sting	**stung**	**stung**	*piquer (insecte)*
stink	**stank**	**stunk**	*puer*
strike	**struck**	**struck**	*frapper*
strive	**strove**	**striven**	*s'efforcer*
swear	**swore**	**sworn**	*jurer*
sweep	**swept**	**swept**	*balayer*

swell	**swelled**	**swollen**	*enfler*
swim	**swam**	**swum**	*nager*
swing	**swung**	**swung**	*se balancer*
take	**took**	**taken**	*prendre*
teach	**taught**	**taught**	*enseigner*
tear	**tore**	**torn**	*déchirer*
tell	**told**	**told**	*raconter, dire*
think	**thought**	**thought**	*penser*
thrive	**throve (thrived)**	**thriven (thrived)**	*prospérer*
throw	**threw**	**thrown**	*jeter, lancer*
tread	**trod**	**trodden**	*fouler, piétiner*
understand	**understood**	**understood**	*comprendre*
upset	**upset**	**upset**	*renverser, bouleverser*
wake	**woke (US : waked)**	**woken (US : waked)**	*réveiller*
wear	**wore**	**worn**	*porter (vêtements)*
weave	**wove**	**woven**	*tisser*
weep	**wept**	**wept**	*pleurer*
win	**won**	**won**	*gagner (au jeu)*
withdraw	**withdrew**	**withdrawn**	*retirer, se retirer*
wring	**wrung**	**wrung**	*tordre*
write	**wrote**	**written**	*écrire*

Index

A

B

D

I

J

K

L

M

N

O

Q

R

U

V

W

Y

Z

Cet ouvrage a été achevé d'imprimer en juillet 2009
dans les ateliers de Normandie Roto Impression s.a.s.
61250 Lonrai (Orne)
N° d'impression : 09-2244
Dépôt légal : juillet 2009

Imprimé en France